革命老区 全国革命老区县 发展史丛书

全国革命老区县发展史丛书——河南卷

郸城县革命老区发展史

郸城县老区建设促进会 编

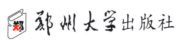

郑州大学出版社

图书在版编目(CIP)数据

郸城县革命老区发展史 / 郸城县老区建设促进会编. — 郑州：郑州大学出版社，2021.9

（全国革命老区县发展史丛书）

ISBN 978-7-5645-8059-9

Ⅰ. ①郸⋯ Ⅱ. ①郸⋯ Ⅲ. ①郸城县-地方史 Ⅳ. ①K296.14

中国版本图书馆 CIP 数据核字（2021）第 156104 号

郸城县革命老区发展史

DANCHENG XIAN GEMING LAO QU FAZHAN SHI

策划编辑	吴 昕 成振珂		封面设计	苏永生
责任编辑	胥丽光		版式设计	凌 青
责任校对	孙 泓		责任监制	凌 青 李瑞卿

出版发行	郑州大学出版社有限公司		地 址	郑州市大学路 40 号（450052）
出版人	孙保营		网 址	http://www.zzup.cn
经 销	全国新华书店		发行电话	0371-66966070
印 刷	河南美图印刷有限公司			
开 本	710 mm×1 010 mm 1/16		彩 页	8
印 张	17.75		字 数	287 千字
版 次	2021 年 9 月第 1 版		印 次	2021 年 9 月第 1 次印刷

书 号	ISBN 978-7-5645-8059-9		定 价	106.00 元

历史文化

白马驿雕塑

红军碑

郸城县委县政府
办公地址

乡村发展

2020 年 12 月 1 日，省委书记王国生到郸城县金丹乳酸科技股份有限公司查看企业生产经营、技术改造情况，与当地党员干部、企业负责人座谈，就"十四五"规划编制征求意见建议。

2020 年 9 月 7 日，农业部副部长刘焕鑫（第一排右二），河南省副省长武国定（第一排右三），周口市人大副主任、郸城县委书记罗文阁（右一），郸城县委副书记、县政府县长李全林（右四）观摩郸城县高标准农田建设情况。

特色产业

河南省农科院脱毒
甘薯种苗繁育基地

丰收的喜悦

万洋夜景

城市建设

世纪广场

郸城县文化
广电和旅游局

郸城城区新貌

城市建设

郸城城区新貌二

三星大厦

新华路夜景

城市建设

郸城县教育园区

郸城县
第一高级中学

郸城县
第二实验中学

城市建设

郸城县中医院

郸城县产业集聚区

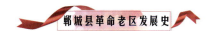

城市建设

郸城县高新技术产业开发区一

郸城县高新技术产业开发区二

城市建设

金丹科技

河南文玉食品有限公司

城市建设

城乡大动脉一

城乡大动脉二

城乡大动脉三

城市建设

南环大道

人民公园鸟瞰图

人民公园一

城市建设

人民公园二

人民公园三

洺河新貌

城市建设

洺河新貌一

洺河新貌二

洺河新貌三

城市建设

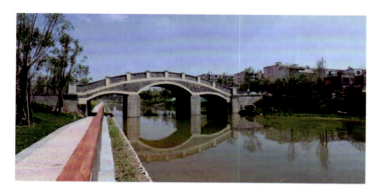

府东路调水渠
新貌一

府东路调水渠
新貌二

府东路调水渠
新貌三

《郸城县革命老区发展史》
编 委 会

主　　　任　　罗文阁

常务副主任　　李全林

副　主　任　　王洪轩　赵爱梅　王献超

委　　　员　　（以姓氏笔画排序）

付登霄　仵元海　刘自忠　孙光胜

李宗富　杨　平　杨光山　杨明才

张凤琴　张廷举　张振新　罗明党

孟现红　胡晓兰　胡恩来　柴建振

主　　　编　　李全林　王洪轩

执 行 主 编　　杨明才　杨　柳

副　主　编　　张凤琴　张廷举　仵元海

总　编　审　　白廷斌　赵永光　王洪轩　张凤琴

编　　　审　　仵元海　朱前明　王丙银

编　　　辑　　张廷举　王振宇　周海坤　冀　红

主编简介

主　　编　　李全林　中共郸城县委副书记、县长

　　　　　　　王洪轩　郸城县老区建设促进会会长

执 行 主 编　　杨明才　郸城县老区建设促进会副秘书长

　　　　　　　杨　柳　郑州铁路职业技术学院副教授

副 主 编　　张凤琴　中共郸城县委党史研究室主任

　　　　　　　张廷举　郸城县老区建设促进会副会长秘书长

　　　　　　　仵元海　郸城县老区建设促进会副秘书长

总　序

　　在举国欢庆新中国成立 70 周年前夕,中国老区建设促进会王健会长请我为"全国革命老区县发展史"丛书作序。作为一名在老区战斗过并得到老区人民生死相助的老兵,回首往事,心潮澎湃,感慨万千,深感义不容辞,欣然应允。

　　中国革命老区,是以毛泽东为代表的中国共产党人在领导人民推翻帝国主义、封建主义和官僚资本主义三座大山,争取民族独立和人民解放伟大斗争中建立的革命根据地。在这片红色的土地上,诞生了无数可歌可泣的革命英雄儿女,为后人树起了一座不朽的丰碑。她是新中国的摇篮,是党和军队的根。

　　在艰苦卓绝的战争年代,老区人民把自己的命运与中华民族的命运紧紧地联系在一起,与中国共产党和人民军队的命运紧紧地联系在一起,他们生死相依,患难与共。我曾亲历过战争年代,并得到过老区红哥红嫂的救助,切身感受到发生在身边的一幕幕撼天动地的革命故事,在那极其艰难的条件下,老区人民倾其所有、破家支前,不怕艰难困苦,不怕流血牺牲。"最后一碗米送去做军粮,最后一尺布送去做军装,最后一件老棉袄盖在担架上,最后一个亲骨肉送去上战场",这是当时伟大的老区人民为建立新中国作出巨大牺牲的真实写照,它将永远镌刻在中国共产党、中国人民解放军、中华人民共和国的历史丰碑上。他们的光辉业绩永载史册,他们的革命精神必将影响一代又一代的革命新人,造就一代又一代的民族脊梁。

　　在社会主义革命和建设时期,革命老区和老区人民响应党的号召,面对落后的面貌、脆弱的经济、恶劣的生态环境,他们本色不变,精神不丢,自力更生,艰苦奋斗,干一行爱一行。他们始终坚持"革命理想高于天",自觉做共产主义远大理想的坚定信仰者和忠实实践者,勇于向恶劣的自然环境和贫穷落后宣战,在各条战线上为国建功立业,用平凡的双手创造了一个又一个不平凡的奇迹,彰显了老区人的崇高精神和人格力量。

在改革开放的伟大进程中,老区人民解放思想,勇于创新,发奋图强,攻坚克难,老区的经济社会建设取得了辉煌成就。特别是在改变中国的面貌、中华民族的面貌、中国人民的面貌、中国共产党的面貌的伟大实践中发挥了至关重要的作用。老区人民既是改革开放的参与者,也是改革开放的推动者。

艰苦练意志,危难见精神。老区人民在近百年的革命战争、社会主义建设和改革开放的伟大实践中,孕育形成伟大的老区精神:爱党信党、坚定不移的理想信念;舍生忘死、无私奉献的博大胸怀;不屈不挠、敢于胜利的英雄气概;自强不息、艰苦奋斗的顽强斗志;求真务实、开拓创新的科学态度;鱼水情深、生死相依的光荣传统。这是党和人民宝贵的精神财富、丰厚的政治资源,是凝心聚力、振奋民族精神的重要法宝,也是社会主义核心价值观的重要内容。

中国老区建设促进会怀着强烈的政治责任感和历史使命感,组织全国各地老促会人员克服困难,尽心竭力编纂"全国革命老区县发展史"丛书,记录老区的光辉历史和辉煌成就,传承红色基因,弘扬老区精神,是功在当代、利于千秋的一件大事。手捧这部丛书的部分书稿,读着书中的故事,倍感亲切,深感这部丛书具有资政、育人、存史的社会功能,有着重要的时代和历史价值。它是不忘初心、牢记使命的源头活水,是赞颂共产党、讴歌老区人民的一部精品力作,是弘扬老区精神、传承红色记忆的丰厚载体,是一项继承优秀传统文化、弘扬革命文化、发展社会主义先进文化,坚定"四个自信"的宏大文化工程。它必将成为一种文化品牌,为各界人士了解老区、宣传老区、支持老区提供一部有价值的研究史料。希望读者朋友们能从中了解并牢记这些为党和民族的利益不断奉献的老区人民,从中得到教益,汲取人生奋斗的精神动力。

新时代赋予新使命,新起点开启新征程。让我们更加紧密地团结在以习近平同志为核心的党中央周围,坚持以习近平新时代中国特色社会主义思想为指导,增强"四个意识",坚定"四个自信",做到"两个维护",弘扬老区精神,铭记苦难辉煌。为实现"两个一百年"奋斗目标,实现中华民族伟大复兴的中国梦作出新的更大的贡献!

迟浩田

2019 年 4 月 11 日

编写说明

2017 年 6 月,中国老区建设促进会组织全国各地老促会启动编纂"全国革命老区县发展史"丛书,按照"建立中国共产党、成立中华人民共和国、推进改革开放和中国特色社会主义事业"三大里程碑的历史脉络,系统书写革命老区百年历史,深入挖掘革命老区红色文化资源,这对充实丰富中国革命史籍宝库,在新时代传承红色基因、弘扬革命精神、强固根本;对激励人们在新的历史条件下夺取中国特色社会主义伟大胜利,实现中华民族伟大复兴的中国梦具有重要意义。

丛书编纂以习近平新时代中国特色社会主义思想为指导,以《中国共产党历史》《中国共产党的九十年》等重要文献为基本依据,以党的领导为核心,以老区人民为主体,以老区发展为主线,体现历史进程特征,突出时代发展特色,坚持辩证唯物主义和历史唯物主义相统一、历史真实性与内容可读性相统一的原则,书写革命老区从站起来、富起来到强起来的光辉革命史、不懈奋斗史、辉煌成就史,把老区人民的伟大贡献、伟大创造、伟大成就、伟大精神充分展示出来,形成一部具有厚重历史特征和鲜明时代特色的精品力作。这是一部培根铸魂、守正创新,既为历史立言,又为时代服务,字里行间流淌着红色血脉、催生着革命激情的传世之作。丛书的编纂出版将成为讴歌、党讴歌人民、讴歌时代、传播红色文化、为革命老区和老区人民树碑立传的重要载体。

丛书按照编年体与纪事本末体相结合、以编年体为主的编写体例确定框架结构;运用时经事纬、点面结合的方式记述史实;坚持人事结合、以事带人的原则处理人与事的关系;采取夹叙夹议、叙论结合、以叙为主的方法展开,做到了史料与史论、历史与现实、政治与学术统一,文献性、学术性、知识性相兼容。

为编纂好"全国革命老区县发展史"丛书,打造红色文化品牌,中国老区建设促进会认真组织积极协调,提出政治立场鲜明、史料真实准确、思想论述深刻、历史维度厚重、时代特色突出、编写体例规范、篇目布局合理、审读把关严格、出版制作精良的编纂出版总要求,力求达到革命史籍精品的精神高度、思想深度、知识广度、语言力度,增强丛书的权威性和社会影响力。各省(区、市)、市(州、盟)、县(市、区、旗)老促会的同志,以强烈的使命感、责任感和紧迫感,勇于担当,积极作为,认真实施,组织由老促会成员、专家学者等参加的十余万人编纂队伍。编纂工作主体责任在县,省、市组织协调、有力指导、审读把关。各方面人员以高度负责的精神和科学严谨的态度,满腔热情地投入工作,为丛书编纂出版作出了重要贡献。丛书编纂工作还得到了党和国家有关部委、地方各级党委政府及有关部门的大力支持和积极参与,社会各界也给予了热情帮助。中共中央政治局原委员、中央军委原副主席、原国务委员兼国防部长迟浩田上将,对老区人民怀有深厚感情,对革命老区建设发展十分关注,欣然为"全国革命老区县发展史"丛书作总序。

丛书由总册和1599部分册(每个革命老区县编纂1部分册)组成,共1600册。鉴于丛书所记述的史实内容多、时间跨度长和编纂时间紧,不妥之处,敬请批评指正。

中国老区建设促进会

2019 年 5 月 14 日

序

  修史国威、学史国兴、弘史国富、鉴史国强。为全面反映郸城县革命老区在新民主主义革命时期的重要历史地位和作用,弘扬革命老区的光辉历史和优良传统,积淀和丰厚党的宝贵精神财富和政治资源;为全面落实习近平总书记关于"发扬红色资源优势,深入进行党史、军史、老区革命史传统教育,把红色基因代代传下去"的指示精神;为老区脱贫攻坚全面建成小康社会提供强大精神动力;为庆祝中国共产党成立100周年,根据国家老区建设促进会的统一部署,郸城县老区建设促进会编纂了《郸城县革命老区发展史》一书。该书对于我们不忘初心、牢记使命、开拓创新、砥砺前行,进一步弘扬爱国主义和民族精神,加快建设生态文明、富裕美丽、和谐发展、富有魅力的新郸城,全面建成小康社会,实现中华民族伟大复兴的中国梦,具有重大的历史意义和现实意义。

  "野火烧不尽,春风吹又生""星星之火可以燎原"。郸城是一块古老而尚德文明,贫穷而充满希望,落后而富有生机的红色土地。郸城革命老区作为党的坚强后盾从无到有,从小到大,从弱到强,几经曲折,几经风雨,由点到面,由面到片,实力不断壮大,范围不断扩增。早在1929年郸城境内的第一个党支部——宁平小学党支部成立,自此党的组织在郸城的汲水、张完、宁平、南丰、白马、丁村一带活动频繁,组织革命武装、建立工农政权,打土豪分田地,开展武装斗争、抗日游击战争。郸城县革命老区人民同全国革命老区人民一样,自强不息、艰苦奋斗、敢担重任、不负重托、敬事而信、敢为天下先,创建敌后革命根据地,建立武装政权,进行抗日战争和解放战争,成为中共党组织进行土地革命、抗日战争和解放战争的坚强后盾和中坚力量。

革命老区人民在社会主义建设过程中,为医治战争创伤而辛勤劳作、为经济复苏发展而艰苦耕耘、为改革开放而倾注心血、为富民强国而砥砺前行。革命老区人民养育了中国共产党及其领导的人民军队,为革命斗争提供了坚持长期斗争需要的人力、物力和财力,为革命取得最后胜利付出了巨大牺牲、做出了巨大贡献。革命老区是新中国的摇篮,是新中国社会主义大厦的牢固基石。老区是充满荣誉的,老区的革命传统和历史经验是非常宝贵的精神财富,它的光辉业绩将载入史册、彪炳史册、永放光芒。

新中国成立以来,郸城人民坚定不移跟党走,在社会主义建设各个重要阶段都充分展示了郸城人民的奉献精神,讲大局、顾全局、艰苦奋斗、创业创新、持续发展,在政治、经济、社会、文化等诸方面都创造了令人瞩目的辉煌成就。特别是党的十八大以来,全县上下励精图治、接力创业、拼搏奋进,使郸城革命老区实现了从贫困到富裕、从落后到文明的历史跨越。目前,郸城通过成功创建省级文明城、省级卫生城、省级园林城、省级双拥模范城和国家卫生城,实现了创建全国文明城市提名城市的历史性突破。

十二届县委以来,郸城县积极地、创造性地、科学地践行了习近平新时代中国特色社会主义思想,在“三大攻坚战”、县域治理“三起来”决策实施过程中形成了“郸城精神”、探索出了“郸城经验”,郸城的各项事业科学地实现了“弯道超车”,在国家、省、市名誉接踵而至的同时,郸城老区人民的幸福感、满意度直线上升。教育名片越擦越亮:2020年高考再创佳绩,本科上线突破万人大关,一本上线人数和本科上线人数居全省县级第一,各批次上线人数实现“十四连冠”、周口市“九连冠”,32名考生被清华大学、北京大学录取;2012年以来共有392名考生被“清北两校”录取。卫生体制改革硕果累累、成效显著:群众看起病、看好病、少生病更有保障;被国务院表彰为公立医院改革真抓实干成效明显单位,先后两次在河南省新闻发布会上介绍郸城经验;国务院医改领导小组和国家卫健委16次邀请郸城介绍经验,全国210个县市到郸城交流学习。

郸城县革命老区人民在中共郸城县委的坚强正确领导下,对未来充满了希望、憧憬,听党话、跟党走的决心更加坚定、毫不动摇、勇往直前。

不忘历史,薪火相传。弘扬革命老区的光荣传统,传承革命老区的先进基因,让后世知兴衰、明哲理、以教化、憬胜败、悟得失、以借鉴,以史为镜而正人,以史资政而治郡国,以史为鉴而治天下。《郸城县革命老区发展史》,实事求是地论述了郸城县革命老区在土地革命和抗日战争时期党的组织活动、武装革命、打土豪、分田地、宣传抗日、建立敌后抗日根据地和建立武装政权的详情,客观反映了郸城县革命老区的发展进程。内容简要,实事求是,是进行革命老区历史教育和爱国主义教育的首选读本。

"至诚之道,可以前知;以史鉴今,启迪后人。"历史有取之不竭的营养,用之不尽的财富。让我们认真读史、鉴史、资治、资政、惠民、强国,更加紧密地团结在以习近平为核心的党中央周围,始终保持永不懈怠的精神状态和一往无前的奋斗姿态,振奋精神,坚定信心,锐意进取,同心同德,守正创新,克难攻坚,砥砺前行,真抓实干,奋力谱写郸城新篇章,以优异成绩迎接建党100周年、开创新时代郸城现代化建设的美好未来。

中共郸城县委员会
郸城县人民政府

目　录

第一章 郸城县概况

第一节 郸城县基本情况

一、地理位置

郸城县是中华人民共和国成立后设置的新县。位于河南省东部,属于位于黄淮平原中的周口市,北依鹿邑,西连淮阳,南接沈丘,东南和东部与安徽省界首、太和、亳州为邻。县境东西长 58.9 千米,南北宽 43.5 千米,面积 1 471 平方千米,截至 2021 年 1 月,现有人口 137.23 万。下辖 3 个街道办事处,1 个产业集聚区,19 个乡镇,523 个村级组织,488 个行政村,35 个居委会。

二、隶属沿革

郸城县已有四五千年文明史。郸城县境发现的段寨遗址,属大汶口文化,汲冢遗址属龙山文化。西周,郸城处厉(厉音 Lɑi,今鹿邑县城东太清宫西)、陈(今淮阳县城东)其间。春秋、战国,县境西属陈县,中属鸣鹿(鹿邑县城西辛集),东属苦县(苦音 hu,鹿邑县城东)。秦汉,境内置二县,一是宁平县,属兖州刺史部淮阳国;二是宜禄县属豫州刺史部汝南郡。隋开皇六年(586 年),置郸县,治所在郸城集(今郸城县城),隶属淮阳郡。北宋,郸城设镇,县境北属鹿邑,南属宛丘。元,县境北属河南行省归德府鹿邑县,南属汴梁路宛丘县。明,县境大部属归德府鹿邑县,一部分属开封府陈州,归河南承宣布政司

使管辖。清,县境大部分归河南省归德府鹿邑县,余属陈州府淮宁县、沈丘县。

民国时期,县境属河南省开归陈许道归德府鹿邑县,陈州府淮宁县、沈丘县。民国三年(1914年)鹿邑县在郸城镇设置县佐。民国二十一年(1932年)设置行政督察区,县境属河南省第七行政督察区(署治淮阳)的鹿邑、淮阳、沈丘县。1938年,日本侵占商丘、鹿邑,鹿邑县政府先后迁至秋渠集(今郸城县秋渠乡政府所在地)、石槽集(今郸城县石槽镇政府所在地)。1945年,日军投降,鹿邑县政府迁回原治所。

1946—1949年,中国共产党先后在县境内创建3个边区县委和边区县级民主政权:1946年10月在任集(今鹿邑县任集乡政府所在地)建立鹿(邑)淮(阳)太(康)县民主政府,辖境内2个区;11月,在白马驿(今郸城县白马乡政府所在地)组建鹿(邑)亳(县)太(康)县民主政府,辖县境内3个区,12月撤销;12月底,鹿(邑)淮(阳)太(康)县撤销,分为鹿邑、淮阳、太康3县,鹿邑县民主政府驻吴台庙西大顾寨(今郸城县吴台镇大顾寨行政村所在地),辖境内8个区。1947年1月在丁村(今郸城县丁村乡政府所在地)重建鹿(邑)亳(县)太(康)县民主政府,县民主政府仍驻白马驿,辖区不变。1947年2月在郸城建立沈(丘)鹿(邑)淮(阳)县民主政府,辖境内4个区。12月,沈(丘)鹿(邑)淮(阳)县改称界首县(现为界首市),增设1个区。以上边区县原隶属于豫皖苏边区第二分区。1949年3月,豫皖苏边区撤销,辖境内各区分别属鹿邑、淮阳、沈丘管辖,隶属于河南省淮阳专区。

1951年5月,析鹿邑、淮阳、沈丘3县部分区、乡,设立河南省郸城办事处(县级),属淮阳专区。1952年8月,中央人民政府政务院正式批准置郸城县,县人民政府驻郸城集,隶属淮阳专区。1953年1月郸城县隶属商丘专区。1958年12月随商丘专区并入开封专区。1961年12月,恢复商丘专区,郸城复归其领辖。1965年6月,河南省增设周口专区,郸城县改属周口专区。1969年周口专区改为周口地区,郸城改属周口地区。2000年经国务院批准周口撤地设市,郸城县隶属周口市至今。

三、综合实力

郸城县在全省县域经济综合实力排序中,由 2015 年的第 73 位提升至 2019 年的第 39 位,提高了 34 个位次。全县经济总量迈上 300 亿元台阶,年均增速位居全市第二位;一般公共预算收入达 12.34 亿元,是 2015 年的 1.4 倍;居民收入增速持续高于全市平均水平。产业结构调整更优,第二、第三产业占比 84.3%,提高了 8.8 个百分点。城乡协调发展更优,城镇化率年均提高 1.71 个百分点,增速居全市前列。生态环境更优,各项指标优于全市平均水平。2020 年粮食总产达 27.4 亿斤,在全市粮食安全责任制考核中连续三年位居第一,粮食总产实现"十四连增",荣获全国首批"国家农村产业融合发展示范园"称号。

四、地方名片

中国书法之乡,中华诗词名县,全国粮食生产先进县,全国生猪调出大县,全国科技进步县,全国基层中医药工作先进县,全国绿化模范县,全国食品工业强县,国家级妇幼健康优质服务示范县,国家级电子商务进农村综合示范县,全国义务教育发展基本均衡县,全国科技富民强县试点县,全国绿色食品原料标准化生产基地,全国农村农业创业创新典型县,全国主要农作物生产全程化示范县。

第二节　郸城县革命老区的形成

几千年来,郸城人民一直在这块沃土上辛勤耕作,繁衍生息,为生存而斗争,为图强而奋发,为发展而改革,为繁荣而创新,为脱贫而攻坚,为幸福而奋斗。自 1840 年始,郸城人民就进行了长期的反帝反封建的斗争,承受着挫折和失败的压力,充满着理想和胜利的希望,用流血牺牲谱写了艰辛和辉煌。

五四运动的爆发,马克思主义的传播,中国共产党的诞生,使"星星之火"燎原郸城大地。郸城有志青年积极响应,先后多人寻求并参加党组织,投入革命斗争。

早在 1928 年 7 月,中共河南省委派遣党员李梅村、蒋梦霞等来郸城境内开展革命活动,12 月介绍宁平小学教员刘丕哉入党。至 1929年,郸城境内第一个党支部——中共宁平小学党支部诞生。从此党支部以宁平为中心,在白马、丁村、汲水、张完、南丰领导各阶层人民群众开展了不同程度的农民运动、青年运动和妇女运动,同土豪劣绅和反动势力进行坚决斗争。1938 年中共党员李子木在宁平创办抗日干部训练班,培养 10 名党员对象并发展刘永彩(后改名刘晓初)入党。同年彭雪枫率领党的新四军游击支队在东进抗日途中,在白马驿一带驻扎、整训、进行抗日宣传。1940 年 11 月,党的工作被迫转入地下,郸城境内的白马、张完、汲水、宁平等集镇村庄都有党的地下活动,未暴露身份的党员以职业作掩护开展地下工作,向敌人开展了长期的、艰苦的革命斗争。在中国共产党的领导下,郸城革命老区人民同全国革命老区人民一道抗日救国、浴血奋战、前仆后继,为中华民族的解放事业和新中国的成立做出了重大贡献。

新中国成立后,郸城革命老区人民在中国共产党的坚强领导下,以愚公移山的精神、改天换地的毅力、强国富民的追求、和平幸福的渴望,改造旧社会、建立新社会、改革创新、脱贫致富、创造幸福生活,谱写了一部政治清明、经济繁荣、物质昌盛、精神文明、生态和谐、人民幸福的社会建设发展史。

郸城县委成立以来,一直重视革命老区的建设和发展,特别是党的十八大以来,郸城县委积极引导广大干部群众投入革命老区建设,从社会主义建设和改革开放,到进入中国特色社会主义新时代,郸城大地发生了天翻地覆的变化,取得了众人瞩目的辉煌成就。一个物质精神生态文明、绿色和谐可持续发展的国家级文明城市正在豫东大地上创建。

第二章　中共党组织在郸城的成立及早期活动

五四运动的爆发,马克思主义的传播,中国共产党的诞生,使"星星之火"燎原郸城大地,唤醒了郸城人民,坚定了郸城人民的信仰。郸城的有志青年积极响应,先后多人寻求并参加党组织,投入革命斗争。

1927 年 7 月,大革命失败后,国民党在河南进行"清党反共",革命斗争处在白色恐怖的笼罩之下。党的组织遭到严重破坏,残酷的镇压并不能使真正的共产党人屈服,转入地下活动的党组织和党员在异常险恶的环境中,不屈不挠地坚持斗争。1929 年 3 月,郸城境内第一个党支部——中共宁平小学党支部成立,标志着中国共产党的基层党组织在郸城落地生根、开花结果,自此郸城人民的革命斗争有组织、有领导地掀开了新的一页。

第一节　郸城县中共早期党员及其革命活动

一、《人的宇宙性》在郸城影响深远

1928 年 4 月 29 日,中国共产党地下党员孙实由夏邑调任鹿邑县长,在群众中秘密开展工作,他编著的《人的宇宙性》一书,运用历史唯物主义观点揭示社会发展规律,宣传共产主义思想,在鹿邑发行 3 000 余册,在知识界流传甚广,影响很大。当时在今天郸城境内的汲水、张完、宁平等地的文化青年之间广泛传阅,一些进步青年和有志之士,自愿接受马列主义、共产主义思想,从事革命活动,宣传革命道理。

二、李梅村来鹿邑工作

1928年7月,中共河南省委派遣夏永虞中心县委书记李梅村(安徽霍县人)来鹿邑工作,县长孙实安排李梅村到鹿邑县第一小学任教,从事党的地下工作。李梅村多次到郸城境内的吴台、宁平、张集、汲水、张完一带开展革命活动。他以峨眉山道主的身份加入鹿邑县张朝聘组织的红枪会,以"大师兄"的名义领导红枪会,宣传革命思想,并在红枪会内成立了"老冤会",起草了"老冤会"章程,作为红枪会的宗旨,积极吸收广大受苦的农民入会。受苦受难的贫民初步接受革命思想教育,"老冤会"不断引导会员同"命运"抗争,在抗税抗捐、护乡保家中起到积极作用,至此轰轰烈烈的农民运动开展起来了。

三、党领导鹿邑教育界人士反劣绅斗争取得胜利

1928年冬天,党领导鹿邑县教育界人士反对当地劣绅张铁林出任县教育局长的斗争取得胜利,张铁林蓄谋已久的计划落空,王芸圃(郸城境内竹凯店人)出任县教育局长。

王芸圃(1875—1952),又写作王芸璞,字兰田,鹿邑县竹恺店(即今郸城县汲水乡竹恺店行政村)人氏。清光绪年间生员(即秀才)。清末在留美预备学堂时加入同盟会。1912年为河南省参议会参议员,是当时鹿邑县教育界早期著名进步人士之一,也是当地乡间学校教育的开拓者。

鹿邑县地处豫东边陲,交通闭塞,教育落后,人才缺乏。民国初年军阀政府只知争权扩军,鱼肉百姓,从不重视发展教育。王芸圃于1912年受命筹建鹿邑县教育会(1914年改称劝学所),投身于教育事业,倡导兴办现代意义上的学校,倡导女子接受学校教育,并在这一年于鹿邑县城内芙蓉街建立鹿邑县高等小学,是全县第一所高等小学。县辖5个区均办起初级小学,离区较远的集镇由2~3个保联合开办了初级小学。到1922年,鹿邑全县有区立小学20所,私立小学4所。

1923年,鹿邑县始建立教育局,劝学所所长王芸圃出任第一任教

育局长。他立志发展教育,增设学校。但当时师资奇缺,无条件筹办。为解决兴办学校的师资问题,于1926年借鹿邑县城西关外山陕会馆(现无存)为校舍,委任淮阳县籍的马子贞先生(回族,共产党员)为主任,创设二年制师范讲习所,招生约80人。这批学员于1928年毕业后首先充实高等小学堂(校址在鹿邑县城原书院)扩充班次,并增设西关小学,成立了北大街闫氏私立初小和南大街张氏私立初小。

同一时期,他主持在各大集镇创设学校。如:1924年春,在王芸圃和县教育局干事张又铭的支持和协助下,在宁平城(今属郸城县)由地方热心桑梓教育的社会贤达张存诚先生(清末秀才,今郸城县李贵集村人),筹建校舍,聘请客籍教师,石破天惊于塾馆环立于宁平集,创建了鹿邑县第二所高等学堂——鹿邑县立宁平高等小学堂。这所小学于1926年改名为"鹿邑县立第二完全小学校"。在王芸圃先生任鹿邑县教育局长的六七年间,他开创性地工作,为当时鹿邑县现代意义上的学校,尤其是乡村学校的兴办,做出了奠基性的贡献,功不可没。王芸圃先生重视和支持女子入学校读书。他担任教育局长上任伊始,即着手成立鹿邑县女子小学堂,并亲自兼任校长,为当地女子进入学堂读书创造了条件。1925年在共产党员李梅村、吴静汝的襄助筹划下(在王子久家创立以共产党员吴德保即吴自修为校长的家庭女子小学堂),该校1927年元月从王子久家迁至王凤首家,更名为鹿邑县女子小学校,有初小4个班,高小1个班,学生120余人,教职员工8人。

王芸圃思想进步,积极支持革命活动。1929年8月,曾与中共鹿邑中心县委负责人李梅村、江梦霞等在鹿邑县城共同开设"民智书社",销售进步书刊,传播马列主义,并以其县教育局长的"合法"身份,掩护、协助李梅村等开展革命工作。

1930年后,王芸圃先生先后担任鹿邑县教育馆馆长、民众教育馆馆长。1930年,他又在家乡竹恺店(今属郸城县)创办了鹿邑县第三完全小学,这是一所郸城县境内创办较早的学校之一。此后,相继改贾滩小学为第四完小,玄武镇小学为第五完小,还有马铺完小、试量完小,使当时的5个行政区均有了完全小学,在人口稠密的农村,创办了联保初级小学。

1939年4月25日,日军第三次占领鹿邑县城,鹿邑县境清水河以北沦入日军铁蹄之下。芸圃先生随鹿邑县政府南迁石槽集(今郸城县石槽镇所在地),在县政府任职。这时,已过花甲之岁的他,仍关心支持处于游击状态的黄泛区学校的发展及教学工作,并主张积极抗日。石槽简师发生学潮、原校长任子慎去职后,王芸圃代理鹿邑县立简易乡村师范学校校长职务。将那个烂摊子收拾好并搬回县城后,把校长职务交给了安锡芳。

抗日战争胜利后,他又改任鹿邑县赈济委员会主任委员,年近70岁的他,还在为社会做着贡献。

1948年,鹿邑县城解放,73岁的芸圃先生退居乡里,直至1952年病逝。云圃先生为鹿邑、郸城两县的乡村学校教育做出了开拓性贡献。

第二节　中共鹿邑县第一个县委及中共宁平小学党支部成立

一、中共鹿邑县第一个县委成立

1928年年底,党在鹿邑第一小学先后发展教员刘丕哉、学生刘协进(即刘和斋,后叛变,至20世纪40年代任国民党鹿邑县党部书记长)、邮递员邵良才(又名邵子奇,负责传递党的书刊及秘密文件等。女中小学教师吴自修等人入党,成立了鹿邑县第一个党小组,李梅村任组长。

1929年7月,中共河南省委决定组建中共鹿邑县委员会(第一个县委),郭和五(安徽蒙城人)任县委书记兼组织委员,吴静如任宣传委员,罗霁岚任秘书。

二、郸城县中共宁平小学党支部成立

1929年春天,地下党员吴静茹(李梅村同志的爱人,安徽安庆人)来鹿邑县工作,在县城原党小组的基础上,成立了党支部。李梅村任支部书记,刘协进任组织委员,蒋梦霞任宣传委员,吴静茹任秘书。

其后,以支部为中心在机关、学校、农村秘密串联,发展党员,开展革命活动,使党的组织不断发展壮大。后来,在全县成立了 8 个党支部:第一小学党支部,支书刘协进,副支书夏自明;女子小学党支部,支书吴静茹,副支书吴自修;机关党支部,支书罗霁岚,副支书马子贞。此外,还有县城东门外陈庄党支部、城南党支部、太清党支部、赵楼党支部、宁平小学党支部(现属郸城县)。

三、建立民智书社

1929 年春天,共产党员蒋梦霞利用和教育局长王芸圃是老同学的关系,由教育局出面集资,士绅王子久、王鹤亭入股,在鹿邑县城开设"民智书社",蒋梦霞任经理,刘协进当店员,使书店成为中国共产党的秘密宣传机构。

第三节　以宁平为中心的农民运动

1929 年春,郸城中共宁平小学党支部建立。7 月中共河南省委决定组建中共鹿邑县委员会(第一个县委),郭和五任县委书记兼组织委员,吴静茹任宣传委员,罗霁岚任秘书。

当时,豫东连年灾荒,常受土匪骚扰,农村经济破败不堪,广大农民陷入破产失业和饥荒的窘境;又加上军阀混战,更以百倍千倍的负担压在劳苦大众身上,弄得到处都是饥民,处于水深火热之中的农民完全陷入绝境。在这种情况下,宁平小学党支部在鹿邑县委的领导下顺应形势,组织劳苦大众,以反捐分粮为口号,带领广大贫苦农民开展斗争,不断推动贫苦农民大众走上革命道路。在传播马列主义的过程中,深入了解贫苦农民的疾苦,联系本乡本土贫农受苦受难的实例,向他们宣传反帝反封建的思想,同他们交朋友,动员贫苦农民起来同命运抗争。把革命道理同革命斗争结合起来,激发广大贫苦农民的阶级觉悟,领导农民同土豪劣绅进行斗争,在宁平周围掀起了农民运动。还在学校、乡村组织了"学生联合会""教师读书会"等群众团体。

宁平小学党支部是中国共产党在郸城建立的第一个党组织。宁

平小学党支部按照中共豫东特委和中共鹿邑县委的指示精神,以宁平为中心,在丁村、白马、汲水、张完、南丰领导各阶层人民群众,开展了不同程度的农民运动、青年运动和妇女运动。斗争形势极其残酷,斗争环境极其恶劣,由于白色恐怖,党的组织一次又一次的遭到破坏。但是,共产党并没有退却,顽强地坚持地下斗争,使党组织一次又一次得以恢复和建立。不少党员被捕、坐牢,甚至流血牺牲。也正是在这样残酷的斗争形势中,考验、锻炼和培养了一批优秀的共产党员。未暴露的共产党员被迫转入地下秘密活动,继续宣传发动群众,为之后的武装斗争和全面抗战打下了群众基础。

第四节　学生时代的张笑南组织学生集会

1934 年,满怀保家卫国激情的张笑南(郸城西张庄人),考入淮阳成达中学,此时淮阳已是河南省东部一个教育比较繁荣的地方,而且中国共产党的活动也非常活跃。3 年前,九一八事变及蒋介石"不抵抗"政策所引发的国仇及民恨仍在这里蔓延发酵。张笑南受邵子奇影响而成为进步师生中反抗侵略的先进分子。

日本侵略者得寸进尺,1935 年下半年,又进一步控制了察哈尔省(现划归北京市、河北省、山西省及内蒙古自治区),并建立傀儡政权。蒋介石则继续执行不抵抗政策,更进一步激起全国人民极大义愤。8 月 1 日,中国共产党针对时局公开号召全国人民抗日救国。12 月 9 日,北平(今北京)各校 6 000 余名爱国学生发起宣传抗日的示威游行,竟遭国民党反动政府镇压,多名学生被打伤打死,一些学生领袖被捕(即是著名的"一二·九"运动)。

消息很快传到淮阳古城。12 月 19 日县城各校进步师生联合发起成立抗日救国会,并推举张辅承为主席。20 日,在淮阳二师广场召开的有上千名师生参加的抗日救国动员大会上,张辅承发表了充满抗日救国激情的讲话。当时不满 25 岁的张笑南以淮阳成达中学学生领袖的身份,组织本校 300 余人参加了集会,并在大会上指挥全体与会人员,高唱抗日爱国歌曲。集会后组织声势浩大的游行时,他又在大街上领呼"驱逐日军,抵御外侮""抵制日货,打倒日本帝国主义"

"抗日救国到底,抗日救国无罪"等口号,并散发传单,发表演说。

爱国师生的这一举动,引起淮阳县国民政府的极大恐慌,他们出动警察将游行队伍强行驱散,并逮捕了包括张笑南在内的40多名学生。

张笑南出狱后,跟随其父习医时,仍然时时关心外面的世界。此后,张学良、杨虎城发动"西安事变"倡议抗日;七七"卢沟桥事变",中国军队打响了抗战第一枪;同时中国共产党也发出了"全民抗战"的号召。还有抗日民族统一战线的形成,八路军、新四军开赴抗日战场,"平型关大捷""台儿庄战役"等一系列抵御外敌胜利的消息,不断激起他奋起报国的决心。

1938年鹿邑地区抗日形势急剧变化,促使年轻的张笑南走上了抗日救国的革命道路。

第三章 抗日战争期间郸城县的斗争形势

抗日战争全面爆发后,郸城境内人民积极响应党的号召,开展抗日救亡宣传、组织地方武装,打击入侵之敌。1938年1月,李子木、杜李生等以境内汲水集为中心,组织发动群众,宣传抗日;1938年12月至1939年1月,新组建的新四军游击支队在彭雪枫率领下,从确山竹沟出发向豫东挺进,途中在白马驿驻扎整训,为新四军第四师的建立和发展,为豫皖苏根据地的开辟奠定了基础。从此郸城境内的抗战工作出现了新局面。在中国共产党的领导下,郸城境内人民和全国人民一样,英勇顽强、前仆后继,经过多年的浴血奋战,赢得了全面抗战的最后胜利。

第一节 郸城县的抗日活动

一、抗日之火一触即发

1938年6月1日,日军侵占鹿邑县城,鹿邑沦陷。日军铁蹄所至,烧杀奸淫掳掠,无恶不作,郸城境内的人民陷入水深火热之中。抗日之火一触即发。

二、鹿邑县党组织重建

1938年9月下旬,中共长江局负责人周恩来、叶剑英指示河南省委将工作重点转向豫东,开创豫皖苏边区新局面。中共豫东特委派地下特别党员魏凤楼通过统战关系到鹿邑县任县长。共产党员王少

庸、李均、李波人、杨春英、施玉民、张金荣等陆续随魏部来到鹿邑,成立政工大队,李均任大队长,开始秘密重建党的地方组织。

三、举办抗日军政培训班、培养抗日干部

1938 年 9～12 月举办鹿邑县抗日干部培训班。9 月上旬,魏凤楼受党的派遣率领河南省扶沟县 1 200 多人的部队,东征到敌后鹿邑县并接任县长。为了扩大抗日武装的骨干力量,他到鹿邑县后不久,就创办了鹿邑抗日军政干部训练班(简称"干训班")。

干训班由魏凤楼兼任主任,他的秘书马西山担任教育长,手枪连指导员李子木为大队长。干训班校址设在书院。当时的招生广告是由马西山起草的。报考者必须具备高小以上文化程度、身体健康。学员的伙食、衣服统一供给,毕业后,由组织统一分配。招生考试的内容有:①口试:三大政策、统一战线、中国有几个政党。②笔试:主要是作文,题目是"中国能不能亡?"。另外还要进行体格检查,考试后出榜公布。结果共有 200 多名学生被录取。干训班共举办了两期:

(1)第一期是一个大队,下设三个中队,其中有两个男生队(内含一个青年队)和一个女生队。第一中队队长是李子木;第二中队队长是刘占宾,赵清景任该中队区队长;女生队队长,起初由郭文炳担任,后来由马岭松担任。干训班开设的课程有:抗战国策(由杜尚文任教);日本研究(由张佑铭任教);群众工作(由杜隶生任教);社会发展史(由景湖任教);辩证唯物主义(由李子木任教);统一路线和游击战术(由张爱萍任教);歌咏(由马岭松任教);军事理论及军事演习等。此外还有三民主义等课程。

11 月初,张爱萍到魏凤楼部队任参谋长后,接任了干训班主任。张爱萍到任后就住在干训班的大院里。他对干训班非常爱护和关心,对干训班进行了一系列的整顿。他发现干训班各队的内务混乱,各级干部对学员的学习和日常生活不敢管理,对单兵教练和队列要求不严,开饭时的秩序不好,缺乏必要的制度。于是,他先后组织召开了干部会议,为干训班制定了一系列的制度。如:会议汇报制度,早检查、晚点名制度,值日、值班制度,请销假制度和内务卫生制度等。经过很短时间的整顿,干训班的面貌焕然一新。在干训班期间,

彭雪枫曾到干训班做过长达4个小时的形势报告。魏凤楼也不断到干训班讲课。经过2个月的学习训练,于11月份抽调了一部分学员组成几个群众工作队,到城南的汲水集一带进行抗日宣传和发动群众。其中一队由李子木率领,学员有许沙亭、田文灿、邵良臣、刘洞芝、李耀宗、张国才、张佩蓝等十余人,他们在汲水集以西许阁、周寨、刘小庄等村工作,帮助当地分别组织"抗日救国会""抗日自卫团""妇女救国会""儿童团"等抗日团体。另一队由杜隶生、赵清景率领,在汲水集以东一带开展群众工作。工作队回鹿邑县城后,张爱萍召集大家在城西关大王庙开了总结大会,鼓励大家为抗日救亡运动,宣传组织群众做出新成绩。会后,又将一部分学员分配到各区工作,有的同志被分到部队工作,有的同志被分配到城关镇工作。分配工作前干训班还给学员们颁发了毕业证书。证书上有张爱萍的题词:"为民族解放事业奋斗到底。"

(2)1938年12月,李子木在鹿邑县西南张集区的宁平城,又开办了一期有五六十人的干训班。张国才、田文灿任该训练班辅导员。宁平城干训班学习为1个月,训练内容与城里干训班略同。生活费用由张集区负担。学习期间,李子木在干训班培养了10余名党的发展对象,并发展了刘晓初入党(该同志于1947年12月1日被敌人杀害)。

通过抗日干部训练班,我党在鹿邑县播下了抗日的革命火种,为党培养了一批优秀干部,壮大发展了当地的抗日骨干力量。

四、新四军游击支队在汲水集创建新四军后方医院

1938年10月底,新四军游击支队调派卫生队队长林士笑,政治指导员宫伯奎、医生郭德阉和李庆华,管理员于友江、司务长张自信、司药李景霞等七人在张爱萍的支持和鹿邑县县长兼抗日游击总队司令魏凤楼的大力配合下,在汲水集(今郸城县汲水乡政府所在地)创建新四军后方医院(对外称鹿邑医院)、门诊设在汲水集十字街东一个独院里,有房屋八间;病房设立在集北头的大庙里和群众家中。当时郸城集原有一个医院,因兵荒马乱,关了门,但院长孙灿远,是一个见义勇为,具有爱国主义精神的同志,在给他说明坚持开展敌人后方

游击战争对于争取抗日战争胜利的重要意义,而办好医院正是为敌后抗日军民服务的道理以后,他同意出来工作。

根据鹿邑县当时所处的形势,北面的柘城,西面的太康、淮阳等县城已沦陷,鹿邑县城也在日军的窥视之中,要使其充分发挥后方医院的作用,收重伤员的县医院设在距敌人较近的县城内,当然是不明智的。那么县医院设在什么地方呢?经过研究,认为汲水集比较合适。当时郸城、白马驿等都属鹿邑县境范围内的大集镇,如果把县医院设在郸城或白马驿,又似乎太偏远,不方便,所以就选定汲水集。这个拟议也得到张爱萍的支持,当时的代理专员兼鹿邑县长魏凤楼也表示完全同意。就这样把抗日战争初期的鹿邑县医院,设置在现在郸城县境内的汲水集。

林士笑任院长,全院共有医生、工作人员 35 名,医院负责专署保安司令部所属部队以及新四军游击支队伤病员的医疗工作,还免费为群众看病。举办医务学员培训,提高医务人员的业务水平,更好地救死扶伤。还组织了抗日宣传队,时常出现在街头和附近农村,发动群众写墙报、画墙面。汲水集北头农民郭成玉编写的墙报,"两党统一国家兴,十架飞机在空中,四乡大军练齐备,一心要把日本平。"通俗易懂,朗朗上口,极易在群众中传播。医院和群众的关系非常好,方圆几十里的群众都来看病,再困难医院也尽力帮助解决,群众非常感激,拉近了党和群众的距离,使党在当地群众中建立了很高的威信,当日军侵袭汲水附近时,周围的群众自发帮助医院将伤员转移到安全地点。1939 年 4 月,林士笑等 10 余名同志调回新四军游击支队卫生队工作,院长由孙灿远(原汲水集平民医院的院长)接任,继续收治魏部的伤员和当地群众。4 月 25 日鹿邑第三次沦陷。同月底医院迁至当时属沈丘管辖的石槽集(今郸城县石槽乡政府所在地)。直到1945 年日军投降后,医院才由石槽迁回鹿邑县城。其间,林士笑在汲水集新四军游击支队后方医院发展高学中、刘荣等人入党。

五、组织发动群众,宣传抗日

1938 年 11 月,抽调抗日军政干部训练班的部分学员组成工作队,(10 人为一队)分赴宁平、丁村、张完、汲水、白马一带,宣传革命思

想,宣传抗日救国真理,办农民学校,鼓励青年积极参加抗战。以汲水集(今郸城境内)为中心,组织发动群众,宣传抗日。一队由李子木带领在汲水集以西许阁、周寨、刘小庄等村,发动群众,组织"抗日救国会""抗日自卫团""儿童团";另一队由杜李生、赵清景率领在汲水集以东做抗日宣传工作。

第二节　新四军游击支队白马驿整训

一、彭雪枫率新四军游击支队在白马驿整训

1938 年 12 月,彭雪枫率领新四军游击支队东进豫皖苏途中,曾经在郸城县白马驿一带驻扎整训,为新四军第四师的建立和发展、为豫皖苏抗日根据地的开辟奠定了基础。

1938 年,侵华日军长驱直入,国民党正面战场节节败退,徐州、开封相继失守,中原沦陷,武汉告急。根据中共中央《徐州失宁后华中工作的指示》精神,中共长江局周恩来、叶剑英指示河南省委工作重心迅速转向豫东,开展敌后游击战争,相继建立豫皖苏边区抗日根据地。时任河南省委军事部长、统战委员会主任的彭雪枫奉命组建新四军游击支队,于 9 月 30 日从确山县竹沟出发挥师东进。10 月上旬同吴芝圃领导的豫东抗日游击第三支队以及肖望东率领的游击先遣大队会师于西华县杜岗,合编为三个大队。随后即渡黄泛区,进入鹿邑境内。

11 月中旬,游击支队挥师北上,转战睢(睢县)、杞(杞县)、太(太康)、淮(淮阳)之间,痛歼日伪,连战皆捷,声威大震,并争取当地群众武装李寿山部加入了新四军游击支队的行列。从竹沟出发时,新四军游击支队"枪不满一百支,人不满四百员",除六挺机枪外,步枪只有一支钢枪,其余均为土打五"。2 个月时间,就发展成为有 1 000 余人枪的抗日武装。除少数干部战士外,大多是投笔从戎的学生,放下锄头的农民,激于义愤的爱国人士,还有的则是被称为"绿林弟兄"的地方武装,抗日的共同愿望促使大家走到一起,但是新组建的部队缺乏必要的军政训练,思想觉悟较差,组织纪律较差,军事素质较差,这

种状况与当时的斗争环境及部队肩负的使命是很不适应的。

其间,日军猖獗,汉奸为虎作伥,土匪蜂起,烧杀掳掠。日、伪、匪相互勾结,横行肆虐,千里中原混乱不堪,抗日军民陷入极端困苦的境地。新四军游击支队于组建之初,就立即投入艰苦卓绝的对敌斗争,2个月里,长途跋涉,深入敌后,渡过黄河泛区。窦楼杜岗会师合编后,游击支队继续东进。1938年10月27日,部队在窦楼附近与日军骑兵遭遇,彭雪枫、张震等身先士卒,率队与敌激战,取得了进入敌后的第一个胜利。月底抵达鹿邑县内刘大庄一带。

11月7日,游击支队在刘大庄庆祝十月革命节,并决定回师睢杞太。11月11日,出鹿邑,直扑睢杞,分散以到处袭扰,集中以各个击破,横扫日、伪、匪,连战连捷,提高了我党我军的威望,激发了群众的抗日热情,同时收编了李寿山部。

同年12月初,游击支队各大队先后撤离睢杞太,进驻白马驿一带。支队领导机关从各大队抽调军政骨干到李寿山部任职或协助工作,对该部进行整顿,以加强组织纪律性,提高指战员的思想觉悟。12月3日,彭雪枫将此事报告中共中央书记处,称:"战士成分颇好,刻在加紧整顿中"。随后,游击支队普遍开展军政训练。

12月24日,彭雪枫向中央报告了游击支队的实力、编制,以及部队的动向,"主力在鹿邑,拟稍以整理,度过新年即东进皖北。"

新四军游击支队在白马驿迎来了1939年元旦,元旦那天,白马驿军民举行各种联欢活动,共庆新年。元旦刚过,部队即分批向永(城)亳(县)一带进发,一月上旬,支队司令部也离开白马驿。

整训中,游击支队组织指战员学习《论持久战》,进行形势教育,宣传抗日救国的道理,发扬我党我军的光荣传统、优良作风,树立抗战必胜的信心。宣传贯彻"三大纪律八项注意",强调军队内部以及军民之间的团结。支队还开办了随营学校,专门增设了有关群众工作的课程。那时条件极差,支队油印的《拂晓报》和东征出发时发放的指导员手册,成了部队进行政治教育的主要教材。支队还组织战士学习文化,"每天上文化课,识字唱歌",提高政治文化素质,增强开展平原游击战争的勇气。

整训期间,游击支队加紧基层党组织的建设。早在刘大庄驻扎

时,支队就注意在干部战士中发展党员,在连队建立党支部。白马驿整训时,连队普遍建立健全了党支部,一批优秀指战员加入了党组织,这对于游击支队的巩固和发展起了重要的作用。

鉴于当时的形势,提高部队的军事素质是一项紧迫的任务。军事训练也就成了白马驿整训的重要内容。当时的军事训练,主要是基本的军事技术训练,走队列,变换队形,练习射击投弹,学习如何利用地形地物,战斗中的相互配合,以及行军序列,夜间联络等普通军事常识,每天都要出操、训练,天气不好时就在室内练习瞄准,有时则由支队首长讲课。彭雪枫、张震、肖望东等首长每天早晨都和战士们一起出操,检查动作,亲自示范,以身作则,严肃认真,经过严格的军事训练,部队军事素质明显提高,面貌大为改观。

游击支队从开始组建起,就坚决贯彻执行党的民族抗日统一战线政策,注意团结各个阶层各个方面的人们共同抗日,在白马驿驻扎时,统一战线教育成为部队整训的重要组成部分,也是随营学校开设的主要课程之一,整训期间,部队广泛地开展统战工作。一方面采用各种形式,大力宣传和发动群众,另一方面争取和团结友党友军参加抗战。战士们帮助群众下地干活,打水扫地。每遇逢集都要上街宣传,讲解抗日救国道理,动员"有人出人,有钱出钱"。因为宣传得好,不少青壮年都愿意跟着部队走。对于愿意抗日的地方实力派魏凤楼部,皖北国民党余亚农部等,支队首长往返奔波亲自联络,以真诚的态度,令人悦服的言辞,宣传我党我军的抗日主张和统战政策,晓以民族大义,希望他们以大局为重,与我军通力合作。在进驻白马驿之前,彭雪枫就电请中央调张爱萍到鹿邑魏凤楼部任职,主持统战工作,与魏凤楼、余亚农等部建立良好的统战关系。整训期间,魏、余两部不仅支援了我军不少粮食、布匹及军用地图等,还欢迎我军派人帮助他们整训部队,传授打游击的经验,为迅速打开豫皖边区抗日局面创造了十分有利的条件。

1939 年元旦前,白马驿整训进入高潮。支队司令部号召"用整训队伍的胜利来迎接 1939 年",部队面貌焕然一新,情绪空前高涨,庆祝活动十分红火,白马驿街上贴满抗日标语,搭起的彩门两侧,新刷了醒目的对联,战士们穿上了新做的灰色棉军装,个个生龙活虎。各

个连队都办起俱乐部,官兵团拜共贺新年,从早到晚热闹非凡,《拂晓报》还特意出版了 19 个版面的新年特大号。元旦那天,魏凤楼亲自率部队赶赴白马驿,带着猪羊肉、粮食和其他节日礼品慰劳我军,与彭雪枫等同商抗日大计,并在欢迎大会上做了热情洋溢的讲话。在镇南空地上举行了庆祝大会,演出节目,扩大抗日宣传。军民同乐,白马驿生机勃勃,一片欢腾。

经过战斗考验和严格训练,游击支队声威大震,有志青年踊跃参军,一些地方武装闻风归附,部队迅速发展壮大。游击支队一面整训,一面加紧部队建设。12 月底,支队进行整编,以原第一、第二两个大队为基础组建成第一、第二两个团,张太生、滕海清分别任团长;将原第三大队整编为独立营,另外尚有电台、军需处、卫生队、特务连、侦察连、骑兵排等,仍以新四军游击支队之名。在这里成立的游击支队第一届随营学校,则由彭雪枫、吴芝圃分别兼任正副校长。到 1939 年 1 月,游击支队已经有官兵 3 400 多人,各种枪械近 3 000 支,随同活动的地方武装尚未计算在内。2 月间,吴芝圃亲率独立营,再征睢杞太,打击敌人,壮大自己,又组建了游击支队第三团。这时的游击支队已是豫皖边一支举足轻重的抗日武装了。

1939 年元旦刚过,游击支队即分批向永(城)、亳(县)一带挺进,其时,日伪联军已攻占鹿邑县城,兵分二路,进犯亳县,伪豫东剿共军第一支队崔华山部已进至亳县东北的芦家庙。1 月 9 日夜,滕海清率所部以神速勇猛的动作长途奔袭,出其不意地向芦家庙之敌发动猛攻,激战 2 个小时,歼敌 200 余人,击伤伪军首领崔华山,俘获其参谋长及其部下百余人,打响了开辟豫皖苏边区抗日根据地的第一枪。

"白马驿整训"使刚成立的部队得以巩固,奠定了以后胜利的基础,成为新四军游击支队及后来的新四军第四师发展史上最重要的环节之一。从此,新四军游击支队以崭新的姿态杀上抗日第一线,在日伪顽匪的夹击下,在艰难困苦的环境中,坚韧不拔,顽强战斗,从小到大,从弱到强,由团而旅而师逐步发展,成为人民军队中的一支劲旅。

二、革命回忆录

陈雁同志在其回忆中写道：

我是上海人，1937年抗日战争爆发后到延安抗大学习，1938年冬随六支队到白马驿，1939年1月1日正式到达鹿邑县城，组织了一个妇女工作团，杨春英、沈萍和我三人负责，杨年龄大些，任城西关联保主任，我们当她的助手，发动群众，搞抗日宣传，演出不少节目，扩大我党的影响。

当时，魏凤楼担任鹿邑县长，我们主要的力量是做魏的工作，争取他的支持，千方百计搞点粮食、钱支援我们部队，城里妇女能和我们一起活动、积极工作的也只有八九个，后来撤离时，也未带出来，她们年龄小，家庭封建，管得很严。

以后，我们组建了"洪波剧团"，杨任团长，我任副团长，演员二十多人，记得的有高颖敏，常焕文、杨向勇（杨毅，现在石家庄某部），王玉行、廖松台、杨楚南等人，演出节目有"放下你的鞭子""部队亡曲""送子当兵"等，观众很多，群众振奋。也自编不少节目。

姜林东同志回忆道：

我是1938年年底从延安学习回来，派到彭雪枫的游击支队工作的，彭刚从竹沟、西华东进到白马驿驻防、休整，当时我们的队伍力量小得很，名义是新四军游击支队，实际不到一团人，武装、武备、被服都很困难，魏凤楼有军队，力量比我们大，又是鹿邑县长，不争取魏，我们就不好在这里存在，就站不住脚，在这种情况下，党派我到魏部工作，1938年年底我和张爱萍等同志到鹿邑，张任魏部参谋长，党内职务是豫、皖、苏省委书记。我是魏部政治部一科科长，党内职务是鹿邑县委书记。当时豫、皖、苏省委的具体工作都是吴芝圃同志负责。

当时我党的任务主要就是：统战工作，联合各界进步力量，特别是争取魏凤楼能和我们合作，团结一致抗击日军，争取魏在粮食、装备、现金、布匹等物资方面的支援，深入宣传发动组织群众，建立发展党的组织，在适当的时候，搞一支地方武装，搞起一支部队。

我记得彭雪枫东进时在宁平、张集一带发展的有党员，小学校教员，名字想不起了，当时我和他接过头，传达省委指示，部署工作，另外在魏部每个营团都有我们的政治教导员，秘密发展党的组织，记得有个杨春英，就在魏部做妇女工作。

张辑五同志回忆摘要如下：

彭雪枫同志从竹沟出发时，带着支队的司令部，政治部、供给科，卫生部，文工团，侦察连，共编三百余人，司令部参谋长是张震同志，他们先到了豫东的扶沟、西华，这时豫东游击支队也渡过黄河在西华休整，与彭雪枫同志的部队会合，不久两个部队进行了整编，四个大队编为三个营，第一营营长黄思（此人是十二旅的参谋长），政委是肖望东；二营营长江郎山，政委滕海清，三营营长兼政委张揖五，副营长鸿胜，王静敏同志调政治部任民运科长，一个警卫连（由原豫东游击三支队第一支队整编）番号还是新四军游击支队，支队司令兼政委彭雪枫，副司令吴芝圃，参谋长张震，整编后即东渡黄河，继续东进，先到鹿邑，后到睢杞太，队伍不断扩大，12月又到鹿邑的白马驿进行整编，整编到阳历年以后。

《豫皖苏抗日根据地的建立》摘要如下：

1938年5月徐州沦陷，豫东吃紧，党中央发出了《关于徐州失守后华中工作的指示》，要求河南省委，在平汉，陇海两铁路线上所有中心城市，动员大批学生，工人、革命知识分子到农村去，发动群众，组织游击队，开展游击战争，建立游击区。根据中央指示精神，河南省委立即将主要精力，由一般救亡运动，转变为武装抗日斗争，首先在豫东地区组成了两支抗日武装：一支是由豫东特委出记沈东萍组织的第一战区自卫军第七路，约1 500人；一支是由原豫西特委书记吴芝圃以睢县、杞县、太康地方党组织为基础，组成豫东游击第三支队，约3 000人（枪）。这些抗日武装的建立，为豫皖苏边区抗日战争的开展，创造了良好的条件。

1938年7月，为了开辟豫东抗日局面，河南省委派肖望东率先遣大队百余人，由竹沟出发，进入睢杞太地区，配合第三支队开展游击

战争。9月2日，周恩来、叶剑英指示河南省委、将领导重心转向豫东，开创苏鲁皖边区新局面，与八路军冀鲁豫部队沟通联系。河南省委据此决定，由彭雪枫任新四军游击支队司令员兼政委，张震任参谋长，率三百余人挺进豫东。9月29日，在竹沟举行东进誓师大会。当天诞生了《拂晓报》。10月1日，新四军游击支队经汝南、上蔡到达豫东革命中心——西华。

为了贯彻党中央开辟华中抗战的英明决策，河南省委在决定彭雪枫率领游击支队东进的同时，指示豫东游击第三支队和肖望东率领的抗日先遣大队，与彭雪枫率领的部队相会合，整编部队打开豫东抗战局面，根据这一指示，吴芝圃、王海山率领刚刚建立的游击第三支队赴西华与彭雪枫为首的新四军游击支队和肖望东带领的抗日先遣大队会合，于10月初，三支革命武装在河南省委正确领导下，胜利会师于河南西华县杜岗。随后举行了"杜岗大团员"庆祝大会。会后整编部队，扩建后的新四军游击支队，由彭雪枫任司令员兼政委，吴芝圃任副司令员，张震任参谋长，肖望东任政治部主任，下辖三个大队。

10月24日，彭雪枫等率领新合编的部队东渡黄河，向敌后挺进。27日晨，部队行至淮阳窦楼，日军骑兵袭来，企图阻止我军前进，彭雪枫当机立断，抗击日军，毙敌酋津少尉以下数十人，我军首战告捷，大振军威，在广大人民群众的支持下，我军又乘胜前进，再过黄河水，进入鹿邑县境，于10月28日，到达该县的大刘庄，在此进行了短期休整，建立和健全了部队党的各级组织，士气大振，与此同时又得到鹿邑县长魏凤楼慨然相助，装备一新，实力大大加强，随即向睢杞太游击区进发，开始了纵横睢杞的新远征。胜利后于1938年12月来到白马驿，并在此地进行了休整，迎接1939年元旦，在休整的10天中，彭司令带领部队进行了严格训练，正在这时，党中央从延安派近百名干部，来到白马驿，参加新四军游击支队的工作。杞县地方武装，也在这时来白马驿参加我军，使我军不仅从数量上、装备上，而且从素质上都有很大的发展和提高。在此基础上，把部队整编为两个团，一团长张泰生，政委李跃。二团长滕海清，政委谭友林。

1939年元旦这天，白马驿镇上到处是抗日标语、彩门、生机勃勃，

绚丽多彩。军民团结,喜气洋洋,一片抗日气氛。元旦后,我二团在滕海清带领下,奉命东进执行夜袭芦家庙的计划,于1月10日痛歼伪军一个大队五百余人,生擒伪司令部参谋长崔学善以下百余人,使敌人会攻亳县的计划被我方粉碎。此次战斗后,彭雪枫率游击支队,从亳南继续东进,向豫皖苏边区的永城进发。

三、革命故事

彭雪枫除暴安良

彭雪枫的队伍在白马驿修整的日子里,有很多百姓找彭司令告一个外号叫"三只眼"的状,盼望早日除掉这个双手沾满鲜血的土匪头子。彭司令做了调查,并请示了有关领导,决定为民除害。

一天,操练结束,彭司令员骑马赶回驻地。刚到西街口,迎面走来一位老人,衣衫破烂,满脸泪痕,扑通跪倒,喊叫着:"彭司令员啊,请你快救救我们一家吧!"彭司令员急忙下马,扶起老人,关心地问:"怎么回事? 别急,慢慢说。"

原来这位老人叫郑志康,是白马驿东边郑桥村人。他有个闺女,名叫巧芝,被土匪头子"三只眼"看上了。"三只眼"今天送来一张"婚帖",要郑志康明天把闺女送上门去,要是不从,就要桑条子拧门,一把火烧个精光,还要杀他个灭门绝户。

彭司令员听说后,气愤难忍,急问郑志康:"'三只眼'现在什么地方?"郑志康回答:"他们正在郑桥酒馆里喝酒,离这儿有三里半地。"彭司令员当即决定:"走,抓他去!"立即派警卫员通知一排战士随他前往,并让郑志康也骑在马上,前行带路。

赶到郑桥酒馆,郑志康下马偷偷一看,向彭司令员报告:"他们喝酒还未散哩。"彭司令员点点头,马上命令战士把酒馆包围起来。说是酒馆,实际只不过是个简陋茅草房罢了。一切布置好了,彭司令员才带领五个战士,端着枪闯进酒馆。"三只眼"和他的同伙一看这架势都呆住了。彭司令员冷问:"谁是'三只眼'?"坐在北面的一个满脸横肉的家伙身子哆嗦了一下,站起来结结巴巴地说:"我,我……就是,你……你找我有事?""你不是投下婚帖了吗? 找你迎亲啊!""你,你……你是谁?""新四军的彭雪枫。""啊! 啊……""三只眼"一听"彭雪枫"的名字,顿时惊恐万状,只见他一拧身子,撞开泥箔墙,想穿洞逃走。谁知外边的新四军战士早有戒备,一把扭个结实,拉了过来。彭雪枫瞥了一下"三只眼"的同伙厉声说:"今天,让你们亲眼看看'三只眼'的下场! 你们要再胡作非为,来日也难逃惩处。"说完命令战士把'三只眼'推出去,一声枪响,结果了他的性命。那几个楞在酒桌旁的家伙,一个个吓得魂不附体,面如死灰,一起跪下请求宽恕。彭司令员严厉地正告诫他们:"放下武器,洗心革面,改过自新,是你们的唯一出路!"这几个家伙连声称是,纷纷交出武器。

彭司令员离开酒馆,翻身上马,正准备回去,郑志康却拦住了马头。彭司令员问:"老人家,你还有什么事啊?"郑志康涨红了脸,吞吞吐吐地说:"我,我还有件心事要对你说呢。""那就请讲吧!""您救了我们全家,也给乡亲们除了一害。我一辈子都忘不下。我想送我的闺女参加你带的军队,千万别嫌弃,说啥得收下"。彭司令员感到意外,笑着问:"你咋想起要送闺女参军呢?"郑志康眯着眼说:"看到新四军里有女兵,我眼就热啦! 你带的队伍这么好,抗日救国,处处替老百姓着想,我把闺女交给你,也就放心啦! 巧芝心灵手巧,身强力壮,对抗日会有用处的。你要是不收留,可别说我老头子心眼死,我要吊死在你的马缰上啊!"彭司令员听老人家一番掏心话,非常感动,说:"大伯,我可不愿意叫你吊在马缰上,你的要求我批准了。"

郑志康笑得合不住嘴,一会儿,就把女儿找来了:"快,快给司令员磕头,他答应收下你了。"彭司令员下马拦住,一手拉住郑志康,一手拉住巧芝,亲切地说:"咱们革命队伍可不行这样。"又对巧芝姑娘嘱咐:"好啦,你今天回去收拾一下,明天到白马驿见我,让革命的姊妹欢迎你入伍。"说完,彭司令员和战士们走了。郑志康目送他们渐渐远去,回头对闺女说:"巧芝啊,从明天起,你就是位抗日的女战士了,你不知道当爹的心里多美呀!"巧芝两眼望着远方,点着头,幸福地笑了。(故事来自《彭雪枫轶事》、摘自《郸城文史资料》)

第三节　边区党组织的调整及地下斗争的坚持

一、豫皖苏边区工委撤销，成立豫皖苏边区省委

新四军游击支队主力东进后，县域的斗争形势更加严峻。1939年初，豫皖苏边区工委撤销，成立豫皖苏边区省委，张爱萍任书记，吴芝圃任副书记。

二、中共鹿邑县委成立

1939年3月，根据省委指示，中共鹿邑县委成立，姜林东任书记，林源、杜隶生、李子木为委员，同时派林士笑、苗泽生、许遇芝等人到魏部所辖各区工作。

三、拉锯战的形成

4月25日，侵华日军第三次侵占鹿邑县城，魏凤楼带领抗日游击总队1 000余人同侵华日军展开激烈巷战，毙敌20余人。与此同时，张爱萍率部百余人，在鹿邑县城西南角砂礓山一带阻击侵华日军，掩护魏凤楼部撤退，后到白马驿进行修整。这段时期，敌占我夺、敌追我躲、敌疲我打，抗日游击总队与侵华日军来来回回、反复争夺，形成拉锯战。

四、魏凤楼部被收编后党的工作调整

1939年5月，魏凤楼部被国民党第一战区司令长官卫立煌收编，一些身份已公开的共产党员，一部分撤回豫皖苏边区，一部分被派往延安抗大学习。张爱萍离开魏部回到新四军，7月赴皖东北工作。未暴露身份的共产党如王振鸿等仍留在鹿邑坚持地下斗争。在丁村、白马、张完、汲水等地相继建立党小组和党支部，党员和积极分子走村串户发动群众，宣传革命、宣传抗日活动，号召广大人民群众积极行动起来支援抗战，先后发展了一批党员，建立了党小组、党支部。根据中共皖北特委（涡阳）指示，活动范围逐步扩大。

五、竹凯店党小组建立

1939 年秋天,王振鸿赴竹凯店小学教书,并做地下工作。发展了傅荣枝、傅洪藻入党,建立了竹凯店(郸城境内)党小组。

六、王振鸿被迫离开

1941 年 3 月,新四军过津浦路东,王振鸿与上级党组织失去联系,日军扫荡李兴、双庙一带,形势日趋恶化,王振鸿被迫离开双庙一带,党的工作由王绍舜、王风保、武俊士负责。

七、党的工作转入地下

1940 年 4 月,魏凤楼所领导的抗日游击总队接到国民党第一战区司令长官命令,带领队伍到洛阳接受"整编"。张爱萍奉命离开魏部到新四军游击支队总部工作。张爱萍奉命离开魏凤楼部到新四军游击支队总部工作。从此,在鹿邑县境内的抗日活动名存实亡,虽境内驻扎有赵捷三第八支队,王应亭第七支队,张绍庭(外号"张胡子")第九支队,国民党九十七军(军长王毓文)新编第二十九师(师长辛少亭)的八十五团、八十六团、八十七团,除了派粮派饷,拉丁拉夫,压迫祸害百姓,根本不抗日或消极抗日。11 月,国民党顽固派发动了第二次反共高潮,抗战形势更加严峻,斗争环境日趋恶化。随着日军的不断扫荡,国民党军队在"攘外必先安内"指导下行动,白色恐怖严重,党组织遭到严重破坏,一些公开、半公开的党员转移外地,未暴露的继续坚持斗争。在白马、张完、汲水、宁平等集镇村庄都有地下党活动,以职业做掩护进行地下工作,向敌人展开了长期艰苦的革命斗争。

八、鹿邑县城沦陷期间的石槽师范

鹿邑县城沦陷期间的县简易师范,师生通称其为石槽简易师范(简称石槽简师)。其前身是创办于 1932 秋张光如为校长的鹿邑师范学校。开始只招两班,收学生 80 名,学制 3 年。1933 年迁入新址,并更名为"鹿邑简易乡村师范"(简称县简易师范、鹿邑师范、鹿邑简师),学制亦改为 4 年。当年招生新生 40 名。1938 年秋鹿邑县境清

水河以南已是波涛汹涌的黄泛区。1939年4月25日,日本侵略军第三次占领鹿邑县城,从此,鹿邑县城及县境清水河以北广大区域沦陷于日本铁蹄之下。鹿邑简易师范随之停办。

1942年夏,在鹿邑县城南宁平城(即今郸城县宁平镇所在地)借用宁平城小学校舍,重办鹿邑简易乡村师范,招收初师两班,学生100人。新中国成立后,曾在县城做教学工作的知名教师朱子林、周爱华就是其中的两位。尽管这里地处黄泛区,又远离县城,但由于日军步步向南进逼,师生仍缺乏安全感。一天日军又一次南犯,由于抗日群众挖路断桥,日本被阻于虎头岗(今属郸城县)北面的晋沟河以北,便在河边架起大炮向南疯狂轰炸。宁平城集处在大炮射程之内,大门楼也被炸塌。为了师生安全,学校不得不再次搬迁。这所刚恢复不久的鹿邑简师,连夜搬到了偏安一隅的国民党鹿邑县政府所在地——石槽(今属郸城县)。从此,人们称鹿邑简易乡村师范为"石槽简易乡村师范"(简称石槽简易师范或石槽简师),原有两班合为一班,学制仍为4年。

开始,因学校无校舍,学生先在一所大庙里上课。不久新校园建成,师生搬进了新校舍。学校共有四五排草房,其中有:教室、宿舍、伙房,非常简陋。

1943年又招收3班师范,附设一班高中。1944年暑假,招收初中一个班,又招收一个附设高中班。因高中生源不足,到10月份才陆续达到40余人。加上插班生,到学校停办前这个高中班只有50余人。高中班的学生文化基础参差不齐,教学很难组织。

1945年暑假,初中又招收了1个班。同年9月,在日本投降不久,在县城接收日伪师范2班,学生100名,并入"石槽简师"。这时连师范班带附设中学班学生已达到500人,教职工已达到30名。教具和体育教材基本齐全,学校初具规模。

在国民党鹿邑县政府迁回鹿邑县城后不久,"简师"于1946年元月亦迁回鹿邑县城,恢复了"鹿邑简师"的校名。原附设高中班学生各奔前程。简师便结束它的历史使命。鹿邑简师新校址在老君台下,共开8班。同年夏,毕业一班48人。当年秋,招新2班80人。经调整充实班级人数,仍开设8个教学班,有1~4年级初师学生370

人。1947 年该校停办。石槽简师的学生多数是当时鹿邑县境内富有人家的子女,也有少数外地流亡来的学生。当时的学生免费上学,每生每月供给 60 斤小麦,120 斤柴。统一吃饭,集体生活。

课程开设有:语文、数学、英语、地理、历史、动植物、公民、音乐、美术、军训、童训等。学校的制度非常严格,期末考试不及格者,少数准予补考,多数是留级。

校长先后由朱印章、任子慎、王芸圃担任。

该校的教师大部分来自外地。他们大都是名牌大学毕业生和任教多年的有名望的中年教师。当时,该校教员的政治情况很复杂。有倾向于国民党的,有持中立态度的,也有积极宣传抗战的进步教师,其中也有地下共产党员。如:训育主任刘泽民,国文教师兼教务主任李铁林,国文教师韩文道,史地教师张又铭等,对学生温暖关怀,特别是对家境贫困的学生关照备至;他们常常在课堂上宣讲抗战,激发学生的爱国之心。

大家印象最深的是李铁林老师,他平易近人,对学生的思想、学习、生活都很关心,学生都愿意接近他、常到他家玩。李铁林的妻子是个勤劳善良的家庭妇女,因家里经济条件不好,她常帮伙房磨面来补贴生活,对来家玩的学生总是热情招待。李老师课后教给同学许多宣传抗战的歌曲,有一首,他的学生到 20 世纪 80 年代还铭记不忘能随口唱出来:小河的水黄又黄,日本鬼子太猖狂。昨天烧了王家寨,今天又炸王家庄。抓了老年挡炮火,抓了少年去打仗。这样的日子不能过,拿起刀枪干一场。

1943 年的一天,李铁林去上国文课,但却不见他上课堂。后来有的同学说:昨天半夜里见李老师全家搬走了。很久以后学生才知道他是中共地下党员。估计他当时的活动可能已引起国民党的注意,组织通知他转移的。后来有资料证实:中共党员李铁林在任鹿邑乡村简易师范(校址在石槽)教务主任期间,秘密发展党组织,被国民党中统特务发觉,向流亡鲁山的国民党河南省省党部告发,省党部电令鹿邑县党部和县政府:"着即将李铁林镣解鲁山"。李获悉后先期安全转移。这个资料正好证实了学生们的估计。

该校教师学识渊博,治学严谨,培养出来的学生,大都成为新中

国成立后郸城县教育界的骨干,这期间曾经发生一次学潮。学潮的结果是把校长壬子慎赶下了台,免去了职务,取得了民主管理伙食的权利,可也开除了几个领头的学生。那是1944年6月,前任校长朱印章病故后,新任校长壬子慎管理无方,校方克扣学生生活费,学生伙食极差。后来学生连饭也吃不饱了,学生们意见很大。就在这年秋天的夜里,高中班的一些学生联合起来,把壬子慎从他小老婆的房子里抓出来,痛打一顿,引起了上司的重视出现前文提到的结果。

九、淮北区党委路西地委、军分区成立

1944年10月,上级党委决定:收复路西,扫清路南,成立淮北区党委路西地委、军分区。吴芝圃任地委书记,兼分区政委,张震任分区司令员。路西地委下辖萧县、宿县、永城、夏邑、鹿邑(郸城革命老区当时归鹿邑管辖)等8县。地委根据当时形势明确四项任务:①做好统一战线工作。②打通雪(永城)、商、亳与睢杞太之间的东西通道。③组织武装工作队。④开展武装斗争。

十、建立城市工作部、开展游击战争、建立人民政权

1945年2月,因工作需要,党在雪、商、亳边区建立城市工作部(对外称新四军雪商亳办事处),孙清淮任书记,胥照五任办事处主任,刘廷良任副主任。组建了武工队,张培聚任队长。后由孙清淮率部队进入商亳地区,开展游击战争,发展人民武装,建立人民政权。

十一、革命故事

夜袭郭大楼,严惩郭心芳

1939年2月,张爱萍同志和警卫员骑马去涡阳、蒙城向彭雪枫同志汇报党在魏部的发展情况。返回时,途经郭大楼(现属郸城县南丰镇),遭遇当地"红枪会"阻挠。"红枪会"原系清末鹿邑张疯子组织的群众性自卫武装,带有浓厚的封建迷信色彩,当时这种组织在县境比较常见。个别地区的"红枪会"由于受国民党反动宣传和唆使,成为一支反对共产党、反对新四军、反对抗日武装的反动武装。"红枪

会"哨兵,看见身着灰色军装的军人,腰里挎着手枪,骑着马由此经过。就问"从哪里来","我们是县政府的人,到这里与会首谈话!"张参谋长随口回答。"县政府的,不准走,老魏和共产党是一势的。"一看不对,张同警卫员跨马就跑。"红枪会"人员持枪就戳。幸亏张参谋长手疾眼快,用胳膊一档,刀尖划破了鼻子,鲜血直流。警卫员随即打枪,掩护参谋长脱离了危险。回到县城与魏凤楼通报情况后,在党内会议上,张参谋长汇报了向游击支队联系的情况及支队彭雪枫等首长的指示精神,又研究了如何阻止国民党反动派利用"红枪会"破坏我党的统战工作。

几天后,魏凤楼受党的指示,决定严惩郭大楼的"红枪会"。先派人以收给养为名前去侦察,侦察人回来说,"红枪会"反动得很,扬言:"凡是共产党、新四军、魏县长要的东西,一律不给。一定把共产党和老魏撵出鹿邑县。"魏凤楼和张爱萍参谋长针对当时的情况,立即召开手枪队及卫士队全体人员,魏司令动员大家:"郭大楼的'红枪会'野心大,反对共产党,反对县政府,不交给养,不抗日,破坏统一战线。我们多次做工作都不听,死心塌地的与我为敌。我们只有用武力,打下他们的反动气焰,争取其他的'红枪会'共同抗日。今天夜里就拿下郭大楼,处决会首郭心芳。现在,每人带一盒火柴,带上枪支,准备出发。"手枪队和卫士队120多人天刚黑就出发了。郭大楼地处黑河东岸,四周环绕寨墙,寨河水深,只有一个东寨门,强攻难免不受损失,因此只能智取。先派四名机智勇敢的士兵前去叫门,冒充王皮溜大队的,找郭会首商谈事宜的。门开后,用枪逼着门岗哨兵乖乖地领着大队人员到郭心芳的客厅里。客厅里灯火通明,一群乌合之众正两手合拢,跪在草墩和席上,唱佛念经,祷告上天保佑,来日飞黄腾远……随着卫兵大喊"谁是郭会首?"随着一声枪响,一个身穿长袍的人站起来答应声音未落遂即倒地,其余信徒乱作一团,跪地求饶。顿时火光冲天,四处枪声齐鸣,喊杀声震天,"刀枪不入"的"红枪会"会众四处逃窜,有的毙命,有的手举武器投降,战斗很快结束。打死会首郭心芳之后,有效地震慑了反动势力的嚣张气焰,从而收敛了祸害乡里与人民为敌的行动。后经宣传党的政策,进行了说服教育,使一大批自卫武装接受了"抗日农民自卫团"的番号,为保家保乡,为豫东的抗日起

到了一定的作用。这样一来,斗争形势趋缓,暂时稳定了局势,但总的抗战形势不容乐观。

是年 4 月 25 日,日军三次侵占鹿邑,魏凤楼带领抗日游击总队 1 000 余人同日军展开激烈巷战,击毙 20 余人。与此同时,张爱萍率部百余人,在城西南角砂礓山一带阻击日军,掩护魏部撤退,后到白马驿进行休整。(摘自《郸城文史》)

第四节　铭记历史,勿忘国耻

一、郸城县长营惨案

1938 年 9 月 16 日(农历闰七月二十三日),一支国民党军队在对日作战后退驻鹿邑县南郊的长营村(今属郸城虎岗乡)。日军闻讯后,立即出动 200 余人乘坐坦克、军车沿吴庄、侯庄一线追击,清晨包围了长营村。当时抗日武装拼死抵抗,被日军包围在村西一空地上,抗日武装殊死搏斗,经过与日军 2 个多小时的激战,因其武器简陋,日军装备精良,最终抗日武装伤亡惨重。剩下的 100 多人抗日武装向西突围而去,日军攻进长营村(在调访中询问当地老人:当时抗日武装的尸体分别被埋在四个大坑,每个大坑中有七八十人。日军一进村,先用机枪扫射,见人即杀,继而逐户搜寻,见人便抓。将抓到的人用铁丝穿入手心带到村西场里,先将其中 40 多人捆绑在 4 棵大树上,外面堆上秫秸、豆秸浇上汽油,放火点燃,一刹间浓烟滚滚,烈火腾空,哭喊声,惨叫声震天动地。然后,又将杨平均等 10 人拉到坑坡,捆绑在一棵桑树上用同样方法活活烧死,另外十几个人死得更惨。杨逢正两个十来岁的儿子被串在一起,一枪打死,杨逢正被当作靶子活活扎死,杨某之女,在光天化日之下被强奸后抛入火海。全村上至七八十岁的老人,下至婴儿,凡被日军发现者无一幸免。73 岁的老人杨铁头被日军用刺刀挑开肚子五脏皆出,血流满地,之后又被拉入火炕;10 多岁的小孩杨常友从火海中挣扎冲出来,跳到树边坑里被日军发现后,连开数枪打死;有一农民藏在屋棚上,被日军发现后拉下来,剥

光衣服投入火海;农民杨三深被抓时死死抱着未满周岁的儿子不放,结果父子二人同遭杀害。直至下午由于天下大雨,这帮强盗不得不跳上车,返回鹿邑。

从早晨到下午约 6 个小时,日军在长营共杀害无辜百姓 74 人,其中杀绝 17 户,烧房屋 108 间,烧坏衣物、粮食不计其数。整个长营村 72 户成为废墟,其惨状使人不忍目睹,人畜尸体遍野,泥沙血衣混在一起,漫过脚踝,尸体被雨水浸泡,皮肉外翻,白骨显露,血腥刺鼻,被烧死的人,皮肉骨碎,面目全非,幸存者哭号连天,冒雨寻找亲人尸体,只好哭叫着把他们连同牺牲抗日武装战士一起埋在村西南窑坑里。(选自《郸城县志》)

二、李寨惨案

(一)

汲冢镇所辖李寨是清朝地方政府建于咸丰年间(1851—1862),为防备太平天国洪秀全反清,在淮阳东建立的第一个寨。这个寨呈"八卦"形状,围墙较高,南北两门,六个炮楼,双道海河,甚是险要。在抗日战争时期,李寨处于沦陷区的边沿,故不断有些队伍来往驻防。

1940 年冬,国民党抗日游击队冯国昌部下的一支队伍约 60 余人驻到李寨。同年农历腊月十九早晨,该部有几名官兵化装成老百姓,到正在逢集的汲冢镇,打算夺取汉奸司令于老紫的门岗的枪支,枪声一响,集市打乱,冯部去的人乘市面混乱之机跑回李寨。当即冯部全部转移走了。

当天上午 12 点左右,驻淮阳的日军,派出 3 辆汽车,100 多名日军,带着机枪、大炮,赶至李寨北 2 里路的洪山庙村,向李寨布攻击阵势。当时李国宾等十多人站在寨北门门楼前,日军忽然向李寨开炮,大炮在人们头顶上炸响,接着就是机枪扫射。李国宾亲眼看到打死李寨群众李国秀(甲长)和外来走亲戚的王孩,本村 16 岁的学生李国彦被机枪穿过小腹,没几天也死去了。另有 13 岁的李成强被机枪打着屁股,医治五个多月才好。当时,李国宾听到枪炮响,李国秀倒地

后,李国宾立即趴到地上,爬着往寨里去,背上棉袄被子弹打穿了几个洞,一粒子弹从李国宾耳朵一边穿皮而过,顿时血流满面。当时还有李玉白、李文等人受了轻伤。就在日军继续开炮时,恰有村里农民李国富正在北地干活,胆大的他立即跑向日军大声喊:"寨里没兵……",日军才停止射击。于是,日军开着汽车进入李寨,端着刺刀,挨户搜查,恫吓威胁,群众惊恐万状,鸡犬不宁,闹腾多个小时才离去。

当时,哭声连天,非常惨痛,全村群众,无不悲愤万分,痛恨日军强盗行径。此后,事过很长时间,村民仍有恐惧心理。

(二)

1941年农历10月,驻淮阳的侵华日军抽调大部分兵力应付在华北日益壮大的八路军,留守淮阳的日军相应减少。趁这个时候,国民党部队派一个师的兵力围攻淮阳,月余未攻下,同时在魏寨(淮阳东北50里左右,鹿邑西南)包围了接应驻淮阳日军200余人,也一直未攻下。此时,日军又从华北调回部分兵力解围淮阳。正包围淮阳的国民党部队得到消息后,随撤回到淮阳东南曹集一带村庄驻扎。撤到村李寨驻扎的是鲍司令的部下陶连长带领的一个连有100多人,农历腊月二十一日,李寨村被日军包围。该连利用李寨墙高(寨墙挖成洞)、海河深(双道海子)的优势进行抵抗。当天上午九点钟左右,日军从寨东南临近的牛老家、王霍庄,用大炮进行轰击,约打七十余炮,寨里未还击。此时日军从村南路沟子和坟园进行攻击,连攻三次均被陶部击退。日军又用重型大炮把南寨门楼打塌,守寨部队又组织群众用麻包装土把门堵住。这时日军又用催泪弹向寨墙射击,守寨的士兵闻到毒气,眼泪直流,看不见东西,心里惊慌,于当天上午11点左右,从寨里向北门(有的翻墙)撤退。此时日军从寨东绕向寨北和西北截击,用机枪扫射,在寨西北陶部被打死20多人,还有1人被俘,此人在寨子水沟里没敢上岸,被日军发现,抓住后用刺刀穿透锁骨,用铁丝穿着拴到炮车上带走,真是惨不忍睹。驻扎在村内的部队逃跑时,被村里群众给换成便衣救出一部分;先期撤退出寨的,逃离日军枪弹射程至安全地带后,撤向寨西何楼和寨西北陆庄一部分,算是

逃掉了。

日军进寨搜查没有什么收获。撤走后,第二天上午国民党部队把牺牲的尸体运回郸城进行埋葬。

上述两起日军在李寨残杀群众和我们同胞的血债,滔天的罪行,记录为史,子子孙孙是永远不能忘记的。(选自《郸城文史》)

三、袭扰郸城集

1938年9月24日,驻淮阳日本侵略军10余人乘汽车1辆首次袭扰郸城集,焚毁二郎庙大殿,焚烧集西小王庄民房100余间。

1939年11月,日本侵略军第四次袭扰郸城集,屠杀群众45人,奸淫妇女50人,抢走粮食1.25万千克、牲畜185头、猪羊400多只。

四、推行毒化政策

1942年8月,日本侵略军在沦陷区推进毒化政策,豫省划彰德、鹿邑等8县为"种烟区",迫令种植鸦片,规定鹿邑县种植面积7 000亩,境内巴集、曹集、汲冢等地毒品充斥,受害者不计其数。

五、人口伤亡情况

(1)直接伤亡。日军在郸城县共杀害人民群众173人,其中屠杀45人,杀害74人,暗害4人,杀绝17户,伤50人。郸城县人口直接伤亡378人,其中死亡136人、伤137人,奸淫妇女105人。间接伤亡20多人,其中饿死冻死20多人。

(2)间接伤亡。日军在郸城县期间导致间接伤亡400余人,因敌至灾害、病饿死亡40 000余人。

六、抗日战争时期财产损失

财产损失折算如下:

(1)土地。土地损失130 000亩。一年按两季收成,参照1936年的产量,小麦亩产28斤,豆子亩产28斤计算,小麦、豆子各产3 640 000斤。根据小麦、豆子的价格,分别是每百斤4.14和4.44元的价格计算,共造成经济损失312 312元。

（2）树木。树木损失 4 300 棵,1937 年树木每棵 1 元,折合 4 300元。

（3）房屋。房屋损失 892 间,根据资料显示 1937 年每间 8 元,折合 7 136 元。

（4）牲畜。牲畜损失 85 头,根据 1937 年耕牛价格每头 40 元计算,折合7 400元。

（5）猪羊。猪羊损失 400 只,根据 1937 年价格每只 2 元左右,折合 800 元。

（6）粮食。粮食损失 5 001 250 千克,以 1936 年每百斤 4.14 元计算,折合成 414 103 元。

（7）生产工具。生产工具损失 140 件(小车、犁、耙),根据资料显示 1937 年每件 5 元,折合 700 元。

（8）禽畜。禽畜损失 1 391 头(匹)（其中猪羊 539 头,耕畜 532 头,鸡 320 只）。

猪羊 539 头,每头 20 元,折合 10 780 元。

耕畜 532 头,每头 40 元,折合 21 280 元。

鸡 320 只,每只 0.5 元,折合 160 元。

（9）生活用品。生活用品损失 1 000 件。每件 2 元,折合 2 000元。

（10）服装。服装损失 500 件,每件 1 元,折合 500 元。

……………

财产共计损失:781 471 元(1937 年基准)。

在日军侵略中国的这段时间里,郸城人民受尽其害,人口严重伤亡,财产大量损失,社会经济遭到巨大破坏,人民流离失所,无家可归。

第四章　抗日战争胜利后郸城县的斗争形势

　　抗日战争胜利后,郸城人民积极参与各项和平建设,全力进行反奸清算、减租减息、医治战争创伤、恢复和发展生产;开展反蚕食斗争、打击地伪政权,扩大地方武装,建立地方政权。1946年7月,晋冀鲁豫解放区六(睢杞太地区,也称水东地区)分区地位决定任命张笑南为淮(阳)太(康)西(华)支队政委,组织革命力量主动向敌占区推进,迅速扩大解放区。11月,有豫苏皖边区第八军分区改编的华中八分区涡河挺进支队进驻白马驿地区,在老牙店建立鹿亳太县民主政府,驻地白马驿,这是郸城革命老区建立的第一个革命政权。1946年10月至1949年3月,鹿淮太、鹿亳太、沈鹿淮、鹿邑县民主政府先后在郸城境内吴台设吴台区、胡集和谷集设胡岗店区、宁平、丁村一带设宁平区、白马驿设白马驿区、郸城集设郸城区、巴集一带设巴集区、秋渠一带设秋渠区、汲水一带设汲水区、汲冢一带设汲冢区、丁村一带设丁村区、虎头岗一带设虎头岗区、东风一带设杏店区、钱店一带设钱店区、宜路一带设宜路区、石槽一带设石槽区。郸城县各区人民在中国共产党的领导下,大力开展革命斗争,巩固老区,开辟新区,开展反奸反霸、土改革命等各项运动,完成了民族独立、人民解放的基本历史任务,从此中国进入了一个新的历史时期。

第一节　抗日战争胜利后的郸城

一、灾难深重的豫东人民日夜盼望解放

抗战时期,豫东有两块解放区,即冀鲁豫军区六分区(睢杞太地区)和华中军区的八分区(夏永涡地区)。六分区孤悬敌后,八分区三面受敌,两个分区相互隔绝,各自为战。在条件极其艰苦的情况下,两个分区的军民在党的领导下,与敌伪进行了殊死的斗争,完成了党中央交给的战斗任务。

郸城处于冀鲁豫六分区和华中军区八分区中间。抗战初期,彭雪枫、张爱萍、张震、肖望东等领导同志曾率领新四军游击支队在白马驿一带驻防、扩军、整训,并以此为依托,英勇顽强地抗击日伪反动势力。蒋介石扒开黄河花园口大堤,豫东千里平川生灵涂炭,田园荒芜,饿殍载道。敌伪兵匪互相勾结,五里一"队长",十里一"司令",争城夺地,打家劫舍,人民处于水深火热之中。劳苦大众日日夜夜盼解放,盼救星,人民革命斗争形势犹如遍地干柴,一触即成燎原烈火。

二、抗日战争胜利后的郸城

1945 年 8 月 11 日,中共中央做出《关于日本投降后我党任务的决定》,指示全党全军立即争取和保卫抗日胜利果实。郸城境内人民,坚决响应党中央的号召,在各区委的领导下,迅速开始了减租减息、巩固一切解放区、保卫胜利果实的斗争。

抗日战争胜利后,郸城境内爱国民主运动更加高涨,迫切要求和平、民主,希望迅速医治战争的创伤,休养生息,建立民主、幸福的新生活。

抗日战争的胜利,使国内形势和阶级关系发生了重大变化,当时汲冢、吴台等地伪政权十分猖獗,组织所谓的"联防队""游击队""联庄会""还乡团",各霸一方、为所欲为、烧杀掠抢、无恶不作。对中共地下党员、农会干部、武工队员和群众进行杀害。形势要求必须建立武装政权,调配有生力量,开展斗争。

第二节　组织革命力量，建立革命政权

一、张笑南潜入豫东痛击顽匪

1946 年 5 月，冀鲁豫军区政治部主任王幼平派豫东纵队政治宣传科长李子木、冀鲁豫军区某部政治处主任张笑南等人潜入豫东侦察敌情。

6 月，李子木、张笑南、刘学孔越过陇海路抵达冀鲁豫六分区驻地——付集（今归杞县）。稍事休息后，李子木回到扶沟，刘学孔回到西华，张笑南带通讯员贾付齐回鹿淮一带，为开辟鹿淮太根据地侦察情况。

7 月，张笑南向冀鲁豫六分区地委书记王其梅、副书记王中一汇报鹿淮一带敌伪情况。冀鲁豫六分区地委决定，任命张笑南为淮太西支队政委，王荆耀任支队长，组织革命力量，主动向敌占区推进，迅速扩大解放区。

8 ~ 9 月，张笑南和王荆耀率支队 3 个连不断向根据地周围敌伪顽匪出击，消灭了安平、辛集、任集、戴集、汲冢、吴台等地伪政权多处，俘敌百余，获枪五百支，使鹿淮之蒋伪政权惶惶不可终日。我党我军在群众中声威大震，为开辟和建立根据地打下了良好的基础。

二、组织力量开辟新区

1946 年 9 月 20 日，华中军区八分区地委，鉴于国民党军队的疯狂"围剿"，为保存革命力量，决定将萧县、永城等 8 县区两级干部 1 200 余人组成五支队。支队长杨志雅、政委杨久章、参谋长罗文魁、政治部主任王近之。支队组成后即奉命西撤至冀鲁豫六分区地委睢杞太地区，配合六分区地委巩固根据地，扩大解放区。

1946 年冬，第八分区由津浦路西主动向敌占区纵深发展，经商、亳进入鹿邑境内与魏凤楼指挥的豫东纵队会合，展开了同反动武装的斗争，第一次解放了大部分集镇和广大农村，扩大了我军的政治影响，开辟了新的解放区。

11月，六分区地委派五支队教导员邵维邦带支队一个班转移到鹿淮太地区吴台庙一带，配合张笑南开辟新区；豫东纵队交际处长李子木随部队活动到张集、宁平一带，在张集为刘晓初恢复党的关系，并委派他为交际处三刘庄联络站负责人，积极组织党员群众，收集情报，开展党的工作。睢杞太地委指派五支队政委杨元璋带领五支队来到鹿淮太地区活动，从五支队抽调干部二三十人协助张笑南加速开展新区工作。

三、建立鹿淮太、鹿亳太县民主政府

1946年10月上旬，冀鲁豫六分区地委决定派遣张笑南率淮太西五支队一个连七八十人，开辟鹿淮太地区。张笑南是本地人，回去以后即四处奔走，利用亲戚、朋友、同学等社会关系，宣传我党我军的方针政策，扩大革命影响，很快发展到20多人，组成一个排，贾付齐任排长。为了巩固对新区的领导，六分区地委决定，组建鹿淮太县民主政府。

10月中旬，鹿淮太县民主政府在任集（鹿邑）北头召开会议。大会正式宣布鹿淮太民主政府建立，县委由张笑南、翁少峰、沈一帆3人组成，张笑南任县委书记兼县长，翁少峰任组织部长，沈一帆为委员。下设区，沈一帆任大辛集区委书记，陈明盘任区长；陈焰任任集区委书记；赵墨林任胡岗店（郸城境内胡集、谷集一带）区委书记兼区长；胡子明任藏集区委书记；李存英任试量区委书记；秦化先任县委管理员。地委领导薛朴若、夏秘书长参加大会并讲话。县政府成立时，请当地剧团在辛集演戏两天，以示庆贺。

11月，八分区部分干部西撤白马驿一带，组建鹿亳太办事处，隶属于苏皖边区第八行政区专员署，由邵光任主任。办事处下辖白马、梅城集等区，旋即撤离。同月，八分区涡河挺进纵队进驻白马驿地区，组建鹿亳太民主政府，李健任县委书记，鲁禹道任县委副书记，许西连任县长，徐子佩任副县长。下辖宁平、白马、英武三个区。王纯一（一说余小仙）任宁平区长；向硒光任白马区委书记、芦锡球任区长、宋斌任副区长；汪冰石任英武区委书记，彭育民任区长。此时，宁平、白马、英武一带，地方反动组织众多，各霸一方，烧杀淫掠，

无恶不作,为所欲为,惨无人道。人民群众生活在白色恐怖之中,对新生的民主政权也构成严重威胁。面对如此严重的状况,鹿亳太民主政府一方面与魏凤楼所率领的豫东纵队紧密配合,组织武装力量,狠狠打击国民党政权及其武装;一方面宣传中国共产党的政策,扩大武装力量,打土豪分田地,推翻旧制度,建立新政权,同国民党反动派进行了坚持不懈顽强斗争,为解放战争的胜利奠定了坚实的基础。

鹿亳太县民主政府是在郸城革命老区建立的第一个民主政权。政权建立以后,当时武装人员少,枪支弹药也极其匮乏。县境以敌伪军政匪首为核心,以封建地主残余势力为支柱,以地痞流氓匪盗为基础,采取欺骗引诱威逼手段,抓丁拉夫东拼西凑,组织所谓"联防队""游击队""联庄会"和"还乡团"等。南部有匪首郭明英的鹿淮沈三县"剿共"游击队,北部有苇棵司令段敬斋的"联防队",西部有于紫气任国民党淮(淮阳)太(太康)鹿(鹿邑)柘(柘城)四县联防司令的"游击队"和李老赖的"联庄会",东部有付廷章、张子英拼凑起来的"联防队"和"游击队",中间地带有谢澄江的"联防队"。这些地方反动组织少者有几百人,多者千余人,各霸一方。用开膛、剥皮、刀砍、绳勒、火烧、铡跺、枪杀等残恶手段,对我地下党员、农会干部、武工人员和群众进行杀害,就连他们的家属也不放过。丁村北朱楼朱布袋一家老幼12口全部被杀绝,其中有年迈花甲的老人,有不满10岁的儿童。在南丰的唐桥,用刀劈死了农会会长,在张完乡用干柴浇上煤油烧死农会主任。"苇棵司令"段敬斋一下活埋了区队队员6人。在郸城北门外大桥上,谢澄江的联防队一次铡死干部群众5人……敌人采取了惨无人道、灭绝人性的毒辣手段,残杀革命干部和群众,人民生活在白色的恐怖之下,对新生的民主政权也构成了严重威胁。面对如此严重的状况,鹿亳太县民主政府一方面与魏凤楼所率领的豫东纵队紧密配合,狠狠打击国民党政权及其武装;一方面宣传党的政策,扩大武装力量,发动群众,利用集市、庙会和村民大会,大力向群众讲解共产党的主张,揭露国民党的黑暗统治和反动地方武装杀害革命志士和群众的滔天罪行。区政府也组织了武工队、宣传队和工作队,通过访贫问苦,个别串连,诉苦挖根,打土豪分田地,组织农会推翻旧制

度,建立新政权,同国民党反动派进行了坚持不懈的顽强斗争,使严峻的形势得到好转。

　　1947年4月初,地委派情报处长李子木在张集、宁平一带活动,先后在吴台、郸城、宁平、张集、白马、老牙店、英武、淝河口(现属皖亳州市)、槐店(现属皖太和县)、鹿邑、淮阳城内建立联络站,开展党的工作,收集敌人布防、兵力及调防等情报,为打击、消灭反动地方武装提供了更为可靠的信息,确保了边区政府和人民生命财产安全,保护了来之不易的胜利果实。5月,为适应革命形势发展,鹿亳太县管辖区域重新划分,黑茨河以西的宁平区连同2月中旬鹿邑县在汲水开辟的新区和4月开辟的丁村区、虎头岗区、吴台区同属鹿邑县管辖。鹿亳太县下余地区划归亳县,中共亳县县委建立,张有奇任书记,冯登紫任县长。县大队政委仍由张有奇兼任,王化棠任副政委,大队长冯登紫兼任,何宗纯任副队长,孙敬祖任公安局长。范围缩小了,武装力量相对增加了,更能集中力量打击消灭敌人,轰轰烈烈地开展地方武装斗争。在巩固老区的同时,继续开辟新区向东发展,县大队活动在郑桥、双沟、梅城、古城(除郑桥外,现均属皖亳州)一带,相继建立了郑桥区、梅城区、古城区和城西区。8月中旬,随着革命战争形势的发展,根据二地委土改工作会议和中共中央《关于清算减租及土地问题的指示》精神,亳县县委认真贯彻会议精神,积极行动起来,把解决土地问题当作目前党的最基本的工作。召开全县干部大会,传达地委会议精神。举办积极分子培训班,培训土改骨干力量。通过调查研究,在郑桥、白马、英武等区进行土改工作试点。采取"一手拿枪,一手分田"方式,依靠贫雇农,团结中农,中立富农,分化瓦解中小地方,孤立打击恶霸地主。发动群众,申冤诉苦,斗争恶霸地主。采取政治上开展清算斗争,经济上彻底打垮方针政策,将过去实行的减租减息政策改为没收地主五大财产(地、房、粮、物、牲畜)分给无地少地的农民,分了一些大地主的浮财和土地。8月16日,遵照中共中央指示的晋冀鲁豫野战军,千里跃进大别山的刘邓大军抵达县境。县民主政府动员党政军民担负提供情报、扫清道路、转运伤病员和保证各种支前物质供应等任务,使南征大军在境内迅速通过。此时,国民党新五军压境,地方土顽又起,兵匪勾结,对民主政权和武装力量进行清剿,刚好一点的形势急转直下。亳县县大队同刚由县大队改编的鹿邑独立团紧密合作,巧妙与敌人周旋,集中力量打击敌人。在鹿邑县城生擒国民党鹿邑县长孙敬轩,俘敌 2 000 余人。其中有张岚峰部 1 个营,田文凤部 1 个团,游寇司令金明英部 400 多人,还有顽匪谢澄江、王昌顺部,活捉了伪专区保安二团团长汲前荪等反动军官,经豫皖苏军区二地委批准,将孙、汲枪毙于宁平的双楼集,其余人员通过教育或释放或动员加入人民武装。在汲水南杨堌堆寺宣传发动群众,县大队的杨明月接到报告,发现几个可疑人员向孙于庄移动。杨立即布置,进行围堵,抓获后经审讯得知是一个敌伪联防大队长和一个中队长李兰荪,当即镇压了伪联防大队长。

到 1947 年秋天,区队武装由几个人发展到五六十人,县大队也发展到几百人,武器装备也大为改善,群众基础也日益雄厚,政权组织愈来愈加巩固,完全改变了原来处于劣势的被动局面。

1949 年 7 月,根据中央《关于在全国解放区实行行政管辖省县原边归界》的指示精神,亳县管辖的白马、英武、郑桥划归鹿邑。至此,自 1946 年 12 月建立的鹿亳太县民主政府已完成历史使命,而重归鹿邑管辖的白马等三区的人民,用实际行动和新的成绩迎接中华人民共和国的诞生。

四、建立豫皖苏军区、豫皖苏二分区

1946 年 12 月,党中央为了协调冀鲁豫六分区和华中军区的八分区的军事斗争,决定建立豫皖苏军区(区党委、行政委员会)。1946 年 12 月 12 日,二分区主力部队在睢县平岗会师后召开誓师大会,正式宣告豫皖苏军区(区党委、行政委员会)成立。张国华任军区司令员,吴芝圃任军区政治委员,陈明义任军区参谋长,王幼平任军区政治部主任,军区独立旅由六分区 30 团、华中军区 34 团以及张、吴所率警卫营组建而成,金绍山任旅长,张太生任政委,陈子植任参谋长。军区下辖三个军分区(地委、行署),将冀鲁豫六分区变为豫皖苏军区的一分区,华中军区的八分区变为豫皖苏军区的三分区,另在涡河南、沙河北的中间地带开辟二分区。张国华、吴芝圃等讲了话,部队进行了短期休整。平岗会师,豫皖苏军区成立,其重大战略意义在于使孤悬

敌后的六分区和淮北乃至华东根据地连接起来。原两军区兵力分散、各自为战、面对强敌、局面难支,而会师合编、统一指挥、形成铁拳、雄踞中原,成为华中举足轻重的力量。

平岗会师后,豫皖苏二分区(地委、行署)同时成立,分区司令员由军区副司令员魏凤楼兼任,分区政治委员由二地委书记李中一兼任,而地委副书记薛朴若任专员,分区参谋长王丽生,副政委李一非,副司令员王继贤,政治部主任陈竞波,政治部副主任李苏坡,地委组织部长张子夫(后为邹屏),宣传部长秦天真,副专员陈岸、董敬斋,民运部长李玉庭。分区成立后即率部在鹿邑一带频频出击,打击敌伪,筹建各级政权。

五、设立吴台庙区、胡岗店区

1946 年 10 月,鹿淮太边区县在吴台一带设立吴台庙区。阎兴礼任区委书记兼区长。

同月,鹿淮太边区县在胡集和谷集一带设立胡岗店区。赵墨林任区委书记兼区长。谭萍任区委副书记。

六、设立宁平区、白马驿区、郸城区、汲冢区

1947 年 1 月,鹿亳太边区县在宁平、丁村一带设立宁平区。练岚任区委书记,王纯一任区长。

同月,鹿亳太边区县在白马一带设立白马驿区。郎勤襄任区委书记,闵超任副书记,宋斌任区长,慕洪生任副区长。

同月,鹿邑县在今城郊、城关镇一带设立郸城区。练岚任区委书记,王良任区委副书记。

七、二次开辟鹿亳太县

1947 年 1 月中旬,张有奇、徐子佩率二分区一个连进入鹿邑南部英武、老牙地区,根据二地委决定,在丁集宣布鹿亳太民主政权建立,县委由张子奇、徐子佩、孙敬祖 3 人组成,张子奇任书记,徐子佩任县长,孙敬祖任公安局长。

八、沈鹿淮县建立

1947年1月,经过涡阳、龙岗战役,豫皖苏军区形势很好,两地委根据国民党忙于内战,后方兵力空虚;地方地主保长抓丁要粮,税捐苛杂,广大地区民不聊生;在解放区的影响下,群众斗争情绪普遍高涨等特点,决定抓住有利时机,积极开展工作,有计划有步骤地发动群众,组织武装力量,开展游击战争,建立游击根据地,并决定开辟沈鹿淮县。

2月1日,地委委员、副专员董敬斋在生铁冢与刘波涛、吴忠培谈了地委决定,由刘波涛任沈鹿淮县委书记,吴忠培任县长,以鹿邑县的郸城区为依托,以洺河为界,向东、南、西方向推进,暂组3个区。2月2日,刘波涛、吴忠培、罗克、丁岐、郑宗、郭义、童练等一行8人到达郸城,与原郸城县委书记练岚进行手续交接。区的干部配备是:郸城区,区委书记丁岐;巴集区,区委书记、区长罗克;秋渠区,区委书记郭义,区长郑宗。不久,分区派胡立克来沈鹿淮县任县大队长,开始组建县大队。2月4日,吴忠培、罗克深入泛区巴集,在田庄召群众大会,宣布巴集区民主政府建立,吴、罗都在会上讲了话,罗来时携带的鹿邑县长张笑南写给地方各绅士的信中,要求其亲朋挚友支持区政府的工作。

2月中旬,刘波涛、吴忠培到汲冢向地委领导李中一、薛朴若,请示工作,李、薛介绍了当地的情况并指示有关事项,并让其带去刘、邓试探南下时留下的8个轻伤员,作为建县大队的骨干。是时,分区部队活动到秋渠地区,并对秋渠区领导做了部分调整,任命魏凤楼旧部李华岳为区长,郑宗改任副区长。

九、设立巴集区、秋渠区、汲水区

1947年2月,沈鹿淮边区县设立巴集区。罗克任区委书记兼区长。

同月,沈鹿淮边区县设立秋渠区。郭义任区委书记,郑宗任区长。

同月鹿邑县设立汲水区,杨明月任区委书记兼区长。

十、开辟丁村、虎头岗区、杏店区、钱店区

1947 年 5 月,沈鹿淮县委决定开辟虎头岗区,阎兴礼任区委书记。6 月阎调回,杜庆同接任区委书记。7 月张巨川任区长。

同月,沈鹿淮县在县境内东风一带设立杏店区。梅绍蕴任区委书记,王良任区长。

1947 年 6 月,为了加速开辟丁村区,中共鹿邑县委派王素行,任丁村区委书记,赵辉仍任区长,李炳全任副区长,吴克焕任农协主任。

1947 年 12 月,界首县在境内钱店一带设立钱店区。张灿华任区委书记,孙毅任区委副书记,李宪岑任区长,黄练任副区长。

十一、设立石槽区、宜路区

1949 年 3 月,鹿邑县在县境内秋渠、石槽一带设立石槽区。吴一力任区委书记,杨林任区长。

同月,沈丘县设立宜路区。张连三任区委书记,孙庆高任副区长。周超于 1949 年 6 月任区长。

第三节　豫皖苏军区、军分区在吴台

一、军区主力到郸城境内吴台

1946 年 12 月底,张国华、吴芝圃、王幼平、魏凤楼等率部三四千人辗转睢杞太、辛集、任集等地后抵达吴台庙。张笑南在吴台庙以鹿淮太县委负责人身份迎接军区首长,并汇报对敌斗争情况。

二、分区机关在吴台一带活动

1947 年春,二分区部队和地委领导李中一、魏凤楼、薛朴若、王丽生、李一非、黄敬斋、陈岸、秦天真、陈竞波、李苏坡、李玉庭活动于大顾寨、吴台、郸城、王寨等地,积极领导全区广大人民群众开展武装斗争。

三、欢度元旦

1947 年元旦在吴台庙,豫皖苏军区举行新年团拜会,军区党委、行政委员会及机关全体干部参加,欢度元旦。中共豫皖苏军区政委吴芝圃做《打回八分区、包围徐州》的长篇报告,部署新年后的战斗任务,大大鼓舞了士气。

四、宋吴召见杜庆同

1948 年 12 月底,中共中央豫皖苏分局书记兼豫皖苏军区政治委员宋任穷、豫皖苏分局副书记兼组织部长吴芝圃,在吴台区大顾寨召见鹿邑县宁平区委书记杜庆同,就剿匪反霸和土地改革等工作在程序安排上以及能否一手拿枪、一手分田等问题,听取了来自基层的汇报。宋吴听了很高兴,说汇报是基层领导对我们的工作布置和支持。听取杜汇报的还有杨易辰、彭笑千、朱子奇、马继孔、毛更苏等。汇报后宋留杜到家里吃便饭,上下关系很融洽。

第四节　积极开展对敌斗争

一、打开局面

豫皖苏军区的成立、新年团拜会的举办,使敌伪极为惊慌。1947年 1 月 3 日,敌伪狗急跳墙,以优势兵力向我猛扑。他们纠集 5 个正规旅、两个交警总队、5 个省保安团,加上魏军张岚峰部 5 个团及各县保安队,几乎占领了所有城镇和交通要道。

为冲破封锁、打开局面、站稳脚跟,军区主力在陈明义、金绍山、陈子植等率领下,远距离奔袭敌伪防守薄弱的涡阳。1 月 7 日,胜利攻下涡阳。1 月 13 日,又进攻龙岗,全歼守敌,大获全胜。涡阳、龙岗之战,是军区成立后的第一仗,痛歼敌伪 3 000 多人,首战告捷,为巩固一分区,恢复三分区,开辟二分区,打开了局面,奠定了基础。

二、刘晓初开展统战工作

刘晓初恢复党籍后,按照党的指示,积极开展工作,利用同乡、同学关系,团结、联系知识分子和各界知名人士,扩大党的影响,壮大革命力量,很快把宁平、张集一带进步青年团结到党的周围。

三、枪毙伪鹿邑县长

1947 年 2 月 1 日(农历正月十一),晋冀鲁豫野战军在邓小平带领下挥师南下。鹿邑县、区武装顺时配合大军,攻下鹿邑,俘虏 2 000 余人,其中有张岚峰部 1 个营。游寇司令金明英部 400 多人,还有顽匪谢澄江、王昌顺各部分,活捉了伪专区保安 2 团团长汲前荪等反动军官。伪鹿邑县长孙敬轩在东南城墙魁星楼下一地洞里束手就擒。经豫皖苏军区二地委批准,将孙枪毙于双楼集。

四、杨垌堆寺活捉伪大队长

1947 年 2 月下旬,杨明月在汲水南杨垌堆寺开会,郑复举等 6 人在孙于庄宣传发动群众,村头警哨发现几个人向孙于庄走来,一问话,来人遂惊慌而逃。郑即率人追赶,至杨垌堆寺,杨明月等人马上接应,郑趁机虚张声势,让杨明月的通信员大喊:“3 连集合、1 排跟上”。逃敌不明虚实,犹如惊弓之鸟,在前堵后追中被抓获,原来一个是伪联防大队长,另一个是中队长李兰荪。经研究,当场把伪联防大队长枪决,将李兰荪押送县政府查办。

五、林吉屯战斗

林吉屯是位于汲冢西南的一个村寨。于紫气的爪牙王天党,号称团长,聚顽匪上百人,经常在汲冢西南窜扰,对区政权威胁很大。一天,当地群众报告,王部驻林吉屯。区委即组织精干的队员 30 余人,由李星平、张耀率领,深夜突袭敌营,短兵相接。一阵激战,敌伤亡惨重,狼狈逃窜。从此军威大振,王天党不敢轻举妄动,龟缩淮阳,蜷伏不出。

六、侯集战斗

1947 年 3 月,沈鹿淮县委进入新区月余,牺牲了 5 名同志。这时,吴忠培任县委书记兼县长。一天,县委驻郸城南侯集,萧县县大队一个连随县委一起住下。翌日清晨,敌 100 多人向侯集开来。在查定敌未发现县委时,决定予以伏击,以振奋群众的斗争情绪。于是在西门做了部署,待敌进寨后,事前埋伏的战士跃起痛击,敌人溃散。从而取得了县委受挫后第一个胜利。沈鹿淮县委继续坚持在当地积极开展工作。

七、均赵庄战斗

1947 年 4 月,国民党第 17 交警总队驻吴台庙 5 天,掳杀牲畜,抓丁派款,四乡百姓恨之入骨。当时鹿邑县、区武装驻吴台庙均赵庄,与敌相距 5 里,双方不断遭遇。一天清晨,敌 10 多人向我方接近,我方决定予以歼灭。当敌人进入伏击圈时,即向其猛烈开火。不料这并非一般乡下的扰民"逮鸡队",而是敌军之尖刀班,后有大队数千人正赶来。于是鹿邑县、区武装迅速组织突围,除公安局长邵维邦受伤外,无一阵亡,而敌营长以下 5 人被击毙。

八、小张庄伏击战

1947 年,国民党交警总队 1 个团 2 000 余人,进占郸城集。一日上午,当敌人西行扫荡时,张笑南率县大队 3 个连和李子木率领的侦察队伏于郸城西北,小张庄一带,伏击敌人。经短战打死打伤敌人 30 余人,张、李率部撤离,有 6 名战士受伤。

九、小顾庄战斗

1947 年 6 月中旬,豫皖苏军区卫生部二所驻吴台西张庄,大批伤员在小顾庄、张庄养伤。国民党 138 旅驻任集一带,双方只 5 千米之隔。一日敌向我部靠近,我部即开枪阻击,二所伤员迅速撤离,敌人尾追不放。伤员撤至黑河,因皆穿白衣,目标明显,甩不掉敌人,区委即组织火力猛烈侧击,吸引敌人,这才保证了伤员的安全转移。

十、徐老家解围

1947 年 6 月,"苇棵司令"段敬斋率部驻秋渠附近,不断窜扰宁平以南各村寨,逼粮派款,敲诈勒索,百姓恨之入骨。26 日,段部众人窜至徐老家勒索给养,徐老家的群众凭借寨墙,紧闭四门,拒绝段部众人进寨。段部众人恼羞成怒,围寨两日,并枪炮轰击寨内,群众数人伤亡,人心惶惶。消息传来,丁村区长赵辉、宁平区委书记练岚等立即率区队及两区联防队 100 余人前去救援,并命各保杆子队前往助战。部队在小王庄做了动员,从东、西、北三面包抄过去,在段部背后发起猛攻。枪声大作,段部腹背受击,招架不住,仓皇向西南溃逃。区队奋勇追击,一直把段部残余人员赶过洺河。俘房段部排长 1 名,经审讯后于次日在徐老家处决。

十一、石头神张庄战斗

1947 年 6 月,县委翁少峰等率县大队一部和三区区委副书记谭萍(女)驻吴台西石头神张庄,突然被敌人包围,情况十分危急。翁少峰率部迅速突围脱险。而谭萍发觉时已不能走脱,遂躲到村东头庙院一个红芋窖里,让一个晒麦的老乡把窖口封住,终于瞒过了敌人。但敌人掳走部队家属周兰英、孙萍、谭萍的小妹、翁少峰的马夫老黄等。因多是农村妇女、小孩,马夫性情憨直,当时未被杀害,后均趁机逃出脱险。

十二、张子光、寿延龄等在汲冢区坚持斗争

1947 年 7 月,汲冢区长李石健调离,淮阳县委派寿延龄接任汲冢区长。这时,豫皖苏军区党委、十纵队李先念部一些同志,还有南下干部工作团,均驻在汲冢及其附近地区,这里环境相对安定,区党委把南下干部工作团分到全区协助搞土地改革。汲冢十几个村庄都住上了土改干部。他们组织贫农团、翻身队,发展党员,土地改革一度搞得轰轰烈烈。但由于教育发动不够深入,加上敌人的破坏,群众不敢要所分土地、财物,许多人白天分的,晚上送回,真正贫苦的群众实际得到利益不多。不久,国民党军队过境,其"龙虎队"(部队番号)驻

戴集一带,土改工作团相继转移。地主豪绅很快反水,敌联防队谢澄江、张豁子数千人一过来,形势巨变,汲冢区顿时陷入白色恐怖之中。农会主任、积极分子被土顽杀害后抛尸汲冢街头,情景惨不忍睹。为了重新发动组织群众,打击敌人,鼓舞斗志,区委决心执行上级"县不离县、区不离区"原地坚持战斗的指示,誓与汲冢群众共存亡。区干部和区队一度被迫离境,后根据实际情况,一方面组织精悍队员由区政委张子光、区队副队长李星平带领,趁黑夜潜回。白天隐藏,封锁消息夜间频频出击,袭扰敌人,打赢就打,打不赢就走,灵活机动地同顽匪反复较量,进行艰苦卓绝的斗争,终于打开了局面。另一方面,由区长寿延龄带领的战斗力不强的一部分队员,不久也返回和张政委会合,共同坚持斗争。一次在汲冢西焦老家捉住作恶多端的伪乡长焦连彬,并用铡刀铡了他。不久区队又捉到谢澄江的两个下乡抢粮的匪徒,也用铡刀铡死,抛尸汲冢街头,以示对敌人的还击。这种针锋相对的斗争,有力地打击了敌人,鼓舞了群众。谢匪小股枪掠队不敢轻易下乡了,群众反映:"谢澄江也怕铡呀!"通过2个多月的艰苦斗争,终于和县委取得联系。这场斗争,胜利地保卫了汲冢区,保护了群众利益,为我军提供了许多重要情报。后来,地委在总结工作时,讲起汲冢区这场坚持武装斗争的胜利,称之为"淮阳之花"。

十三、追击崔淑廷

1947年10月,鹿邑县独立团一部和县公安队及宁平区队住在西周楼村。土顽崔淑廷部驻小安庄,相隔1千米。次日黎明,崔部一侦探被抓获,从其腿部搜出手枪一支,经审问,知崔部就在附近。立即部署,袭击小安庄,敌人措手不及,狼狈南逃,我部当即追击。崔淑廷刚升任谢澄江的团长,新领机枪一挺,他凭此掩护撤退。我部警卫排长刘洪正等骑两匹战马率先勇猛出击,把匪徒冲得七零八落。崔部逃至秋渠牛庄附近,又遇分区部队追歼。此役俘敌8人,毙敌10余人,缴获机枪一挺和其他财务。

十四、郭寨、展老家战斗

1947年10月,"苇棵司令"段敬斋匪徒1 000余人,窜扰亳县18

里,在郭寨、展老家一带村庄,劫夺财物、抢夺牲畜。住在英武区大林庄的英武、梅城两区队,闻讯后率部百余人前往,吹号鸣枪,发起进攻,敌人大惊,狼狈南逃,使群众免遭一场浩劫。

十五、郸城区委受挫

谢澄江匪部乘国民党军队过境之机返回,将郸城区副区长蔡德昌抓获杀害。后来副区长苏玉珩带区队住郸城西北王楼,派出侦查员到郸城了解情况,遇到谢部匪徒冒充胡岗店区队,侦查员不明真相,报告郸城区委副书记李隆兴,遂把敌引向驻地王楼。异常情况被苏副区长发现时,敌已网开三面包围过来,苏急令突围。李隆兴等欲行动但为时已晚,当即被敌枪杀,区队奋力拼杀,始得脱险。

十六、避实击虚、打击敌人

敌军数万反复向解放区"清剿",县区武装或化整为零,或组织精悍小队与敌周旋。而地方土顽系当地人,熟悉情况,期中杂有叛变过去的翻身队员,对我方活动规律清楚,这样国民党正规军与土顽相互勾结,极难对付,对我方活动和存在造成极大威胁。经过艰苦斗争,坚持到11月份,在敌人强大压力下,鹿邑、亳县、沈丘、淮阳各县区武装陆续被挤到西华、太康一带。少数区委就地坚持艰苦卓绝的斗争。如汲家区委书记黄凤伦率队坚守区地,白天隐蔽,晚上袭扰敌人;英武区委书记魏建组织白马、郑桥、十河等区为河西工委,坚持敌后斗争,在敌众我寡的情况下尽量避免损失。转移到其他地方的县、区武装力量同敌人周旋月余后,克服了重重困难,保存了实力,年底也陆续返回原地区,继续领导人民坚持斗争。

十七、王素行等同志英勇就义

1947年冬,敌扫荡开始后,丁村区委执行"区不离区、就地坚持"的指示是坚决的。由于区队排长叛变,区委书记王素行与12月10日被捕,次日家住北朱楼还乡团头子朱贻谋在丁村集东门外公开处死王素行。临刑前,王素行大义凛然,慷慨陈词,愤怒揭露国民党的反动罪行,高呼"中国共产党万岁""人民万岁"而英勇就义,表现了一个

共产党员视死如归、宁死不屈的高贵品质。副区长李炳全于当夜突围时,膝盖中弹被俘,被朱贻谋活剥身亡,其状惨不忍睹。农会主任吴凯环也于同日在南毛寨被土顽抓捕活埋。此次事件,丁村区委共牺牲 18 位同志,北朱楼战士家属和农会干部家属被害 15 人。

十八、追查叛徒、逮捕处理凶手

丁村事件发生后,中共豫皖苏二地委和鹿邑县委十分重视。为迅速稳定情绪和恢复党在丁村地区的工作,县委书记杨元章、县长张笑南当即决定派赵辉回丁村任区委书记兼区长、邱冠华任副书记领导丁村的革命斗争。赵、邱妥善处理好死难家属的后事,恢复发展区队武装,积极开展对敌斗争,追查叛徒,逮捕处理残害革命同志的凶手,加上县领导及时派杜庆同率县独立团一部在丁村一带频繁活动,有力地打击了敌人的嚣张气焰。

十九、火烧邬天礼

1947 年 12 月,华野主力一部南下途径白马驿,冲散了土顽朱贻某部。朱部溃散时,将其枪支弹药马匹疏散藏于丁村北塘桥附近,暗派大队长邬天礼等看守。接群众报告,亳县县大队副政委王化棠率部前往,收缴其武器,逮捕邬天礼。因邬天礼罪恶累累,民愤极大,被用火烧死,"火烧邬天礼"由此而来。

二十、突袭"苇棵司令"段敬斋

活动于亳县和界首以北的土顽头子段敬斋,1947 年年底窜扰到吴台东北 12 里张小楼一带。段敬斋号称百万,盘踞十几个村子,骚扰乡民,无恶不作。鹿邑独立团 3 个连,另有吴台区队配合,从吴台南史桥出发奔驰 50 里,半夜时接近张小楼,先拔起岗哨,后发动猛攻,敌大溃。经半个小时激战,毙敌 30 余人,俘敌百余人,大获全胜。

二十一、救回区小队、活捉宁胡子

1947 年年底,活动在汲水区境内朱庄附近有个外号叫宁胡子的土顽头子,率家族数十人,结伙拉杆,为害乡里,作福作威,置区政府

多次教育于不顾，并乘机将汲水区队连人带枪劫去 20 余（包括机枪一挺），区队战士尽被捆绑，准备晚上杀害。汲水区政府获悉情况后，立即率部前往，针锋相对，晓以利害，迫其交回区战士及劫去枪支。夜里宁胡子等出其不意，又窜至城关区抢走机枪两挺，捷克步枪 6 支，逃至亳县南关，苟延残喘。汲水区委得到可靠情报，连夜率队前往，夺回机枪两挺、步枪 10 余支，并活捉宁胡子。

二十二、刘凤武寨战斗

1947 年 12 月底，张笑南从太康转移回鹿邑，在吴台东刘凤武寨遇敌。摸清情况后，在分区部队配合下，对敌发起攻击，予以聚歼。俘顽匪黄大队长及以下 80 余人，经批准当场处决了班长以上骨干匪徒 10 余人，其余经教育后释放。

二十三、李子木等泛区避敌

1947 年 12 月底，国民党第五军压境，地方土顽四起，兵匪勾结，对我分区进行清剿。辛店区、巴集区、秋渠区、淮阳辛店区等五六个区，还有界首县政府部分工作人员，共约 1 000 人，都退到郸城以南泛区腹心地带隐蔽。为保存实力，以分区情报处为核心编成大队，情报处副连长朱大卿任大队长，处长李子木任大队政委。而后向鲁台方向转移到沙河岸边，上有飞机扫射，后有匪兵追击，而全大队齐心协力，凭 3 条渡船过河，历尽艰辛，半月有余，经项城、过临泉、走界首，终于安全返回郸城一带，保存了革命力量。

二十四、沉痛打击女匪首周祥芝的反动气焰

女匪首周祥芝是国民党鹿亳沈太四县"剿匪司令"范增康的小老婆，家住鹿亳太交界的范寨（今属郸城白马乡）。她阴险毒辣，双手能使短枪，拥有匪徒五六十人，经常出没在鹿亳太边界，杀害基层干部和积极分子，抢劫财务，民愤极大。

1948 年 1 月初，周祥芝等窜回范寨杀猪宰羊，准备过年。县委书记张有奇接到郑桥区副区长刘德才的情报后，决定夜袭周祥芝。当刘德才率区队冲过洺河接近范寨时，被敌哨兵发现。刘德才带战士

在机枪的掩护下迅速冲进寨里，众匪猝不及防，没反抗就四散溃逃。周祥真在慌乱中被人架着骑上马，在夜幕掩护下仓皇逃脱。

此次袭击虽然未能将其歼灭，但已沉重打击了周匪的反动气焰。此后周匪再也不敢明目张胆地横行乡里了。

二十五、消灭土顽张子英

1948年初春，秋渠西小张庄敌联防头子张子英，纠集地方土顽50余人潜回本村。群众告发，秋渠区委吴一力当即决定，捉拿张子英，为群众除害。遂派出区队50人，包围了小张庄，经过一阵激烈战斗，匪徒大部分被俘虏，匪首张子英，也被战士从其亲属家搜出。张子英罪恶累累，民愤极大，当即被枪决。

二十六、虎头岗战斗

1948年初春，张笑南进驻虎头岗，土顽头子梁勉之聚顽匪数十人，突然来袭，张笑南等闻讯持枪迎击，并高喊："我是张笑南，你们要抓活的，好，有种的就过来！"朗朗正气，毫无畏惧！经过一阵激烈战斗，土顽调头逃跑。战士们皆称道张笑南县长胆量过人，临敌镇定自若。张笑南风趣地笑道："这只不过是一场小闹剧。"

二十七、杜庆同率部击毙朱贻谋

1948年4月的一天，丁村区地下党员张怀钦报告，敌联防头子朱贻谋率残匪80余人，隐蔽在洺河南小张庄。区委书记晁秀士、区长杜庆同研究制定行动计划，决定由杜庆同等率部分两路包抄朱匪。朱十分狡猾，将其残部分散各农户，自己躲在一个老太婆的草屋里。与敌接触后，分别将散匪搜出。朱困兽犹斗，垂死挣扎，当我方喊话时，对着杜区长连放三枪，幸有备并未射中。战士冯连聘、朱布袋复仇之心急不可耐，同时开枪，这个恶贯满盈、十恶不赦的匪首被当场击毙，区队大获全胜。

二十八、胡八里口突破

1948年6月，张笑南率独立团400余人驻虎头岗西北胡八里口，

被国民党新五军包围,张笑南组织突围,虎头岗区副区长贾文化等率部三次冲杀,终于打开缺口,把部队拉出。突围时,战士小朱被俘,当敌人逼他说出我军去向时,他机智地把敌人引向相反的方向,掩护了大队脱险。敌人发现被骗,恼羞成怒,把小朱同志残忍杀害。

二十九、活捉崔淑廷

1949 年 2 月底,土顽谢澄江残部崔淑廷(宁平南崔庄人),率二三十人从商丘窜回,准备长期潜伏,并进行反革命颠覆活动,在杨楼、前罗庄找杨志海敲诈"老海"吸食。杨志海一面报告区委,一面稳住敌人。郸城区委立即派王振中率区队四、五十人包围了崔淑廷驻地罗庄,经十几分钟的战斗,崔淑廷等 30 人全部被擒。

三十、革命故事

巧除肖国栋

1946 年 7 月的一天,冯登紫带领区队队长张大勇、通讯员王先清,从鹿邑出发,赶到当时的鹿邑县政府所在地——老牙店村(今属郸城县白马镇)。刚坐下,白马区区长许明,就赶来报告说,本区两位队员在侦察敌情时被白马驿税局子强行抓去,并要求拿 200 块大洋去保,否则,不放人。冯县长与张大勇、王先清来到周家寨保长周进财家,周进财见是三个手持短枪的人,吓得后退两步。大勇说:"周保长,你还认识吗?"说着一指身后:"这是冯县长,今夜我们特来拜访!"周进财随即满脸堆笑:"噢,冯县长,请,请屋里坐。"进屋后冯县长说道:"周进财,你在肖国栋面前很吃香,帮他做了不少坏事,人民以后会饶你吗?"周进财连声说:"我该死,我该死!"冯县长接着说:"你要争取为人民做点好事,立功赎罪。"周进财忙说:"一定一定,三位有用得着我的时候一定照办!"冯县长靠近周进财低声交代一番,之后,周进财送走了他们三人。

第二天晌午,周进财带着抬鸡鸭鱼肉的一帮人来到了白马驿。里边驻有联防团和税局子的兵,平时四处鱼肉百姓,无恶不作。西寨门口站着两个检查过往行人的兵,这时两个站岗的兵忙打招呼:"周

保长,给谁送礼呀。"周进财说:"前日村里的两个人得罪了税局子,今天我赔礼来了。"说着已给每人送了两盒"三炮台"香烟,一行人也就顺利进了寨子。

进寨后,冯县长把队员分成两组,隐入大街两侧。他和张大勇等四个队员挑着礼物,随周进财进了税局,走进上房。周进财把200块大洋摆在肖国栋面前,肖国栋随即传令将人放出。冯县长示意队员也一起退下。肖国栋命人将抬来的现成酒菜摆满一桌,与周保长对饮,将剩下的酒菜让士兵吃喝。一时间猜拳行令,热闹非凡。过了一阵,不少士兵已喝得半醉。冯县长看时机一到,招呼张大勇和队员们,一齐闯进厢房,大喝一声:"不许动!"众兵们喝得正欢,被这突然的喊声吓得动也不敢动。冯县长厉声说:"我们是共产党的队伍,今天来铲除肖国栋这个恶霸。希望你们不要再为他卖命了。"说话间,张大勇与队员已缴了敌兵们的全部枪支,锁了厢房门,又一起奔入上房。此时,肖国栋正缠着周进财喝呀喝的,一看几个人闯了进来,刚想呵斥,张大勇已经一个箭步蹿到他背后,用枪口顶住了他。肖国栋看掏枪已来不及,故作惊讶地问:"周保长,这是咋回事呀?"冯县长笑笑说:"麻烦你送我们出寨呀!"这时,张大勇下了肖国栋的枪,几个队员将他敲诈老百姓的财物装了几大箱,抬起便走,肖国栋只好前头带路,谁料,刚走到大街拐角处,肖国栋抬腿就向一个胡同逃去。冯县长看已追不上了,掏出枪"叭"的一声,肖国栋身子晃了两晃,扑地而死了。

冯县长带领队员改从东寨门出去。枪声惊动了联防团,他们与许区长带领的区小队接上了火。为了咬住敌人,便边打边撤。联防团仗着人多势众,从后面追来,追至正街遇到埋伏,联防团的人一下子倒下去七八个人,但他们仍挤挤拥拥地往前追赶,冯县长等人边打边跑,很快出了东寨门。这时,郑桥区区小队奉命前来接应,大家一齐向敌人反击。联防团的士兵们见势不妙,个个缩回寨子里。寨子里区队队员已汇合一起,前后夹击,联防团士兵伤亡大半,剩下十几个从北寨逃命去了。

首战告捷,使这支队伍很快发展到300多人。中共豫皖苏区委批准成立县大队,让冯登紫同志兼任县大队长。(选自《郸城文史》)

辛家洼伏击战

1946年秋季的一天,县大队准备在孤柳树村(今属郸城县南丰镇)召开军民联欢会。突然,小哨兵报告:蒋六秃子带领约1 000人马,已到李小集。冯县长听后,立即命令战士们集合。他说:"同志们,有一千名敌人向我们扑来,离咱们已不远了。现在,大家分头做好战斗准备!"说完之后,冯县长和通讯员小王登上孤柳树的寨墙,从望远镜里,看见一群乱哄哄的敌人走过来,这正是蒋六秃子的大队。突然,望远镜里又出现了约一个营的敌人,从北面偷偷向东迂回。敌人妄图两面夹击,在此把县大队吃掉。这时,白马驿区队苗队长走上前道:"冯县长,打吧!"冯县长继续瞭望,片刻,冯县长放下望远镜果断地喊道:"通讯员! 通知一连、二连、三连迅速撤向辛家洼,抢占有利地形,埋伏起来。"随又转向苗队长,命令道:"你带区小队隐蔽在辛家洼北面的石桥附近。我在这里带一区队诱敌进入埋伏,你再从后面打出来。""是!"苗队长应声跑出去。

这时,敌人已经包围上来,大家借寨墙向敌人射击。有十几个敌骑兵奔来,冯县长举起枪来,"当当"两枪,前面的两个应声落马。我们也一齐射击,一连倒下了五六个,余下的仓皇逃回。这时,防守东门的队员前来报告,敌人快打进寨子,再不撤就来不及了。冯县长命令他们牵制敌人,节节撤退。随又让司号员吹起了攻击号。冯县长挽起袖子,亲自架机枪向北门的敌人扫射。此时,攻击号声、枪声响成一片。敌人却停止了进攻。冯县长便带着五六十个队员沿着寨墙西门撤出,东门的队员也已撤出。两股敌人在寨子里会面时才发觉上当。中央军营长张桑山气得暴跳如雷,不肯罢休。于是,就和蒋六秃子的大队合成一股,从南门追出。冯县长带队员边打边向辛家洼撤退。敌营长看我方火力渐弱,疯狂地嚎叫:"这次要和冯登紫见高低!"蒋六秃子也向部下悬赏:"活捉冯登紫,赏烟土200两!"敌人叫骂着向前追去。就在敌人进入洼地时,冯县长突然掉头占住土岗,向敌人射击。敌营长和蒋六秃子想不到两面枪声又起,杀声震耳。这下慌了手脚,乱成一团。敌营长挥兵后退,刚接近北面石桥,苗队长的区小队从石桥上射来密集的子弹,投出一颗颗手榴弹,敌人立即倒

了一大片,便又调头向南跑。这时,南边枪声又起,敌人进退不能,被困在洼地之中。

敌营长和蒋六秃子企图用少数兵力牵制我方东西北三面,集中火力攻打我方土岗,然后逃生。蒋六秃子率众猛冲,一阵阵机枪子弹,一颗颗小型野战炮弹不断在土岗四周爆炸,突然一颗炮弹飞来,落在土岗附近,冯县长急忙伏下身子,但一块炮弹皮已划破他的左手,小王要给他包扎,冯县长一甩手:"一点皮,算不了什么!"殷红的血顺着他的手滴在炮火打焦的土岗上。"冲啊!"蒋六秃子号叫着,眼看敌人就要登上了土岗。冯县长大喊一声:"打!"对准蒋六秃子"当"的一枪,蒋六秃子往前一趴,再也起不来了。敌兵一见,慌忙后退,我方机枪吼叫起来,土岗下留下了一大片尸体。我们击退了敌人的第一次冲锋。

片刻之后,敌人又向土岗猛烈开炮。在炮火掩护下,敌兵们又一齐向土岗爬来。前面的敌人被打倒了,后面又爬上来,因为敌营长提着枪在后面督战。突然,我方的机枪停了。机枪手孙永家中弹牺牲。身高力壮的战士李效华一跃跳过来,抱住机枪继续射击。但敌人仍然打不退,疯了似的向土岗上爬。我方战士已躺下了十多个,而且机枪子弹也快打完了。此时,冯县长立即命令通讯员:"通知东西两面的县大队各抽调两个排,火速前来增援。"并喊道:"同志们,守住土岗,狠狠地打,不让敌人溜掉一个!"这时已有几个敌人爬上了土岗,身高力大的李效华,手拿一把大刀,挺身跃起,扑向敌兵,左砍右杀,几个敌兵哀叫着滚下土岗,但是,敌人仗着人多,又往上涌。突然,敌人的侧面响起密集的枪声,土岗边的敌人纷纷倒下。原来是县大队埋伏在东西两面的部分战士回来增援了。敌人经不住突袭,只得又狼狈地败退下去。

当太阳渐渐西沉的时候,敌人在我方猛烈的射击下,东奔西窜,胡乱放枪,敌营长妄想突围逃跑,冯县长一枪就把他击毙。我们的战士从土岗上、坟地里、沟沿下冲出,一个个如猛虎下山,杀声动地,敌兵像没王的蜂,有的扔下枪就逃,有的举起手来当了俘虏。

这一仗,毙敌 500 余名,俘虏 200 多名,缴获敌小型野战炮两门,机枪 8 挺、步枪 700 余支、子弹不计其数。(选自《郸城文史》)

周祥芝中计

1947 年 2 月,周祥芝在辛家洼卖纸张时,留守在亳县县城幸免一死。当时她收集了散兵游勇,在城里称王称霸。扬言 3 个月消灭冯登紫,扫平鹿亳太,其气焰嚣张至极。

周祥芝原是老牙店一个大地主的小老婆,带了十多个亲兵窜到鹿亳太一带,纠集 500 余人,组成"国民先遣游击大队"自任大队长,她和蒋六秃子相互勾结,在当地为非作歹。

冯县长正在太和的一个临时大队部研究工作,忽听骑兵飞马报告说:"周祥芝带领 200 多人偷袭老牙店,郑桥区干部死、伤、俘 6 人,又把原县政府的几间房一把火烧掉了,挨家挨户搜查我方干部,把可疑的人吊在树上毒打,对农户大肆抢劫⋯⋯"冯县长听后,立即决定留下一个连和几个区队继续执行任务,自带两个连和一个骑兵排,连夜向老牙店赶来。冯县长边走边想:这股敌人多半是土匪出身,十分凶残,加之凭借寨墙,硬攻不仅难以取胜,也会伤害百姓,必须把敌人引出来歼灭之,这要靠智斗。因此,他带队改去周家寨,故意让周进财向周祥芝送情报。

天刚大亮,保长周进财便来到寨边叫门,说有紧急情况面见周祥芝报告。敌兵听说是周家寨保长,便把他放入寨中。这时,周祥芝正躺在床上抽大烟,见了周进财后问道:"什么事?"周进财忙赔着笑说:"报告大队长,冯登紫带着人马已经打进来了!"周祥芝一听,一翻身坐起来,吃惊地问:"有多少人? 冯登紫也来了吗?"周进财答道:"有 100 多人。"周祥芝又恶狠狠地说:"你看清了吗? 弄错了我要你的脑袋!"周进财忙说:"不敢不敢! 天还没亮,他们进了俺的村,我亲眼看见冯登紫在里面,只有县大队的一个骑兵排和一个区小队。"周祥芝不以为然地说:"让他们来,姑奶奶我等候着哩!"她起身下床,一面命令往寨墙上加添兵卒,一面带着几个随从亲自到寨墙上去观察情况。

片刻,我方奇兵奔驰而来,区小队也随后到达寨外。寨墙上的敌兵放起枪来,我们也凭借一片坟地和敌人对射。通讯员王先清瞄准周祥芝就是一枪,只听"唉哟"一声尖叫,周祥芝的手腕被打中了。周祥芝气急败坏地喝道:"快,集合队伍,冲出寨子,活捉冯登紫!"顿时,

敌人涌出寨子。冯县长一看敌人中计，便命令边打边撤，牵住敌人。敌人边打边追，约莫追了二里多路时，村子里已开始向这边打起枪来。原来，一连奉命趁寨子空虚袭入，消灭留守敌人后，立即又向着村外的敌人杀来。此时，敌人受我们前后夹击。想向岔路突围，可为时已晚，埋伏着的二连也齐向敌人开火，被敌人追赶的区小队和骑兵排调头也向敌人打去。敌人三面受击，惊慌失措，左奔右突。冯县长立即命令战士们向敌人发起冲锋。战士们一齐向敌人杀去。周祥芝看大势已去，一人骑马向北面逃去。冯县长举起枪来，只一枪，周祥芝那匹坐骑怪嘶一声，扑倒在地，周祥芝在地上打了两个滚，落荒而逃。这时，两个骑兵追上前来，周祥芝刚举枪要还击，只见白光一闪，一位骑兵战士的钢刀已砍了下来，这个凶狠的敌大队长，尖叫一声，一命呜呼了。

天亮时，战斗方告结束。这一仗，打死了周祥芝，消灭了其残部，缴获大量武器、弹药。为当地百姓除了一大害，真是大快人心。（选自《郸城文史》）

第五节　刘邓、陈粟大军途经郸城

一、刘邓大军南下途经郸城

1947 年 8 月，刘邓大军南下，连续攻克淮、柘、鹿、亳等县城镇，途径郸城境内部分地区（大牛岭—段岭—郭集—周堂桥—后谷集—马寨—小孙庄—小马庄—郸城集—坟后庄—蔡庄—朱新桥—钱店—王营），境内军民积极支援，迎送大军过境。鹿邑县委书记杨元璋、县长张笑南等到刘邓总部驻地大牛岭向首长汇报地方工作，听取邓小平政委对县工作的指示，并在郸城设立兵站，以郸城区苏玉珩为负责人，筹集大批粮草、军鞋，以供军需。沈丘鹿邑淮阳三县在槐店、界首两埠组织支援渡河指挥部，筹集船只，支援大军迅速渡过沙河。8 月 18 日夜刘邓率部全部渡过沙河，翌日天明，总部进驻槐店西南 5 里贾寨，刘伯承司令员、邓小平政委、张际春副政委，李达参谋长等分别接见了二地委、沈鹿淮、沈项临县的负责同志。

二、赵天保修桥记

宁平区一位农民积极分子赵天保为保证大军顺利通过,用三昼夜时间修桥一座,区委书记杜庆同曾撰文《赵天保修桥记》,后被新华社采用,向全国发行,以示表彰。

三、吴台大顾寨万人迎接陈粟大军

9月29日(农历八月十五),陈粟大军冲破敌人阻截,在徐州与开封间,横越陇海路,挥戈南下,经过郸城大部分地区。二分区各县、区政府及人民群众热烈欢迎支持大军过境,筹备粮草,组织迎送。鹿邑县委在吴台大顾寨召开了上万人的欢迎大会,迎接大军到来。地方党组织负责人和部队首长在大会上讲了话。晚上,杨元璋等县委负责同志在大顾寨见到了华野总部刘瑞龙、唐亮等首长,首长们对地方工作做了重要指示。

四、刘邓、陈粟大军南下过境坚定了地方党组织的必胜信念

刘邓、陈粟大军南下,活跃在江淮河汉之间歼敌,从根本上改变了国民党重点进攻的形势。刘邓、陈粟大军南下过境,增强了郸城当地党组织带领人民对敌斗争的决心和信心,为争取郸城全境解放奠定了坚实的基础。

1947年10~12月,是民主政府最为困难最为艰苦的时期,国民党调集新五军,整编十一师、交警总队,配合地方"联防队""还乡团"对宁平、汲水、丁村、白马、英武等地反复"清剿""梳篦式"扫荡。敌军反复向解放区"清剿",县、区武装化整为零,或组织精悍小队与敌周旋,或化装成农民对敌偷袭。力量悬殊太大,又加上地方土顽系当地人,熟悉情况,其中掺杂有叛变的翻身队员,比较清楚县、区队活动规律,这样国民党正规军与地方反功武装相勾结,对我党活动和存在构成很大威胁。县大队、区小队经过艰苦顽强的斗争,在敌人强大的压力逼迫下,鹿邑、亳县、沈鹿淮各县、区的武装陆续转移到西华、太康一带。少数区委就地坚持艰苦卓绝的斗争。英武区委书记魏建组织白马、郑桥、十河等区组建河西工委,坚持敌后斗争,后短暂转移外地

继续同敌周旋,克服种种困难,12月又返回原地区,领导人民群众坚持斗争。

第六节　土地改革工作

一、邵庄土地改革试点工作

1947年6月,两地委在吴台西北邵庄召开土地改革工作会议,李中一等地委领导传达中央《关于清算减租及土地问题的指示》。根据全区革命战争形势的发展,农民迫切要求废除封建剥削制度,将过去实行的减息政策改为没收地主的土地分配给无地或少地农民的政策。地委要求各级党委必须明确认识解决土地问题是目前党最根本的任务,是一切工作最基本的环节,应由点到面迅速展开。会后在邵庄进行土地改革试点,分了一些地主的浮财和土地,拉开了全区土地改革的序幕。

二、麦仁店斗争大会

为了推动土地改革工作,地委在鹿邑搞试点。吴台、虎岗两区分别抓获了几个恶霸地主,当天交给吴台区队看管,准备召开公审大会。不慎夜间大部分逃跑。地委当即连夜组织数路人员搜捕逃犯,当晚将他们全部抓回。第二天在麦仁店召开群众大会公审犯人,群众害怕政策宽大,轻处犯人,自发把犯人捆在松树林里,用长矛、大刀等铁器刺、砍、打、砸死。李中一、黄凤伦等前往制止,反被群众包围。为防意外,杜庆同率区队将李、黄护出。

三、宁平、胡岗店区土地改革试点

1947年7月,二地委继续在鹿邑县吴台区搞土地改革试点,沈(丘)鹿(邑)淮(阳)县在杨集区搞土地改革试点,亳县县委在白马区老牙店搞土地改革试点,鹿邑县委在宁平区搞土地改革试点。各地将一些知名的恶霸地主,如周老凤(宁平人)等批判斗争后,游行示众,有力地打击了阶级敌人的反动气焰,激发了贫雇农的革命斗争精

神。胡岗店区政府在杨集召开公审大会，几千群众参加，当地恶霸地主师先知、杨显华、杨显文等4人在此大会后被处决。不久又斗倒胡岗店大地主杨老楚，四乡百姓，拍手称快。

四、官僚地主闻风而逃

1947年8月，邱冠华、陈龙飞、吴承恩等从冀鲁豫军政大学毕业后南下，留豫皖苏二地委，分配到区里工作。陈龙飞任宁平区副区长，吴承恩任组织部长，邱冠华任丁村区委副书记、区长和王素珩并肩工作。土地改革开始，丁村区委在北朱楼搞试点，成立了农会、翻身队，斗地主、分浮财，搞得热火朝天。朱北楼恶霸朱贻谋及丁村南刘庄刘鹤年等官僚地主闻风而逃。

五、三轰杨楼

建县时吴台西北杨楼是县委常驻的地方。土地改革开始，杨元璋指示吴台区委对杨楼地主勿施仁慈，连派区农会主任王化民、副区长杨林、公安委员娄春和率领干群三轰杨楼，挖出埋在地下的铜元、银元等物，推动了全县全区的土地改革工作。

为了推动土地改革工作，两地委在虎头岗麦仁店再次召开公审大会，李中一等在大会上讲了话，强调放手发动群众，组织贫农向地主展开斗争。豫皖苏党报登载了《鹿邑从"和平土改"到积极斗争》的报道，对鹿邑县的土地改革工作大加表彰。

六、地委传达华北土地改革经验

1947年8月16日，地委召开各县委会议，传达华北土地改革经验，决定全区统一行动，认真贯彻会议精神，深入发动群众，剿匪反霸，进行急性"土改"，并逮捕罪大恶极的地主，造成一种声势，给阶级敌人以震慑。随后党政军密切配合，统一行动，暴风雨般的急性"土改"在全县展开。

七、郑桥、白马、英武（张完集）等区进行土地改革试点

1947年8月下旬，亳县县委在十字河区召开全县干部大会，县委

书记张有奇传达地委土改会议精神。会议后县委又举办积极分子培训班,培训土地改革骨干力量。通过调查研究,决定在郑桥、白马、英武等区进行土地改革工作试点。政策是:依靠贫雇农,团结中农,中立富农,分化瓦解中小地主。群众称为:"中间不动,两头平"。口号是:"一手拿枪,一手分田。"方式方法是:以贫农团为骨干,发动群众,申冤诉苦,斗争恶霸地主。在政治上开展清算斗争,在经济上彻底打垮,没收地主五大财产,分给无地少地的农民。

八、土地改革运动掀起高潮

1947年8月下旬,经过认真准备,县委决定在郑桥组织一次斗争大会。这次还邀请白马、英武、双沟等区派代表参加,与会群众数千人,规模很大。随后,亳县各区均开展土地改革,挖底财,分浮财,斗地主,分田地,"土改"运动掀起高潮。急性"土改"直到1948年5月奉命停止。

郸城境内的土地改革打垮了封建地主的统治,激发了贫雇农的斗争热情,但在政策执行和斗争策略上犯有"左"的错误,如有的触犯了中农的利益,有的斗争了开明地主,对恶霸地主则是扫地出门。把一些人推到了敌人一边,增加了革命阻力,遭受了不应有的损失。

第七节　斗争中心的转移与全境解放

一、支援睢杞战役、济南战役和淮海战役

1946年6月至9月,全境动员大批人力、物力支援睢杞战役和济南战役。在睢杞战役中,仅汲冢区即出动担架280副。在济南战役中,各区派出常备担架队和运输队随军行动,为保证前方物资供应和伤员安全转移做出了贡献,收到华东野战军总部嘉奖。11月淮海战役开始后,县、区均成立支前委员会,抽调精壮民工,筹措粮草物资,共5次出动数万人的担架队、运输队,投入担架数千副,太平车数千辆,先后抢救了成千上万名伤员,运输了数十万吨粮菜和各种军需品、慰问品。有10余名民工在战斗中牺牲,许多民工被评为支前模范。

二、陈毅在郸城

1947年10月8日,陈毅、粟裕在吴台的大顾寨听取吴芝圃、张国华的汇报,并指示鉴于形势即将发生重大变化,豫皖苏解放区要扩大三个分区。1947年11月,陈毅在汲冢地区会见原五师部分干部并发表讲话,对中原突围做出高度评价。

三、三查三整

1948年2~3月,为迎接全国革命新高潮,彻底推翻国民党反动统治,提高我党我军的战斗力,根据党中央和豫皖苏分局的指示,二地委在郸城王寨开展了以"三查(查阶级、查思想、查作风)、三整(整顿组织、整顿思想、整顿作风)"为内容的党内整风。区级以上领导干部分两批参加,每期一个月。学习文件,开展积极的思想斗争,严肃地进行批评和自我批评。揭发批判了各县、区在对敌斗争中离开根据地没有坚持地区斗争;在扩军中,不讲阶级路线,土改没有全面铺开等错误思想和行为,并对犯有以上错误的党员干部分别给予组织纪律处分。通过这次整党,提高了干部的政治思想觉悟和政策水平,增强了党性观念,纠正了不正之风。

四、全境解放

1948年是历史重大转折的一年。随着解放战争的节节胜利,人民地方武装也取得一个又一个的胜利。1月初在范寨(今属白马镇)围歼国民党鹿亳沈太(和)"剿匪司令"范增康的小老婆周祥芝带领的残部。2月份的一场追击战,县大队把较大的一股地方反动武装,连同沈丘的一些联防队在内,一直追击到毛堌堆(属商丘)、大新集(属柘城)将其团团包围,在兄弟部队的支援下,3 000余名敌人全部被消灭。

随着一个个地方反动武装被剿灭,匪首被镇压,盘踞在郸城境内的国民党大股散匪,已被基本打垮。隐藏的残余反动势力不甘心失败,仍勾结在一起伺机而动,但如惊弓之鸟,惶惶不可终日。解放区的局势基本稳定下来了,地方秩序趋于平静,结束了拉锯式的局面。8月,郸城全境解放。

五、剿匪反霸试点

1949年1月,鹿邑县委根据县委指示,为推动全县土地改革运动,训练土改骨干,准备彻底推翻封建剥削制度,全县集中70多名干部学习、训练,由县委组织部长黄凤仑、县农协主任张佩德等领队,在吴台区梁老家搞剿匪反霸试点。与此同时,其他各区的剿匪反霸工作也由点到面地陆续开展。

第八节　从郸城走出来的英雄部队——十八军

一、十八军是一支从郸城出发的部队

中国人民解放军第十八军的前身是晋冀鲁豫军区所属的豫皖苏军区部队和中原野战军第一纵队第二十旅。彭雪枫、黄克诚、韦国清、张震等都曾在该部任过职。

1938年9月,彭雪枫率新四军游击支队,从确山竹沟镇出发,向豫东挺进。10月,抵达西华县杜岗村,与吴芝圃领导的豫东抗日游击第三大队、肖望东领导的先遣大队会师,成立了新四军游击支队。

杜岗会师后,部队主力东渡新黄河,在淮阳窦楼之战中狠狠打击了日伪军气焰,壮大了声威与影响。11月,进驻鹿邑吴台镇。1939年元月,白马驿整训,加强党建、发动群众、扩大抗日队伍、提高军政素质,史称"白马整训"。

皖南事变后,经北方局批准,水东根据地改由冀鲁豫军区领导。1944年7月,冀鲁豫军区组成南下大队挺进水东,与水东独立团会师。1945年元月,冀鲁豫军区又派一个团南下,加强水东力量,建立了淮太西根据地。1945年8月,水东水西根据地连成一片,解放了14个县。1946年12月,豫皖苏军区在睢县成立,张国华任司令员,吴芝圃任政委,下辖三个军分区和一个独立旅。

1947年6月,为配合刘邓大军挺进大别山,豫皖苏军区独立旅在吴台镇举行誓师大会,向国民党军队发动反攻。这个时期,郸城这块土地上涌现出很多革命英烈。500余名英雄的鲜血浸透了郸城的大

地。1947年3月,沈鹿淮县委书记刘波涛在郸城罗楼村牺牲,年仅32岁,他的妻子丁琪在郸城北赵老家牺牲,年仅28岁。

至1948年年底,豫皖苏军区兵力达到8万人,辖68个县,人口1627万人。淮海战役期间,军区出动民工200余万人,供应粮食2.5亿斤,军区独立旅还参加了围歼黄维兵团的战斗。

1949年2月,淮海、平津战役后,人民解放军进行休整,急需补充战斗中的减员,吸收大批新战士入伍。

2月18日,根据中央军委关于统一全军编制及部队番号的命令,豫皖苏军区部队和中原野战军第一纵队第20旅,在吴台庙组建中国人民解放军第十八军,军长张国华、政治委员谭冠三、副军长昌炳桂、副政治委员王幼平、参谋长陈明义、政治部主任郭影秋,全军2.7万人。

十八军在吴台组建后,于3月3日又在鹿邑观音堂组建该军五十四师。鹿邑、亳县、界首、淮阳各县均遵照上级指示,成立扩军委员会,各区也建立相应的机构。

境内县、区政府遵照上级指示,成立扩军委员会,党政主要负责人亲自领导,层层发动,深入宣传,当地青壮年踊跃报名参加中国人民解放军,参军很快形成高潮:父送子、兄送弟、妻送夫,参军者络绎不绝。4个边区县15个辖区,每区参军50～60人。鹿邑独立团由张笑南率领、亳县县大队由吴斌率领、界首支队由马捷、乔家钦率领,奉命组编为主力部队,包括一部分地方武装也上升为主力,随军南下,最后为签订和平解放西藏协议立下了赫赫战功。

二、一定把红旗插上喜马拉雅山

十八军成立后,随即挥师南下。1949年4月20日,十八军渡过长江,7个月里转战8省,行程4000多千米,11月入川,进驻宜宾、泸州。张国华被任命为川南行署主任,谭冠三被任命为自贡地委书记。这个时候,新中国已经成立。1950年1月7日,就在他们准备赴任之时,突然接到邓小平、刘伯承发来的急电:全军就地待命,师以上领导火速赴重庆受领新任务。这个任务就是进军西藏。原来,在帝国主义势力的唆使下,西藏地方当局的分裂分子公开打出了"西藏独立"

的旗号,并得到某些西方国家的呼应和支持。1950 年 3 月 4 日,十八军在乐山举行誓师大会。张国华发布动员令,与政委谭冠三带头宣誓,全军士气高涨,誓言"一定要把红旗插上喜马拉雅山!"3 月 29 日,十八军与云南军区 1 个团、青海骑兵支队、新疆骑兵师 1 部,四路齐发,吹响了进军西藏的号角。10 月 7 日,十八军发动昌都战役,仅用17 天便歼灭藏军主力 5 700 余人,彻底粉碎了西藏当局"以武拒统"的幻想。1951 年 10 月 26 日,十八军主力进入拉萨,十八军实现了把红旗插上喜马拉雅山的誓言。1952 年 2 月 10 日,中央成立西藏军区,十八军番号撤销,一段光辉的历史画上句号,一曲戍边的赞歌悄然奏响。1950 年 4 月至 1954 年 12 月,11 万军民历时 4 年 8 个月,实现了前无古人的壮举——修通川藏公路!川藏公路(川藏公路也叫康藏公路,1955 年西康省撤销之后,这条公路改称川藏公路)东起西康省会雅安的金鸡关,西至拉萨,全长 2 000 多千米。十八军指战员为修筑川藏公路共牺牲 3 700 余人,平均每 434 米牺牲 1 名官兵。川藏公路沿线,遍布烈士陵园。十八军战士大多来自豫皖苏,他们唱响了《歌唱二郎山》:"二呀么二郎山,哪怕你高万丈,解放军,铁打的汉,下决心,坚如钢,誓把公路修到那西藏!"中国人民解放军十八军的丰功伟绩,喜马拉雅山作证,雅鲁藏布江作证,西藏人民不会忘记,全国各族人民不会忘记,而十八军出发地的郸城人民,更不会忘记!

三、人民不会忘记的将军

(一)张国华

张国华(1914—1972),开国中将。1914 年生于江西永新,未满15 岁投奔井冈山,任军号手,17 岁入党,参加了长征。1949 年 2 月任十八军军长,时年 35 岁。

在进藏誓师大会上,张国华抱着年仅 3 岁的女儿难难进入会场。他说:"不但我要进藏,我老婆要进藏,就是我的女儿,也跟我们一道进藏。"

进藏大军将行之际,难难忽发高烧,不幸夭折。张国华忙于军务,竟无暇见女儿最后一面。

小难难成为十八军进藏牺牲的第一人！张国华的妻子樊近真 61 年后临终之际,犹呼难难之名。

进藏途中,樊近真生下次女。她害怕悲剧重演,忍痛将襁褓中的女儿和年仅 2 岁的长子送进北京保育院,直到长大。只有在张国华进京时,儿女才能和父亲见上一面。

在西藏工作期间,樊近真患病奄奄一息,而飞往北京的飞机已经满员。张国华含着泪说:"不用运走了,就留在这吧。"他在房后的山坡上为妻子选好了墓地,为的是打开窗户就能看到。也许是张将军的精神感动了上苍,也许是因为医生董国宝的一剂妙药,樊近真奇迹般转危为安。

张国华只读过四年半私塾,但特别好学,被誉为"学习的模范"。有一年,李四光经过四川,和张国华交谈了很久。后来李四光问周恩来总理:"张国华是哪个大学毕业的?"

张国华特别善于思考,他提出了"五支队伍"理论(军事、文化、医疗、教育、金融),很短的时间就打开了工作局面,受到毛主席的赞扬。今天的西藏大学、成都医学院、周口职业技术学院医学院都和他当初奠定的基础分不开。

1962 年,张国华指挥对印自卫还击战,一战令西南边境安定数十年。

1972 年 2 月,张国华在任四川省委第一书记期间病逝,年仅 58 岁。骨灰回京,接机的周总理悲痛难抑,含泪叹息:中央正要用他的时候,他却过早地走了。毛主席久久不能释怀,说再也见不到张国华了。

张国华在西藏工作了 18 年,被藏族同胞称为"佛光将军"。

(二)谭冠三

谭冠三(1901—1985)十八军政委,开国中将。1901 年出生于湖南耒阳,1926 年加入共产主义青年团,是湘南地区早期农民运动的组织者之一,带着 200 多人的队伍上了井冈山,被毛主席誉为"革命是入了股的"。他在西藏连续工作 12 年,逝世后埋骨西藏。

进藏前夕,谭冠三公开表态:"西藏未平,何以家为?"部队出征

时,谭冠三宣誓:"我准备长期建藏,边疆为家;死在西藏,埋在西藏!"

入藏前,他给妻子李光明写信:光明,刘司令员说,进军西藏等于第二次长征。那我们俩就参加第二次长征吧!我们不能在川南安家,更不能经营什么"安乐窝",我不能去看孩子,也不能把他们接到四川来……收信后,在北京的李光明立即进藏。

两个孩子成了新中国第一代"留守儿童"!

就在写这封信的 10 个月前,因戎马倥偬、无力抚养,谭冠三夫妇把刚出生的第四子送给了曾救过他的老乡抚养,并签下了"送子契约"。

1985 年 12 月 6 日,谭冠三临终前,向党提出了唯一的请求:"我死之后,请把我的骨灰埋在西藏!"弥留之际,他依然不忘嘱托家人把"文革"后补发的 800 元工资缴作党费。

1986 年 8 月 1 日,谭冠三的骨灰被安放在他生前亲手开垦的拉萨八一农场苹果园,实现了他"青山埋忠骨"的诺言。

(三)王其梅

王其梅(1913—1967),开国少将。1913 年出生在湖南桃源县一个地主家庭。1933 年 1 月加入中国共产主义青年团,参加革命。因参加"一二·九"学生运动,王其梅被捕入狱。在狱中,他拒绝家人营救,坚决不写悔过书,受到残酷折磨,落下终身病痛。

1936 年,王其梅经组织营救出狱,派到西华。"七七事变"后任西华县委书记,培养了大批抗日骨干。王其梅参加了杜岗会师,后任水东地委书记,在河南战斗了 13 年。日伪政权曾以 5 万大洋悬赏王其梅人头。群众说:"日军想用袁大头换王大头,我们绝不答应。"

1950 年,王其梅兼任前指司令员和政委,指挥昌都战役,一战定藏。部队严格执行党的纪律,赢得了藏族人民信任和支持。

王其梅曾说:"我有三个故乡:一是生我养我的湖南;二是坚持武装斗争 13 年的河南;三是工作了 17 年的西藏。"

1959 年,王其梅指挥平定西藏昌都叛乱,期间病痛加剧,两次昏倒在办公室。为缓解病痛,接受医生针灸治疗,脊背两侧布满针孔,工作人员无不为之落泪。

中央考虑到他长期戍边,欲调他回京任中央民族学院院长。王其梅对妻子说:"北京好还是西藏好? 当然是北京好,但我们是共产党员,应该到艰苦的地方去。"中央同意他留下后,他高兴地说:"我又留下了,再也不走了。"

三年困难时期,王其梅把多年节省下来的1万多元津贴全部捐给了国家。

1967年,王其梅蒙冤被查,周总理将他接到北京。此时他已重病在身,连如厕都十分困难。他在连笔都握不住的情况下,以惊人毅力写出了《对西藏工作的经验教训》和《对今后西藏建设的意见》。

1967年8月15日,王其梅在北京逝世,年仅53岁。临终前,他向党提出了唯一的要求:"请求党把我的骨灰送回西藏。"

2013年,王其梅100周年诞辰,他的遗愿终于得到中央批准,骨灰安葬在西藏昌都地区烈士陵园,从此长眠雪域高原。英魂昭日月,托体同山阿。

四、十八军精神

1963年2月,张国华赴京向毛主席汇报对印自卫还击战情况,说参战部队"一不怕苦、二不怕死,让高山低头,让河水让路"。毛主席说:"我赞成这样的口号,叫作一不怕苦,二不怕死。"

1989年3月,平定拉萨骚乱后,胡锦涛提出了"老西藏精神"。1994年,中央第三次西藏工作座谈会召开,江泽民为"老西藏精神"题词:特别能吃苦、特别能忍耐、特别能战斗、特别能团结、特别能奉献。

2014年8月6日,习近平总书记就川藏、青藏公路通车60周年做出重要批示,要求进一步弘扬"一不怕苦、二不怕死,顽强拼搏、甘当路石,军民一家、民族团结"的"两路精神",助推西藏发展。

从郸城到西藏,当第一颗五角星在雪域高原闪耀,每一颗星星的后面,都有一个感人的故事。或许每个故事的情节不同,每个人的理解也有差异,但有一种声音让所有的星星都闪耀着同样的光芒,那就是十八军将士的誓言:把红旗插上喜马拉雅山。

70年过去,27 000多名十八军将士有的回到家乡,用信仰和忠诚续写英雄的故事,在不同的岗位上不忘革命初心、默默奉献;有的留

在西藏,雪山草地留下了他们扎根高原、卫国戍边的身影,川藏公路守卫着他们的英魂。因为有了他们,今天我们才能唱《天路》、唱《青藏高原》。他们和谭冠三政委、王其梅副政委一起,用墓碑站成雪域高原的巍峨群山,守护着祖国的边疆和西藏人民的幸福吉祥。(根据赵振然教授讲座等内容整理)

第九节　解放战争时期党与人民建立的骨肉亲情

一、两位革命后代在郸城寄养

血与火的考验练就的党和人民的深厚感情支撑着中国共产党从胜利走向胜利。在郸城工作过的领导同志与老区人民结下了一代,甚至几代的友谊。

从1947年8月中旬至1948年1月,豫皖苏军区境内形势突变,国民党部队疯狂反扑。如驻在周口、淮阳、太康的交警17总队、李慎言部,商丘新五军郭清泉、郭吉谦师,还有漯河、驻马店一线薛岳、胡琏部11师向我二分区一起袭来,再加上地主还乡团和地方土顽都死灰复燃,卷土重来。特别是到了1947年12月份,郸城境内的形势更加严峻,因为刚刚建立起来的政权武装力量非常薄弱,县独立大队也不过百人左右,一个区也只有二三十个人,武器缺乏,根本对付不了反动势力。

时任白马驿区委组织部长兼老牙店小区区长的周荣涛同志(1921—2018,女,安徽泗县人;其1941年9月参加工作后曾任白马驿区委组织部长兼老牙店小区区长,新中国成立后在河南医学院等单位工作),每天都要面对战争。在敌强我弱的情况下,只好与敌人打游击周旋,白天隐蔽,夜间偷袭。她的大儿子皖西刚满2周岁,小儿子豫东才出生40天,在这严峻形势下要带着两个孩子是无法生存的。

老牙小区小周庄老贫农我党地下交通员周德祥(1921—1960,系今白马镇小周村人),在弟兄三人中排行第三,人称他周老三,正好周老三与冯登紫(1920—2017,男,中共党员,1920生、2017.12卒,河南省息县人,于1938年参加革命,先后任豫皖苏军区二分区亳县县长兼县独立大队大队长,新中国成立后任中共河南省委宣传部副部长)县长同龄,周荣涛又与他同姓,亲如一家,经过慎重考虑,夫妇二人选定把大儿子皖西寄养在他家,以外甥住舅舅家的名誉住下,又可靠又放心。周老三每天挑着货郎担,一头条框内坐着孩子,一头卖着针头线脑,四处游荡,北到鹿邑,东到亳县、界首、太和,南到沈丘,西到淮阳,认真侦察敌情,为我党地下工作提供情报。夜间不是同皖西钻进红芋窖,就是在麦秸垛中掏个洞他俩钻进去过夜。有时一夜换几个地方,如老坟地、槐草稞、树林、河边等。就这样与孩子日夜相伴,不知度过多少惊心动魄的日子。一天,本村土匪向联防队告密,说周老三窝藏小八路。周老三闻讯带着孩子赶快向老牙店跑,联防队就从老牙西门进去包抄……周老三装扮给孩子看病,手拎两剂中药从东门出去,瞬间消失得无影无踪。

敌人找不着周老三,恼羞成怒,只好回去抓了周老三的大女儿十六七岁的小芹,把她吊到树上打得皮开肉绽,遍体鳞伤,问她小八路藏哪里去了,小芹面对敌人的严刑拷打,英勇不屈,宁死不吐露半句。周老三妻子看到把闺女打得死去活来,看在眼里疼在心头,因她有三个儿子,只有一个宝贝女儿,她决定弃子救女,让二儿子占海(与皖西同岁)顶上。她领着二儿子占海交给了敌人,并说别打俺闺女了,把这小八路交给你们吧,敌人立即放了小芹,留下2岁的孩子,顿时小孩哭得死去活来,拼命挣扎。经本村土匪辨认后,根本不是什么小八路,也只好暂时作罢。

二儿子豫东,刚出生40天究竟寄托在何处,是冯登紫夫妇面临的又一大难题。在当时敌强我弱的艰困时期,公开收养一个革命后代是要冒极大的风险的。冯登紫夫妇左思右想,最后决定放手一搏。一天,冯登紫突然走进了丁村区张沟村国民党联保主任张庆林(外号张老贺)的家中,张老贺一看来了一位与众不同的陌生人,只好躬身相迎,让座敬茶。冯登紫大方的落座,手枪一掏,往桌子上一放,自报家门。张老贺一听是共产党的大人物到此,惊慌失措。冯登紫说:"不必紧张,今天我来贵府有一事相求。"张老贺说:"请长官赐教,我一定效劳。"冯登紫首先向张老贺讲了当前国共两党的政治形势,目前我党正处在大反攻阶段,国民党大势已去,共产党很快就要胜利了。在你面前有两条路任你选择:一是跟随国民党顽固到底,继续与

人民为敌;第二条是弃暗投明,回到人民这边,我保你一家平安无事,信不信由你,今天我来与你打个赌,今天我相信你,3 天后我把我刚出生 40 天的儿子交给你当赌码。如不相信,你可以杀掉他;如果信我,劳驾你给我找个合适家庭代我抚养一段,人情后补。张老贺所在的村已经过急性土改,共产党都是杀富济贫,今后会饶过我吗? 他仍有顾虑。再说对冯登紫的访问如千斤压在心头。根据张的思想情绪表现,冯登紫说:"请你不必多虑,出身没法选择,道路可以选择,我就出身于资产阶级家庭。请你放心好了,共产党是讲信用的。"最后,张老贺说:"好吧,我相信你,把孩子交给我吧,我一定保护好他。"冯登紫说:"那好,咱一言为定,再限你 3 天时间考虑。"最后二人握手告别。

3 天后,冯登紫准时赴约,把孩子交给了张老贺。张老贺在这 3 天中认真思考,最终选择自家一个老贫农亲戚、丁村罗张村张允增(又称张老六,张老贺称舅爷,张允增与其妻子杨素民以前生的三个孩子均已夭折)夫妇此时正想抱养个孩子压子(民俗的说法)。张老贺许诺说,让张允增夫妇住在他家西院,吃喝由老贺供养,让张允增到前郭庄给地主干活,一切安排停当,万无一失,请冯登紫放心好了。

后来张允增当上了农会主任(穷人头)。突然一天,一家当上联防队员的近邻向联防队告密。联防队以窝藏八路羔子的罪名,把张老六拉到南谢楼吊起来严刑拷打,张老六被打得死去活来,遍体鳞伤……当杨素民急忙找联保主任张老贺说明情况后,张老贺立即前往南谢楼,当着那些联防队员的面,大声喝道:"是谁说他藏八路羔子的? 站出来! 真是胡扯八道,他二三十了才有个孩子,全庄左邻右舍谁不知道?"一席话让联防队员都傻了眼,只好放人,并向张老贺躬身道歉:"是误会,误会! 请你老别生气。"在张老贺逼迫威压下,一场大祸避免,豫东躲过一劫。

新中国成立后,地方政府表彰了周老三的英雄事迹,严惩了阶级敌人。从此,冯、周两家结下革命友谊、成为亲戚。周家后代对周荣涛都以姑姑、姑奶相称。

1952 年,革命后代小豫东已经 5 岁,养母杨素民亲赴省会开封,让豫东认姓归宗。她娘俩到了冯家,冯登紫夫妇见大恩人至此,感动得热泪盈眶……落座后养母杨素民指着冯、周二人对小豫东说:"他

俩才是你的亲爸亲妈。"豫东对亲爸亲妈认生,回头钻进养母怀中,送不掉。养母陪住几个月后,小豫东与父母的关系也融洽了。这期间,冯、张两家的关系也亲如兄妹,小豫东养父张允增于1954年病故,终年40岁;养母杨素民于1996年阴历正月十二日病故(终年77岁),由养子豫东携全家老小披麻戴孝送终,并树碑立传颂扬养父母"功在千秋 万古流芳"。

周老三、张允增夫妇所保护的革命后代宛西、豫东后来均成为国家栋梁。这一真实故事真实反映了在那硝烟弥漫、血与火的峥嵘岁月中党与人民群众结成的骨肉深情。愿军民鱼水似海深情、党的优良传统万古长存。

二、革命故事

(一)打回豫东去

跨过陇海献黄花,烈士血迹后人踏。红旗飘扬郸城后,鱼水军民庆万家。

1946年10月下旬的一天下午,向豫东开进的部队,在茫茫夜色中,踏着鲁西南菏泽、定陶、曹县以西的乡村小道前进。这次共分两路行军:一路是张国华、吴芝圃同志率领着为开辟豫皖苏军区的领导机关和主力部队,向兰封至民权之间陇海路以北地区靠近;另一路是魏凤楼同志率领的豫东纵队领导机关和所属部队,沿着兰封至考城之间的交通线开进。部队都是夜间行军的。

3天后,部队到达太康县以南的老家。

部队到达老家后,即开展工作。群众欢天喜地,欢迎子弟兵回到家乡。远近各村向部队表示热烈慰问。青年人踊跃参军以李哲先同志领导的一个连队为基础,很快建立了淮阳支队。同时豫皖苏行政公署第二专区也宣告成立,上级任命崔廷(又名薛樸若)同志为专员。公布李中一为地委书记兼任纵队二分区的政治委员。两三天后,部队东进郸城。以郸城周围为根据地,在那里准备了各县的党政军干部。接着,豫东纵队到各县活动,消灭敌人的区乡、武装,在各县乡间相继建立了淮阳、鹿邑县的政权和县区武装,不久又成立了界首、太和、亳县、沈丘等县区的政权和武装。1946年冬,豫东纵队兼二分区

的部队主要地区是：在鹿邑县以南广大地区，东至太和，南至界首、槐店以北黄泛区，西至淮阳农村。我军所到各地，群众无不倾巷出迎，万家欢庆。

这一个时期，两地委的党、政、军等各项工作，都是处于初创阶段。由于敌人的地方武装弱不经战，凡我军所指，皆所向披靡，或被歼，或逃窜回县城，广大农村都由我军控制，各项工作得到了迅速发展。部队有所扩大，装备有所增强，战斗力也相应提高了。随着各地县、区政权的建立，各县、区也都成立了县大队和区中队。鹿邑县的地方武装，以张笑南为首，成立了县独立团。我们的交际处在郸城建立了一个连。后来改编为纵队兼二分区司令部警卫二连。

自从1946年10月下旬，我部队进驻郸城一带活动后，为了开展工作，就利用一切机会，到宁平城一带联系在1938年发展的一些党员同志，结果在三刘庄找到了刘晓初。然后，在刘的帮助下，又会见了熟悉的人，经过一段时间对他们的考察了解，以及工作中的考验，恢复了刘晓初等同志的党籍。同时还动员了百余人加入了我军。在郸城、张集、吴台、汲水集、秋渠等一些集镇和村庄，建立了联络站，同群众保持密切的联系。特别是同三刘庄、屈庄、后梁庄、牛楼、郸城周围广大村庄的战友和群众的联系，更是如鱼得水、亲密无间。因而在艰难斗争的日日夜夜里，不论什么时候，我们同敌人周旋时，随时随地都能得到群众的大力帮助和支持。有些群众家里养的狗因为和我们不断见面，一见革命同志，不但不咬，反而摇头摆尾地欢迎客人。战争年代，人民解放军同群众的关系，真是如同骨肉同胞，亲密无间。特别值得一提的是屈庄的屈学德大哥、郸城南街路西的展廷信大哥，我们都曾得到他们多方面的关心和帮助，真是生死与共、患难同舟。我记得刘晓初、展廷信、屈学德三位兄弟曾数次冒着生命危险，不分白天黑夜，风风雨雨、冰天雪地，踏遍无数村庄，寻找我们的足迹，主动向我们报告敌情。屈学德大哥还亲自带领他的弟弟屈学天，到我处参了军。至于各地群众父母送儿子、妻子送丈夫、哥哥送弟弟踊跃参军的事例，更是说也说不尽、数也数不完。群众对我军的爱，那股革命烈火，多么像要爆发的原子弹，有无穷的威力。

同年12月，我们在郸城东张小庄组建了连队。为了加强对连队

新战士的伙食管理,就将我的警卫员陈应筠同志调到连队任战士。不久在该连改编时,陈应筠同志改任为警卫二连的班长。

1947年1月,豫东纵队领导机关驻郸城扩军修整。鹿邑县的武装部队,在张笑南同志的领导下,驻于郸城和吴台附近,进行扩军,很快就有数百人参军。

各部队在不断扩大的基础上,进一步加强了政治工作。新扩建的部队都配了政工干部,建立了党的组织以加强党对军队的领导。随着各地方组织的建立,县、区委书记全部兼任部队的政治委员或指导员。为了进一步加强对敌军的瓦解工作,给交际处增配了科长和工作人员。

1月下旬,在一场风雪之后,纵队兼分区领导机关率一部分部队进驻吴台。豫东苏区领导机关率领军区独立旅,活动于鹿邑县以北和柘城以东地带。同时,加强了对柘城、鹿邑县的侦察工作和瓦解敌军的工作。

部队进驻吴台后不久,又下了一场大雪,整个豫东平原变成了银白世界,瑞雪兆丰年。眼看着1947年的春节即将来临,家家户户都在准备着庆祝活动。春回大地,给人们带来了新的幸福和繁忙的景象。

(选自《中原侦战记》,作者:李子木)

(二)陈应筠等9位同志永远活在人民心中

> 伤天害理狼心肠,
>
> 英雄杀身不投降。
>
> 堪嘉中华好男儿,
>
> 天长地久白骨香。

陈应筠同志是河南淮阳人,1945年8月参军,曾任战士、公务员、警卫员、班长等职。被捕前,任豫东纵队兼第二军分区警卫二连班长。1947年2月,陈应筠同志率领一个班,随我区政府驻于郸城县王寨,于某日拂晓遭鹿邑县伪保安团团长谢静波部的袭击。陈应筠等12名同志被敌人俘虏。其中3人为当地人,由亲友作保释放。陈应筠等9名同志,宁死不屈,于某日拂晓,在郸城南关帝庙村西头,被敌人用绳子勒死或活埋。应筠同志就义时年仅18岁。

1947年的2月下旬,我情报处参谋王道一同志、警卫员兼情报员

李国治同志三人,化装外出到宁平城一带侦察敌情。我们三人在三刘庄附近捉到鹿邑县三青团部书记王某,于当日晚住在牛楼,将犯人关押该村。入夜,纵队首长派侦察员苏某持信,叫我们第二天上午回郸城汇报情况。天亮后,我们四人押解着王某,由牛楼出发上路去郸城。当天是晴天,但刮着很大的西北风,一路上迎风西进,黄沙扑面,很是难受。加上行人稀少,无处询问情况,我们又坚信纵队领导机关驻在该地,直奔郸城。

当我们走到郸城东约1千米张小庄西北角时,看见路南边一间草屋内有一位老伯摆摊卖香烟、花生和甘蔗、茶水等物品,我们走到该处时,回头一看,发现王道一参谋掉队一二百米,他走起路来,一拐一瘸的,于是,我向李国治和侦察员苏某建议:"王参谋行路很难,可能是腿跑坏了,我在这个摊贩处等他一下,你们二人押解犯人先到郸城,到后先将犯人交警卫连看押,听候处理。然后,再向纵队首长汇报,说我马上就到。"李国治同志根据我的交代,就同苏某一块儿押着犯人直向郸城东门走去了。

他们走了以后,我就坐在小摊贩的凳子上等着王道一参谋。不一会儿,王走到我跟前。我问王:"怎么啦? 因风太大,我还不知道你掉队啦!"王说:"这几天跑的路多,脚打了水血泡。"我说:"快休息一会儿,我已叫国治同志押着犯人先进郸城去了,不用慌,咱俩休息一下再走。"于是,王参谋也坐下来休息。我正打算向老伯问一下情况,还未来得及开口,忽然,发现从郸城北门外向东,直通我们坐的位置的一条小路上,向我们走来一个20多岁,身穿便衣头戴瓜皮帽的男青年。我马上警觉起来,待那位便衣距离我们约50米时,我马上从腰间掏出手枪高喊:"干什么的? 举起手来!"那个便衣马上举起手,回答:"从郸城出来的,看一下情况,自己人不要误会。"我又问:"哪一部分的?"回答:"是谢团长王大队长那个队的。"我又问:"什么时候到郸城的?"回答:"拂晓。"我一听,知道郸城住的不是我豫东纵队,已为敌人所占领。我向王参谋使了一个眼色,他立即把手枪掏了出来。我又向那个便衣讲:"是自己人,你带枪没有?"回答:"没有。"我说:"举手走过来。"那个便衣走过来,我叫王搜查那个便衣。王提着手枪搜了那个便衣的身子后,说:"没有枪。"我叫王赶快喊李国治同志返回,我们共同高声喊了几声："国治！赶快回来！"只闻风声，不见人的踪影。我俩各持一支手枪，押解着敌人的便衣，直向东南方向转移。走到一条小河的北岸，我们回头一看，约一个班的敌人，直向东北我们来郸城的大路追去。我和王参谋押着敌人的便衣，趟过冰冷的河水，沿着河的南堤东去。当晚在宁平城西南约7.5千米处，终于找到了纵队负责同志，问清楚纵队领导机关，在当夜从郸城转移了。王参谋将捉到的敌人便衣交给了警卫连看押。后来我们弄清了敌人将我方被俘的陈应筠等九名同志勒死或活埋。我们就将这个便衣枪决了。

1947年3月，李国治同志突然脱险归队，该同志归队后，向纵队组织做了关于他被俘和脱险经过的汇报。李汇报的内容是：

我被俘的事件发生于1947年2月下旬某日上午，于河南省郸城东门里。当时敌我双方处于拉锯形势，敌人活动猖狂。我豫东纵队领导机关在夜间转移。我区政府仍住在郸城南王寨，纵队派出一个班，由陈应筠同志率领，随同区政府活动，拂晓遭受敌人袭击，陈应筠同志率领全班12名战士同敌人展开激战，突围出寨，后又遭敌人截击包围，不幸被俘。我和李子木处长、王道一参谋、侦察员老苏，押解一名犯人由外地回郸城，不知道情况变化。在途中，李、王因故暂停，我和苏某继续押着犯人进郸城东门，敌人20多名便衣看到我们，高喊："不准动！举起手！"接着层层包围，摘取了我的枪支，将原来拴犯人的绳子解下来，紧紧拴住了我。而因苏是本镇人，故未捆绑他。我被押解到南大街西一个瓦房院内，关进一间小房子里。我进去，看见里面还有12个人，和我一样被绑着。其中一名是陈应筠同志。我问陈："你是咋被俘啦！"陈说："今天早上，敌人突然袭击，我们在王寨街上，边走边打，刚刚突出寨子，又被包围，就被他们捉住了。"傍晚，敌人将我们的绳子紧了紧，就带着我们南逃了。敌人从郸城逃到侯集，把我们押在一间大的房子里。第二天上午，敌人把剩下的饭，给我们一些。当时有的人吃，有的人不吃，记得陈应筠同志还劝同志们吃，表示同情关心难友，到晚上敌人又继续逃到于关庙。我们被俘后的第三天，当地人保走了3人，还剩下我们9人，下午，敌人问陈应筠："是哪里人？"陈说："是淮阳的？"又问我："是哪里人？"我编造说："是鹿邑本地人，因家里穷，经熟人介绍，跟着付大炮、八路军打开城，付就

让我跟八路军走了。"敌人又问我:"有人敢保你不敢?"我说:"只要到了三刘庄,当然有人敢保。"到了天快黑的时候,一个伪军队长走过来问我:"三刘庄离张集多远?"我答:"不远,我们经常到那里买卖东西。"伪军队长又问:"我到付大人那里怎么没有见过你?"我答:"我只在那里待了一个多月,就被八路军要去了。"敌队长问了我以后,天就黑了。敌人照例给我们点灯、紧绳,持着枪看押着我们,快到拂晓的时候,敌人喊叫:"出发了!"当敌人押着我们走到于关庙西头时,这一群吃人的豺狼停下来不走了。顿时黑云压城,几十名凶恶的敌人,把我们这些手无寸铁、两臂紧绑的革命同志,重重包围,把同志们一个一个用绳子勒死了。快要勒到我时,一个伪兵跑来说:"队长说啦!这个小孩再问问。"就把我从现场领下来。之后,实际上也没有再问我。又走了一些路,天亮了,敌人把拴我的绳子解下来。对我说"队长说不杀你了",还说:"你这个小孩真是命大,死里逃生,以后可得好好干。"自从敌人将拴我的绳子解开以后我第一个念头就是如何尽快逃出虎穴,回到党的怀抱。时间过去了好几天,我跟着敌人的队伍到处转,起初敌人注意监视,过了几天以后,就比较松了。有一次一个敌人士兵的母亲去看儿子,临走时叫我送她一段路,我借着这个机会,就迅速绕过秋渠,脱离虎口,当晚到达宁平城,找到了我们的区政府,我在区政府打了十几天的游击,终于和纵队兼分区领导机关取得了联系,顺利回到了部队。

李国治同志回到党的怀抱,回到我豫东纵队兼第二军分区领导机关以后,向党和部队领导所做的汇报,经过反复核对,情况真实可靠,经过一段时间考核和考验,以后提了干,还光荣地加入了中国共产党。

陈应筠等9位同志为了人民的利益,在残暴的敌人面前,当敌人用绳子勒死,或不等勒死而活埋的时候,他宁死不屈,视死如归,大义凛然,面不改色心不跳,为中国革命英勇地献出了年轻而宝贵的生命。陈应筠等9位同志,是中国人民的优秀儿子,他们为中国革命的献身精神,永远是我们学习的榜样,我们要永远继承他们的遗志,更好地为人民服务,为革命献身。

陈应筠等9位同志的革命精神,将永远活在人民的心中。陈应筠

等9位同志安息吧！（选自《中原侦战记》，作者：李子木）

（三）梁庄做客

惊蛰春分耕作忙，远客访友进梁庄。党群关系亲密无间，革命胜利有铜墙。

人们常说："春雨贵如油。"1947年的初春，豫东大地不仅下了几场好雪，而且，入春以来又下了几场好雨，农民们盼的是风调雨顺、五谷丰登。眼看着田野里的麦苗长得绿油油的，大地上百花齐放、争媚斗妍，真是人人高兴。就在这春色满园的日子里，蒋匪军却在到处肆虐、荼毒生灵。

3月，蒋匪军交警特工部队配合各地伪保安团、还乡团以及各种各样的游杂土匪，疯狂地向我豫东根据地大肆进行"清剿""扫荡"，情况越来越紧，斗争形势更加尖锐复杂。

我纵队兼二分区所属部队主力，为了机动作战，采取了大踏步前进、大踏步后退的战术，以便集中兵力，在运动中歼灭敌人。而县区武装则本着就地坚持的原则，同敌人周旋。

为了更好地掌握敌人的行动，豫纵兼二分区领导决定：让我带一些同志，潜伏各要点，密切注意敌人的一举一动与变化，使部队领导机关更加"耳聪眼明"，知己知彼，以便有把握地组织与指挥战斗，争取胜利。

领导机关和首长经过缜密地研究、周密部署，具体指导，并在部队中挑选了几位有社会经验的干部和战士，分散潜伏在吴台、郸城附近。党为我配备了一名和梁庄梁金海共过事的同志作为我的保护人和交通员。我们二人以行商为名寄居梁家。我的身份是曾充任张岚峰部的下级军官，落魄到那里。实际上是我们要以梁家为立足点，监视和侦察敌人的情况。1947年3月中旬的一个傍晚，我们化装到了梁庄梁金海家，经过介绍，梁完全相信，对我客居他家表示欢迎。因为，梁对同我一块儿去的同志的身份是清楚的，只是对他从部队下来改为同我跑行商这一点，却半信半疑。梁金海重友谊讲义气，我二人客居他家，他热心相助，招待很殷勤。从此我们在他家的一间屋子里打个地铺，就客居下来了。第二天梁向本村的亲邻介绍，均以旧友相

称,以跑行商客居为名。

梁庄有前、后梁庄之分,在吴台西约 4 千米,我们住的是后梁庄。梁金海家庭贫苦,父亲以木工为业,全家共 5 口人,有父亲、母亲、妻子和一个十三四岁的女儿。他为人正直忠厚,在张岚峰部曾做过一段事,后退职回家,以农为业,一家人生活还过得去。我们客居他家,组织在伙食上给我们有适合身份的补助。

我们住在梁家,多是早出晚归,白天以行商为名,到周围各村镇或集市打听行情,走亲串友,广泛结交朋友,以求站稳脚跟。例如,郸城、张集、宁平城、吴台、戴集、试量等集镇以及周围很小的村子,都曾交有朋友并到朋友家做过客。在交谈中,有些朋友知道我们的身份,有些朋友起初对我们的身份并不了解。

同时,我们还派了情报股长施建民同志带几个同志,到亳县以南的涩河集,化装客居。派参谋郭宜民同志到周口镇客居,郸城附近村子,也隐蔽客居了我们的同志;鹿邑县城以及汲水以西的一些村庄,也都有我们的同志和朋友,为我们进行工作。

我们自从到了梁庄梁金海家做客,由于开展工作的需要,活动比较繁忙,金海同志和梁庄的群众逐渐知道了我们的身份。不过他们对我们的帮助,也更为积极,对我们的安全也更为关心,对我们的生活照顾得也更为周到。我们进入梁庄以后,工作开展顺利,同部队领导机关基本上保持着正常的联系。到了 4 月下旬,敌人的活动更加猖狂,环境更加恶劣。我们为了同各地的工作机构及领导机关保持不间断的联系,在白天,我们经常手挽粪箕,拿着拾粪的工具,在四乡游串,观察情况。或作为联络点,以保持上下之间的联系。白天或夜晚,逐渐采取不定点的办法解决食住。

我们外出活动,尽量保持行动秘密,忽东忽西,飘忽不定,不让任何人知道我们的规律,在一个地方不长留,不住大的集镇、大的村庄,选择集镇周围的小村子,作为落脚点。例如:吴台镇西的半公里多路的刘园,郸城西北角的张庄,张集西边的屈庄、东边的三刘庄,宁平城西边的牛楼,以及梁庄以北的郭庄等,都是我们在情况变得恶劣的时候,经常出入客居的场所。不过这一个时期,基本上仍然是一两个人,以走亲访友的身份出现的,一般情况下,不易为敌人所发现。同

时,由于生活衣着完全大众化,目标小,因此,很宜隐蔽自己的身份。不过,这个时期,通常情况下,还是以客居梁金海同志家里吃住为多。因为经过2个多月的交往,我们同梁家和梁庄的群众建立了深厚的感情和友谊。

1947年5月中旬,田间的麦子长得又齐又壮,直有拦腰高,农民常常说"立夏见三新。"蒜薹、黄瓜、豆角都已经尝到,豌豆也已结出了饱满的豆荚。在农民们正积极准备迎接丰收的日子里,突然,匪军交警特工总队开到了吴台镇,并伺机侵入附近各村,进行疯狂的扫荡抢掠。本来,敌人进驻吴台,我们是知道的。由于当天上午,从敌人占领的柘城,来了一位同志,我们计划中午在梁家请他吃一顿饭。因此,就没有到外边观察躲避。梁庄的群众是知道的。我们正午在梁家吃饭的时候,一些群众自告奋勇,端着饭碗,蹲在村外面朝着吴台方向观察敌人。我记得那一天上午,乡亲们还为客人买了菜买了酒。正当我们热烈迎客进餐的时候。突然一位本村的群众从外边跑到梁家院子里,喊道:"敌人来了!快走!"(选自《中原侦战记》作者:李子木)。

(四)狠揍还乡团

> 界首握别各还乡,
>
> 白露霜天打虎狼。
>
> 寒夜邂逅出不意,
>
> 战友手艺比我强。

我们1 000多位战友,到了界首住在沙河北岸。握别的那一天,你拜访我,我探望你,亲热得像同胞兄弟。由于任重道远,最后还是伸出两只温暖的手握别了。

我和朱大清同志率领的情报处根据上级指示,到郸城以南、槐店以北的黄泛区内机动。一方面是侦察各地的还乡团地主武装活动情况和规律特点,以便清剿消灭;另一方面是监视沙河北岸经常出现的敌情。

我们准备离开界首的时候,同秋渠的区中队取得了联系,决定先和他们共同行动。经商定先进驻秋渠一带,以便消灭那里的还乡团地主武装。我们和秋渠区区部带领的区中队,在一个阴雨的白天从

界首的西部出发,直奔秋渠而去。到了秋渠西南二三公里处,天色尚早,不过雨已经停了,太阳从云层中钻了出来。当我们向前开进的时候,突然同一股100余名的还乡团地主武装遭遇。我们共同狠狠地揍了它一下,结果那股敌人没有抵抗,就夹着尾巴逃窜了。

9月上旬,已交白露,凉爽的秋季已经到来。我们情报处的同志,决定分开两批执行任务。一是派出一部分同志到沙河沿线,了解那里的敌情,并派人员到周口镇联系一下在那里的我方工作干部,搜集一下驻在那里的国民党交警部队的动向。二是活动于黄泛区中,侦察一下那里的兵要地志和土匪活动情况。同时,收集一下刘邓大军南下时途中掉队的人员和病号,以便收容照料。

为了完成上述任务,我和朱大清同志就共同率领着情报处的绝大部分同志,在沙河以北广大的黄泛区活动。同时,又派出一部分同志,去执行原定的工作任务。

我们情报处的同志在黄泛区中穿插侦察,每天都在路上或驻地收容一些刘邓大军的掉队人员和病号,他们中有一名政治指导员和一些班排干部和战士。他们多数是病号,少数是伤员。据他们讲是过汝河和淮河时,因战况激烈,部队转移快速,才因伤因病掉队的。我们收容起来的共有30多人,共编了三个班,设法给他们重新配备上武器,换上新的衣服,有病的设法给他们治疗,是党员的同志,一律编入党的小组过组织生活。那位政治指导员还参加了我们情报处的支部,任支部委员。总之,我们对他们一视同仁,尽量使他们得到温暖。

没有多久,从周口和沙河沿线侦察回来的同志,向我们汇报了下列情况:①周口镇驻的国民党交警部队,士气已开始低落,由于不断遭到我们的打击,已龟缩在周口镇,不敢轻举妄动;②沙河沿线群众自报:刘邓大军过境时,由于轻装后勤,曾有计划地隐蔽一部分物资,希望当地驻军收回。我们把这个情况向上级机关做了报告。之后,豫东纵队兼二军分区后勤,曾派人来搜集。由于我侦察处一部分同志和他们配合办理,所以我们也收集到一批物资。计有:已被打破背的黑骡子两匹,黑兰斜纹布和大衣红衬布数百尺,土白布300余米,煤油数十桶,已坏的胶轮大车数辆,颜料数十盒,以及少量变质的药物

等。在收集过程中,尚未发现有枪支弹药。

1948年春,刘邓大军领导机关发出通知:凡收容的南下人员和物资,应迅速送回。我们接到通知后,即将全部人员送回分区,转送回原部。凡是党员者,均将其过组织生活的情况说明,并介绍其表现。物资由于已经处理,未能送回等,均说明情况,以示注销。其他单位收容的刘邓大军掉队人员和物资,同我处的情况大同小异,其处理办法,同我处做法,亦大致相同。

总的看来,我豫东地方党政军在保障刘邓大军过境中,确实做了不少工作,尽到了应尽的义务。

为了说明情况,我想对第二分区辖区的黄泛区多说几句。1938年6月,日本侵略军侵占开封,逼近郑州,国民党的军队不战即溃。蒋介石在河南省郑州市北郊的花园口炸开黄河大堤,河水泛滥于广大的豫东、皖北、苏北等地区,形成黄泛区。1947年3月,将决口堵复,河水复回故道。

第二军分区辖区的黄泛区,西至淮阳西南,周口镇以东,沿沙河以北,经界首东去从太和县北部边沿从西华东入淮阳,经鲁台、秋渠、白马驿南,流入太和以北,东去入淮。

1947年8月,刘邓大军挺进到大别山,经过的黄泛区主要是第二军分区沙河北部这一段,当时花园口堵口工程完工刚刚5个月,黄泛区内水冲的沟壑纵横交错,到处还可以看到淤泥沙滩,加上漫地的芦苇、野柳,看上去一片荒凉的景象。这时的道路高低不平,水沟沙滩纵横交错,多无正道可寻。那时又适逢雨季,大兵团在黄泛区通过,其艰难困苦之状可想而知。刘邓大军广大指战员艰苦卓绝的革命精神,可以想见。

我们情报处在黄泛区主要是侦察那里的地形地物,以便为大兵团部队行动提供依据。由于我们的人员少,又是率领的侦察分队,一切行动轻便,所以,在黄泛区穿插侦察,并不感觉怎样艰难。

当地的人民群众非常好!在黄泛区成灾的日子里,他们颠沛流离,逃荒要饭,受尽了人间的苦难。那时候,他们从各地刚刚重返家园,回去早的种上了一些麦子,回去晚的种上了一些秋庄稼。有的人家,还种了旱稻。我们不论走到哪里,他们都对解放军很热情,我们

于九十月在那里活动,他们马上把刚收下的稻子在石臼里舂成米,招待我们。他们对地主武装、土匪最为痛恨,一旦发现情况,很快就向我们报告。有一次我们住在一个寨子里,一股土匪住在离我们2.5千米的一个小村子里,敌人住下后,封锁消息,不让那个村子里的人外出,但那个村子的群众,还是千方百计出来了一个人,跑到我们的住地报告了消息,结果那股土匪被我们彻底消灭了。

1947年秋季,我华东野战军主力转入外线作战。进军到二分区黄泛区一带。为地方县、区武装积极支持配合,主动出击打击顽匪和地主还乡团等武装。当时,各地捷报频传。潜伏在黄泛区内的主要土匪武装,到当年冬季,大部分已被我们的部队所消灭,只残留着很少的几股时隐时现,处于流窜隐蔽状态。我二分区县、区武装清剿顽匪非常积极,非常主动。他们日夜出击,真正发扬了一不怕苦、二不怕死的英雄气概,具有连续作战的优良作风。

同年11月,我们情报处侦察残留在黄泛区的土匪武装,多采取夜间活动,以便发现敌人及其活动特点。有些日子阴雨连绵,道路泥泞。一个雨后刚晴的黑夜,我们迎着寒风,头顶着霜露,活动到郸城南红山庙土匪常常出没的地方。白天,我们已经侦察计划好,当夜要住在附近黄泛区中一个较小的村子里。当我们于下半夜走到距那个村子约500米处时,习惯性地停下来,首先派人前往村内侦察一番。侦察员回来报告说:"村子里没有任何情况:既没有住我们的地方武装,也没有住土匪武装。"于是,我和朱大清同志率领情报处的全体同志就进了村子。打前站的同志安排好了房子。指定我住在一栋面向东的小草屋里。当我拍门的时候,听见屋子里有人答应开门。门一开,我猛然看见手电筒一亮。只听见大声喊叫:"别动!缴枪!动就打死你。"霎时,一个人用一支二十响的手枪对着我的胸口。原来,那位同志是我们一起从界首分别后回到本地活动的区中队长。他从手电的光亮下看见是我,马上说:"李处长!是你呀!差一点出事。"我一看是自己的同志,当场表扬了他,"你的手艺比我强。"他说:"我们一听见村子里小狗咬叫,以为是土匪进来了,我们就做了准备,打算来一个歼灭战,把敌人通通干掉。"我说:"好啦!佩服你有勇有谋,咱们今夜就住在一块儿好啦!"那个区中队数十位同志,怎么也不肯留;

他们把村子里的房子,统统让给我们,在拂晓时,开往黄泛区的其他地方去了。(选自《中原侦战记》,作者:李子木)。

三、革命回忆录

为革命默默奉献的杨南极

我的父亲杨南极学生出身,因祖父去世早、祖母双目失明,父亲16岁就挑起了养活全家的重担。

原来我家有几十间房子,国难当头的1938—1939年,中共地下工作者李子木经常以经商为名住在我家。交往多了,李子木看我父亲为人忠厚老实、待人诚恳,就把我父亲发展为地下联络员,我家也就成了共产党的地下联络站①。

1938年秋,时任鹿邑县县长的魏凤楼由张爱萍陪同来吴台镇催款时找到我父亲,说服徐老紫同意,将从土匪手中缴获的财物放在他家里。后魏县长拿出一部分用于购买枪支弹药,一部分留给徐老紫用于扶贫。

1946年起,国共两党开展"拉锯战"的几年间,我父亲与李子木经常到鹿邑、临泉、柘城、太康、西华、扶沟、漯河、界首等地,以经商为名开展地下工作。

父母亲告诉我,魏凤楼在对日作战失败后,又回家乡拉起了部队。约在1944年7月间,父亲与魏凤楼去临泉找杨东波,说服其回吴台任联保主任,为人民办事。当时杨东波任汤恩伯的参谋。没想到,父亲和魏凤楼刚回来没几天,杨东波便怀疑他的堂兄和我父亲在为共产党办事,多次将我父亲扣押在联保处不让出来。

1946年农历八月十三,张笑南、丁兴国在我家密商解放吴台大计。十月初三那天(吴台镇镇长之子结婚之日),天还没亮,我父亲与赵心广、孙发荣以给镇长送礼为名,叫开了吴台镇的东大门。乔装打扮的解放军战士随机潜入了吴台寨内。大约5分钟后,战士们里应外

---

① 编者注:李子木所著《中原侦战记》中提到过此事。

合,一举攻下了吴台镇公所,缴获敌枪近百支。县大队带走了一部分,其余的存放在我家。

新中国成立后,经父亲介绍参加革命的赵心广先期任郸城县人民政府副县长,后任商丘地区中级人民法院副院长;孙发荣任吴台财粮员;王法动参加了解放军,随王化民政委工作。

1947年5月的一天夜里,父亲接到县大队命令:由于战事吃紧,必须连夜把存放在我家里的枪支弹药送到郭集前线。当时可用的人手不够,用外人又怕泄露机密,没办法,父亲让母亲去我姥姥家牵来了一头大个毛驴,后半夜,父亲把枪支弹药放在驴背上,然后又盖上棉被做好伪装。当时,还乡团势力猖獗,父母怕出事,前一天就把我们兄妹三人分别送到了两户老百姓家和姥姥家,以防不测。于是,父亲持枪护卫,母亲前面牵驴,他们深夜沿小道将枪支弹药送到了在土桥接应的吴台区闫区长和周区长那里。之后,他们几个人又一同从葛家坟经杨河沟,将枪支弹药送到郭集前线,交到了县独立团团长张笑南手中,圆满完成了任务。

1947年10月间,解放军撤走了,还乡团卷土重来。由于叛徒出卖,父亲被抓走,母亲怕敌人抄家,及时把记有地下党联络人员名单的本子等东西都烧掉了。敌人抄家时,屋里屋外翻了个遍,只找到李子木存放在我家的两匹洋布。敌人以此作为父亲与地下党联系的证据,对父亲严刑拷打,逼他交出枪支弹药和地下党名单。父亲被折磨得死去活来,但始终坚贞不屈、守口如瓶。这次折磨,导致父亲的左眼失明、左腿骨折,落下了终身残疾。

1951年,吴台区政府办学校时没有校舍,父亲把家中的房子借给了吴台完小,一直到1961年10月间,学校为国家培养了大批人才。

魏凤楼、张爱萍在抗日战争期间以及张笑南在鹿邑开创革命根据地期间,我家都作为领导的办公地点和联络地点;鹿邑独立团、县民主政府公安局等军政机关也曾安在我家;刘邓大军、陈毅的华野部队也在我家住过;豫东战役、淮海战役时期的解放军伤病员曾安排在我家养伤治疗,父亲和母亲为伤员烧水、做饭并护理他们。其间,为全力拥军,他们又变卖了家中的一部分土地,以应付日益增加的开支。

父亲和母亲舍儿、舍女、舍地、舍房，不图名、不图利，舍生忘死，为国家、为革命做出了不可磨灭的贡献。

由于父母日夜为革命操劳，我从小也没有得到上学的机会，至今仍然是个文盲。母亲说，就是送枪那一回，为了不让我发出哭声引来敌人，怕连累暂时照看我的那一家人，她曾给我用了麻痹神经的药物，使我变得愚钝。

越到晚年，我越有了一个强烈的念头：愿用我的不懈奔走，使郸城的后人知道我的父亲、母亲是曾经为革命、为人民做出过巨大贡献的人。（摘自 2018 年 1 月 19 日《周口晚报》，作者：杨永新）

第五章　社会主义基本制度在郸城确立

1949 年 10 月 1 日,中华人民共和国成立,揭开了中国历史的新篇章,党在郸城的历史也揭开了新的一页。

1951 年 5 月 15 日,中国共产党郸城工作委员会(简称"郸城工委")成立。从此郸城工委带领广大干部和人民群众,开展了抗美援朝运动、镇压反革命运动和"三反""五反"运动,从各方面加强党的建设,建立和巩固新生的人民政权。在经济方面,对私人工商业进行了合理调整,开展了农业互助合作运动和粮食统购统销,开始了有计划的经济建设,胜利地完成了对农业、手工业和资本主义工商业的社会主义改造(简称"三大改造"),建立了社会主义基本制度。在政治方面,郸城县召开了第一次党员代表大会和人民代表大会,选举和产生了郸城县党、政领导,广大人民群众以主人翁的姿态发展生产、建设家园、创造美好生活,郸城大地呈现出万象更新、生机勃勃的景象。

第一节　郸城县的建立、行政区划及
第一届人民代表大会召开

一、郸城县的建立

从 1928 年开始,郸城人民在中国共产党的领导下,经过二十年艰苦卓绝的斗争,终于 1948 年 8 月彻底推翻了代表帝国主义、封建主义和官僚资本主义三座大山,赢得了解放,郸城人民也从此获得了新生。为了巩固已取得的胜利,充分行使人民当家做主的权利,巩固人

90

民政权,大力发展生产,更好地领导郸城人民进行社会主义革命和社会主义建设,1951 年 5 月,成立了河南省郸城办事处(相当于县政府)和郸城工作委员会(相当于县委)。经河南省政府同意、报请国家政务院批准,于 1952 年 11 月,正式成立郸城县人民政府,12 月正式成立中共郸城县委员会。

二、行政区划

1946—1949 年,中国共产党先后在郸城创建了 3 个县级人民政府:一是 1946 年 10 月成立的鹿淮太民主政府。同年 12 月底鹿淮太县分为鹿邑、淮阳、太康 3 个县。鹿邑县民主政府驻吴台庙,辖吴台庙、胡岗店、郸城、宁平 4 个区。二是 1946 年 11 月在白马驿组建鹿亳太县民主政府,12 月撤离。1947 年 1 月在丁村重建,县民主政府仍在白马驿。三是 1947 年 2 月在郸城建立沈鹿淮县民主政府,辖县境南部郸城、巴集、秋渠 3 个区。

1951 年 5 月,郸城办事处成立,属淮阳专署管辖。原鹿邑的郸城、丁村、石槽和吴台、汲水区的大部分,淮阳县汲冢区和冯塘区的一部分以及沈丘宜路区的大部分归其管辖。郸城、吴台、汲水、丁村、石槽、宜路、巴集、汲冢 8 个区,共 175 个乡,2 315 个自然村归属郸城办事处。治所设在郸城集,董庆发任办事处副主任(无正职)。同时建立郸城工委,王建水任工委书记,6 月 1 日正式办公。1951 年年底郸城所辖区域户数为 117 158 户,总人口为 537 395 人。

1952 年 8 月 11 日,中央人民政府政务院〔政文字 99 号文〕批复:增设郸城县。11 月 3 日,正式宣布郸城县人民政府成立,董庆发任代理副县长。是时境内改划为 13 个区、207 个乡。12 月,郸城工委正式改为中国共产党郸城县委员会,阎济文任副书记。

1953 年 1 月 29 日,淮阳专署撤销,郸城县归属商丘专属管辖。1956 年 4 月,撤销区,改划为 21 个中心乡和 1 个城关镇,即建立中心乡镇党总支委员会。同年 8 月 24 日,划为 29 个乡,下辖 342 个高级农业生产合作社。10 月 26 日,区域重新规划为 44 个小乡。设立丁村办事处,管辖其中的 10 乡。部分乡建立了党委会。此时全县人口为 607 367 人,境域面积为 1 471 平方千米。

1958 年 12 月 13 日,商丘专区撤销,郸城隶属于开封专区。1961年 12 月 19 日,商丘专区恢复,郸城再次归商丘管辖。1965 年 6 月 16日,河南省增设周口专员公署,郸城改属周口专署。2000 年 8 月 2 日,周口撤地设市,郸城仍归其管辖至今。中共郸城县委归周口市委领导。

三、郸城县第一届人民代表大会

1954 年 7 月 9～15 日,郸城县第一届人民代表大会在县城隆重召开,与会代表 313 名。大会审议批准了县人民政府的工作报告;讨论了《中华人民共和国宪法(草案)》和县委关于今后工作的意见,加强对互助组的领导、疏通河道、推广新农具等,选举了出席省人民代表大会代表 4 名。

四、党组织结构

1951 年年底,郸城境内有 13 个区委、45 个党支部。其中党群口支部 17 个,工交口党支部 2 个,农林水牧口党支部 26 个。全县共有党员 566 名,大部分分布在县、区党政机关和基层乡政权中。1952年,党支部发展到 133 个,其中党群口 18 个,工交口党支部 1 个,农林水牧口党支部 114 个。全县党员发展到 1 093 名。1953 年,党支部发展到 285 个,其中党群口党支部 22 个,农林水牧口党支部 263 个。全县党员发展到 1 242 名。1954 年,全县党支部减少至 184 个,党群口党总支 1 个、党支部 18 个,工交口党支部 1 个,农林水牧口党支部 153 个,财贸口党支部 10 个,科教文卫口党支部 2 个。全县党员发展到 1 889 名。1956 年,党委减少至 1 个,党总支发展到 45 个,党支部发展到 349 个,其中党群口党总支 1 个、党支部 11 个,工交口党支部 4个,农林水牧口党总支 43 个、党支部 321 个,财贸口党总支 1 个、党支部 9 个,科教文卫口党支部 3 个。全县党员发展到 5 624 名。1952 年11 月至 1953 年 2 月,在土地复查和民主运动中先后培养农村入党积极分子 2 166 人,确定党员对象 1 007 人。1955 年,在农村社会主义改造中涌现出大批积极分子,本着"积极慎重"的方针,接收新党员1 042 人,全县党员发展到 3 229 名。(数据来源于中国共产党河南省郸城县组织史资料)

五、中共郸城县第一次代表大会

1956 年 6 月 3～9 日,中共郸城县第一次代表大会在县城胜利召开。出席大会的正式代表 289 名,应到代表 306 名,列席代表 23 名,代表全县 3 707 名党员。大会审查批准了《县委 1955 年工作总结》《1956 年至 1957 年的郸城农业增产规划(草案)的报告》和《中国共产党郸城县第一次代表大会的决议》。大会选举产生了中共郸城县第一届委员会和中共郸城县委第一届监察委员会。选举张明铎为郸城县第一任县委书记,陈龙飞、谭春龙、宋养环为副书记。谭春龙兼任监委书记。

1958 年 11 月 11 日,地委常委研究决定建立中共郸城县委书记处。第一书记张明铎,第二书记郝广平,书记处书记陈龙飞、谭春龙、宋养环、曹新林、李瑞。

1960 年 12 月,江泽民任县委第一书记,张明铎任第二书记。

第二节　巩固人民民主政权

一、"三反""五反"

1952 年 11 月至 1953 年 12 月,开展以新"三反""五反"为主要内容的整党整顿工作。郸城县委按照中共河南省委第五次代表会议有关民主建设、组织建设和干部作风等工作的意见,重点开展了以反行贿受贿、反偷税漏税、反偷工减料、反盗窃国家财产、反盗窃国家经济情报和反官僚主义、反命令主义、反违法乱纪为主要内容整党整顿工作。共整顿互助组 1.5 万个,发展农会会员 23.55 万人,培养入党积极分子 2 166 人,确定党员发展对象 1 000 余人。至 1953 年 10 月,全县共查处私人工商业偷税漏税案 857 件,罚款补税 3 亿元(旧人民币)。因严重犯罪被人民法院判刑或罚劳役的 5 人,并对与其有关联的党员干部进行了严肃处理。

二、支援抗美援朝

1951 年 3 月 14 日,中国人民抗美援朝总会向全国各省市县发出通知,号召全国进一步引申抗美援朝运动,"五一"期间,都要组织"以抗美援朝、保卫世界和平"为主要内容的游行示威。5 月 1 日,郸城举行了"五一"爱国大示威游行,保卫世界和平签名运动达到高潮,郸城 20 多万人参与了和平签名运动。1951 年 6 月 1 日郸城抗美援朝分会随着郸城工委的正式办公而成立。1951 年 8 月 15 日至 18 日,郸城办事处专门召开抗美援朝代表会,号召每一个党员干部、团员,都要站在抗美援朝的最前列,积极组织广大人民群众以实际行动参加抗美援朝。会后郸城各区、乡先后组织 620 人的宣传队伍、1 215 个读报小组和 17 个业余剧团一齐出动,深入农村、学校、集镇,运用广播筒、黑板报、集会、读报、演出等多种形式,广泛向群众开展教育活动。树上、墙上、大门上、生活用品上、家具上、学生书包上,随处都能看到"抗美援朝、保家卫国"的字样。同时,各区乡积极组织群众开展了反美爱国主义示威大游行。农民夜校学员也都学会了"抗美援朝、保家卫国"8 个字。有些刚刚学会说话的幼儿也会说这句话。全县约有 30 多万人在抗美援朝宣言上签名,有 27 万人参加了集会游行示威。机关、学校、工厂、农村广大适龄青年有数万人争先恐后报名参加志愿军,到朝鲜战场去,打击美国侵略者。1951 年 9 月 12 日,郸城在准许参加体检的 5 755 人中,第一批就有 657 人被批准参加了志愿军。1952 年 9 月 27 日,郸城又批准 481 人参军上前线抗美援朝。仅三区就有 189 父母送子参军,104 名妻子送夫参军。普通民兵发展到 21 万多人。截至 1952 年元月,郸城在抗美援朝运动中,捐献战斗机、飞机、大炮款 2.53 亿元(旧人民币),超过原计划的 10.95%。

三、镇压反革命与全面禁毒

为了捍卫新民主主义革命的胜利,创造一个和平安定的建设环境,1950 年 10 月 10 日,中共中央发出《关于镇压反革命活动的指示》,郸城境内党组织根据中央、省委、地委的统一部署,开始了大规模的镇压反革命运动。

1951年6月始,郸城工委成立后,积极领导郸城人民开展镇压反革命运动。1953年3月后,郸城各区召开各种形式的代表会、干部会、座谈会、群众会,利用广播、板报宣传镇反工作精神。其间,郸城在群众揭发检举的基础上,经过侦查取证,有计划有准备有声势地依法逮捕并处决了作恶多端的特区区长王曾肃、联防大队长张右恒、顾士齐等反革命分子。1952年12月郸城全面开展禁毒工作,先后逮捕贩毒、制毒分子109名。1952年11月,县工委在汲冢区曹集乡杨庄召开宣判大会,枪决贩毒惯犯孙司成,当众硝烟1.8万两。镇压反革命运动共打击各方面反革命分子2 224人。枪决858人、判刑881人、管制485人,打击人数占应打击对象的95%。收缴长短枪350支、排击炮7门、子弹471发、刀矛488把、反动证件1 240件、毒品59 412两、旧人民币517万元、元宝12个,白银103两。

为了保证合作化的顺利进行,郸城开展了第二次镇压反革命运动。在反复调查、摸底的基础上,于1955年10月10日晚进行了集体抓捕行动,全县一次性逮捕反革命分子456人,并使188名外逃反革命分子主动投案自首。

四、宣传贯彻《婚姻法》

1950年4月13日,《中华人民共和国婚姻法》正式颁布实施。根据省委、专署的部署要求,郸城县成立了宣传贯彻《婚姻法》委员会,制定了宣传贯彻《婚姻法》活动方案,确定3月份为宣传贯彻《婚姻法》运动月。

一是全县普遍开展以贯彻《婚姻法》为主要内容的群众性宣传教育运动,各区乡成立工作队、宣传队。培训一批积极分子,利用对比回忆,启发群众思想觉悟。

二是组织典型受害者现身说法,控诉封建婚姻制度带来的痛苦和恶果。结合思想实际宣传《婚姻法》的好处和作用,揭穿谣言,消除顾虑。

三是对全县学习贯彻《婚姻法》的情况全面进行检查。要求司法机关对因干涉婚姻自由而造成严重恶果的人和事,及时依法进行处理。《婚姻法》的宣传贯彻,使受教育的人数达到总人数的50%。全

县自由结婚的有 14 189 对,因包办婚姻感情不和而自愿离婚的有
3 059对。

五、土地改革复查

为了把农村这场变革进行到底,从 1951 年冬季开始郸城县(工)
委,领导全县辖区 50 多万农民深入开展了土地改革复查运动。

1951 年 10 月 23 日至 28 日,郸城办事处召开了第二次各界人民
代表会议。会议决定开展土地改革复查运动。会后,在 10 月 28 日至
12 月间,全县抽调 558 名干部组成工作队,深入农村领导土地改革复
查运动。第一批开展了 62 个乡,第二批开展了 82 个乡,第三批开展
了 31 个乡。1952 年 2 月至 3 月 20 日,县工委集中工作队和区乡干部
376 人进行队伍整编工作。同年 11 月,郸城继续开展土地改革复查
补课,直到 1953 年 2 月 8 日,河南省政府发布布告,宣布河南省全面
结束土地改革、转入生产运动后,郸城土地改革复查工作才全部
结束。

此次土地改革复查共没收征收土地 14 019 亩,房屋 3 353 间,牲
畜 610 头,粮食 1 173 672 千克,农具家具及其他物资 16 468 件,帮助
4 973 户贫雇农解决了缺少生产、生活资料的困难。新划漏网地主
214 户、富农 117 户,纠正错划成分的 917 户,中农的损失得到赔偿。
同时,锻炼培养入党积极分子 2 166 人,确定党员发展对象 1 000 余
人。土地改革复查运动结束后,全县农会会员发展到 235 799 人,占
总人数的 42.7%;民兵发展到 32 790 人,建立了 13 个基干民兵连;还
先后整顿发展互助组 15 000 个。

第四节　经济建设

一、对农业的社会主义改造

1951 年 9 月 9 日,中共中央召开第一次农业互助合作会议,通过
了《中共中央关于农业生产互助合作的决议》。决议指出,土地改革
后农民中存在着发展个人经济和实行互助合作的积极性。要求不能

忽视和粗暴地挫伤农民个体经济的积极性,要在农民中提倡"组织起来",按照自愿互利的原则,提高农民互助合作的积极性,在农村发展互助合作组织,引导农民走集体化道路。

1951 年 12 月,郸城工委按照中央精神,带领广大人民群众遵照"积极引导、稳步前进"的方针,严格执行"自愿互利、民主管理"的原则,由点到面,分期分批逐步走互助合作的道路。同时,派工作组,对全县互助组进行指导、整顿,推广经验,解决冒进问题,克服放任自流的倾向。此时,在县工委重点领导的一区王楼乡、二区吴台乡、十区侯集乡巩固常年互助组 110 个,发展季节性互助组 105 个。到 1953 年年底,全县已有 84 608 个农户参加互助合作、占全县农户的 67.6% 。全县发展常年互助组 6 689 个,临时互助组 8 579 个。1954 年 2 月 8 日,郸城县委制定了《关于 1954 年发展农业合作社与互助组方案(草案)》并在王小楼进行建社试点。3 月 28 日,郸城建立第一批 8 个初级农业生产合作社,入社农民 178 户、794 人。在原来基础上,郸城常年互助组和临时互助组都得到了巩固、提高和发展,组织起来的农户占全县农户的比率较前提高了 8.9% 。仅五区而言,在原有互助组的基础上,新发展互助组 490 个,临时互助组转常年互助组 285 个。5 月 4 日省委发出了《关于大力整顿和巩固农业合作社的通知》(简称《通知》),郸城县委按照省委的《通知》精神,在省整顿工作组的指导下,对十二区的国庆社、中苏社、五爱社、五五社,十三区的东方红社、大公社、青峰社、五四社重新进行了重点整顿。5 月 28 日始,对全县 121 个农业合作社进行了认真整顿、巩固工作。到 6 月,全县共整顿 129 个农业社,占全县总数的 78.6% 。

1956 年 1 月,郸城县委组织 53 人的报告团,分赴李楼、张念庄、喻寨、皮寺庙等 6 个地方宣传互助合作社的优越性。在整顿、巩固初级社的基础上,以老社为主,重点试办了 18 个高级社,扩大了 1 233 个初级社,由 391 个社合并为 120 个大社。之后,县委抽调干部 150 名、半脱产干部 117 名、社内有建社经验的骨干 100 名,采取领导带头、分片包干、责任到人的方法和举措,以促使郸城高级农业社的快速发展。1956 年 4 月 21 日,省委明确要求麦收前全省加入高级社的农户要达到 70 以上% 。之后郸城县建社的速度再次加快,5 月底,全

县高级社发展到 355 个,入社农户占全县农户的 93%。1956 年年底,全县共有 129 806 户农民加入了农业生产合作社,占总农户 99.33%,其中加入高级社的有 124 780 户,占总农户的 98.48%。

二、对手工业的社会主义改造

新中国成立后,党和政府为了恢复国民经济,开始扶植手工业。在国民经济恢复初期,郸城手工业就有了较快的发展。据统计,1952 年 11 月,全县就有个体手工业者 632 户,从业人员 2 651 人。正常年份生产总值在 230 万元左右。但基础薄弱、生产盲目、经营分散、技术落后、设备简陋、资金短缺、规模上不去、质量没保证、经营管理不善、手工业的发展一直处于落后的状态,难以适应社会主义建设和人民生活的需要。

在手工业生产逐步恢复和发展的基础上,1953 年 4 月,郸城开始对手工业进行改造。1953 年 4 月郸城成立手工业管理科,加强对手工业的领导。6 月,县委县政府以重点试办、典型示范的方法,试办了郸城县第一个手工业合作组织——汲冢木业生产合作社。1953 年 11 月 17~20 日,第三次全国手工业生产合作社会议召开,确定了对手工业社会主义改造的方针政策、组织形式、方法步骤。自此,郸城对手工业的社会主义改造步伐加快,1953 年年底全县建立铁木业生产合作社 3 个,各种手工业合作组 31 个,吸收从业人员 234 人,年产值 74.7 万元。

1954 年 12 月 8 日至 1956 年 1 月 6 日,第四次全国手工业生产合作会议召开。要求有准备、有步骤、有目的地对手工业进行社会主义改造。1956 年 1 月,郸城对手工业的社会主义改造进入高潮,全县手工业大部分过渡为生产合作社。农村手工业者大部分加入了生产合作社副业组,小部分归入县区办的供销合作社合作组。截至 1956 年 12 月,全县手工业合作社发展到 22 个,有社员 765 人。各种手工业生产组 23 个,组员 141 人。全县组织起来的人数占当时从事手工业总人数的 97.6%。至此,郸城对手工业的社会主义改造基本结束,实现了手工业合作化。

三、对私营工商业的社会主义改造

郸城交通闭塞,人民贫困,商业萧条。郸城设办事处后,除手工业外,尚无工商业,仅有私营商业和饮食服务业。1955年,百货公司、食品公司、盐务批发处、专卖事业公司在郸城相继成立。在农村集镇,国营和供销社营商业份额日益扩大。商业方面,社会主义成分迅速增加,极大地削弱了私营商业的市场份额和社会竞争力,一些私营企业对国家企业的依赖性也日益加重。

1955年下半年,郸城开始实行对私营工商业的社会主义改造。1955年年底至1956年初,郸城对私营工商业的社会主义改造进入高潮。1956年1月,县委派86名干部分赴区乡,开展全行业的公私合营工作。首先,培训540名积极分子,召开各种会议,宣传贯彻对私营工商业的社会主义改造的方针政策。其次,进行组建工作,分行业进行清产核算,认真安排网点分布、商店组建等问题。最后,全面开展以"活跃农村经济、支援农业生产"为目的,以"提高生产、扩大经营"为中心的社会主义劳动竞赛。1956年上半年,郸城组织各类合作商店135个,经销代销小组83个;共纳入私营商号701户、小商小贩961户,占全县私营商户的77.6%。1956年7月以后,全县认真贯彻对私营工商业改造工作的指示,积极解决资金、货源、税收等问题,并进行适当的经济改组。1956年年底,参加公私合营的15户、21人;建立合作商店135个,参加454户、493人;合作组织98个,参加564户、576人;另有代销户276户、299人。合计组织起来的个体工商户1 309户、1 389人,占总户数的93.1%、总人数的93.3%。1957年初,本着合理布点、方便群众的原则,调整设立了50个中心商店,组织456人流动下乡送货。交通运输业方面成立了1个合作社和1个搬运队,有社员118人。

第五节　社会事业的发展

一、教育事业

新中国成立前,郸城境内共有完小 9 所,初小 17 所,教师百余人。学生 7 600 人,占当时总人数的 1.4%。1951 年 6 月,郸城办事处成立后,工委着手对郸城原有的学校进行改造,在县城办起了第一所中学,在乡村也新建了一批小学。1952 年 12 月,郸城县委成立后,着手大力兴办教育事业,吸收贫下中农子女入学,在青少年中开展扫除文盲工作,使普通教育和业余教育都得到迅速发展。1956 年年底,全县有完全中学 1 所,初级中学 6 所,完小 60 所,初小 131 所。在校学生48 480 名,占总人口的 8%。另有干部文化补习学校 1 所 5 个班,职工学校 8 个班,农民夜校 132 所,扫盲班 4 205 个,学员达 25 505 名。以解放妇女劳动力参加农业生产为目的所办的托儿所、幼儿园也得到一定的发展。

二、科技事业

新中国成立前,郸城境内的科学技术十分落后,农民沿袭传统的生产方式耕作,没有科技组织,没有科研机构,更谈不上科学技术的发展。新中国成立后,党和政府十分重视科学技术的发展。1953 年 4月,郸城成立了科学技术推广站,改进耕作技术,实行等苗、间苗合理密植的生产方法。不少农户使用科学耕作技术,使产量提高,如一区和平社杨金香小麦亩均播种量由 14 斤增至 18 斤,获得了亩产 445 斤的高额丰产。赵思海种豆子选用三角式的定苗法,豆子的亩均产量超过当地群众的 40% 以上。在畜牧业方面,采用了对牲畜病疫防与治相结合的有效措施,定期对有病、无病的牲畜进行药物注射,有效保障了畜牧事业的健康发展。1956 年,县委在农村创办了一批边学文化、边学科学知识的农技夜校,在推广新式农具和科学种田的实践活动中发挥了积极作用。

三、文化事业

新中国成立前,郸城的传统文化艺术弃而不扬,没有得到继承和发展。郸城境内既无专业文艺团体,又无图书馆藏机构,更无群众娱乐场所,人民群众文化生活十分贫乏。

1951年11月,郸城文化馆落成。1952年,电影故事片《白毛女》在郸城首次公演。1953年1月,县委在县文化馆首次召开由39位盲艺人员参加的代表会。要求曲艺演员摒弃封建迷信,宣传社会主义文化。1954年5月,县专门举办了为期8天的曲艺人员培训班,成立了3个曲艺剧团,同时在洺河南岸建立1座曲艺厅。1955年,郸城成立了第一个电影放映队,第一个人民影院落成。1956年县实验话剧团成立。从此,郸城人民有了自己的文化馆、剧院、剧团、放映队,广大干部群众读书、学习、看电影、听戏、休闲、娱乐有了去处,人民群众的精神文化生活日益丰富,民间艺术、书法、美术、文艺创作都得到了不同程度的发展。

四、卫生事业

新中国成立初期,郸城卫生事业的发展缓慢,境内仅有31家个体诊所和药铺,卫生技术人员寥寥无几,医疗机械更少。新中国成立后,县委县政府非常重视卫生事业的发展,在认真贯彻执行党的卫生工作方针政策的同时,积极开展爱国卫生运动,使郸城的卫生事业得到较快的发展。

一是卫生医疗事业机构日益完善。1951年6月,郸城办事处民政科设立卫生干事,管理卫生工作。1951年9月,郸城成立卫生科。建立机关诊疗所。1952年3月,郸城县爱国卫生运动委员会成立。同年10月,郸城办事处机关诊疗所扩建为郸城卫生院,始建区卫生所和中心卫生所。1953初,县公费医疗预防实施管理委员会成立。1953年下半年,县卫生院下设公费医疗室,对国家工作人员实行公费医疗制度。1953年7月,县卫生院增设防疫保健股。1954年公私合营药店增至50多处。1955年3月,县建立卫生工作者协会门诊。至1957年,全县共建卫生所13个,中心卫生所69个。

二是卫生技术队伍不断壮大。1951年,郸城仅有初级卫生技术人员2人。1952年,有初级卫生技术人员16人、医士级卫生技术人员3人。1956年,全县初级卫生技术人员143人,医士级卫生技术人员25人,工勤人员6人,管理人员21人。

五、城镇建设的完善和发展

郸城原来只是一个小集镇,称郸城集。新中国成立前,郸城集居民不足200户、700多人。仅有一条100多米长的南北街道,房屋多为草房,砖瓦结构房较少。1951年5月,郸城办事处成立后,开始按县城的初步计划进行建设。1951年10月,开始建造县工委、办事处办公用房和学校教室、寝室,房屋全是砖木结构平房。1951年11月,在北大街路西建立县文化馆,面积430平方米,房屋15间。1953年建成政府礼堂(后改为小礼堂),面积为608平方米,亦系砖木结构,内有明柱。1955年7月,在县城东大街南20米处,建成郸城第一座剧院,面积为850平方米。另外还把南北东西两条主要街道整修成5米宽的沙土路面,加固修筑了县城内唯一垮洺河的砖砌桥梁(俗称大桥)。

第六章 全面建设社会主义

1956年9月15日至9月27日,中国共产党第八届全国代表大会在北京召开。在社会主义改造基本完成的情况下,国家的主要任务是在新的生产关系下保护和发展生产力,全党要集中发展生产力,把我国尽快地从落后的农业国变成先进的工业国。郸城县委、县政府按照八大会议精神的要求,领导全县人民开始大规模的社会主义建设,在探索中发展,在发展中探索,大力发展经济,大力实施基础设施建设。郸城的社会主义建设和全国形势一样,既取得了政治、经济、社会各方面的成就,也走了一些弯路,历经挫折和自然灾害等多重困难,但方向是正确的,是朝着好的方面发展的。

第一节 人民公社的建立及中共郸城县 第二次代表大会

一、人民公社的建立

1958年3月8～26日中共中央在成都召开政治局扩大会议,制定了《关于把小型的农业合作社适当的合并为大社的意见》(以下简称《意见》)。1958年4月,郸城县按照《意见》要求,当月撤销了南丰、丁村、宜路三个区,把原来的44个乡合并为21个乡和1个镇,下辖58个高级农业社。之后郸城又实行第二次合社并乡,至8月22日,郸城把22个乡镇及其所管辖的458个高级农业社重新划为13个乡。

1958年8月17～30日,中央政治局在北戴河召开扩大会议。会议明确指出:在各地普遍建立人民公社制度,是"指导农民加速社会主义建设,提前建成社会主义并逐步过渡到共产主义所必须采取的基本方针"。之后郸城县迅速掀起了建立人民公社的高潮,8月下旬郸城县委以刚刚新划的13个乡为基础,成立了13个"政体合一""工农商学兵五统一体"的人民公社,下辖119个管理区。同时,县人委改为人民公社管委会,与县委合署办公。

1961年8月19日,郸城县将原有的13个人民公社改为10个区、下辖50个人民公社、481个大队。

二、中共郸城县第二次代表大会

1965年7月13日至19日,中共郸城县第二次代表大会在县城召开。出席会议代表606人,代表着全县8 574名党员。会议听取、讨论和批准了董庆发代表县委所做的工作报告。

大会认为,郸城主要障碍有三种,一是在意识上。领导干部对大好形势认识不足,整治工作不突出,满足现状,因循守旧。二是在工作上。领导干部畏首畏尾、顾虑重重,没有大寨人改天换地的革命精神。三是在处理国家、集体、个人三者之间的关系上。领导干部国家观点不强,各行各业对农业支持不够。

大会制定了1965—1967年的农业生产规划;粮食总产量,1965的国民经济计划指标是3.606亿斤、奋斗指标是4.06亿斤;1966年国民经济计划指标为3.83亿斤、奋斗指标是4.5亿斤;1967年国民经济计划指标是4.184亿斤、奋斗指标是5亿斤。棉花总产量,1965年220万斤,1966年310万斤,1967年350万斤。油料总产量,1965年270万斤,1966年290万斤,1967年375万斤。大家畜,1965年达到4.5万头,争取达到5.5万头。1966年达到5.7万头,争取达到6万头。1967年达到6.2万头,争取达到6.5万头。生猪,1965年存栏达到14万头,1966年存栏15万头,1967年存栏16万头。植树造林,1965年年终保活100万棵,1966年每人平均植树3～5棵,1967年保活300万棵。

大会总结了近一年来的工作情况,郸城在政治上、组织上和经济上都有新的起色,尤其是在农业生产、水利建设和党的建设方面都出现了崭新的局面。1964 年,全县粮食总产量达到 30 691 万斤,比 1961、1962、1963 年平均增长 56%;棉花总产皮棉 1 187 000 斤,比前三年平均总产增长 69.5%;油料总产增至 2 717 000 斤,单产比前三年增长 25%;1965 的小麦平均亩产 130 斤,总产达到 13 650 万斤,单产比前三年增长 1 倍多,总产比 1964 年增长 56%。夏季口粮一般吃到 70～100 斤,多者达到 150 斤。1964—1965 年春,全县组织 10 多万名劳力,大规模的开展群众性的水利建设,完成蔡河等 12 条主要骨干边界对口工程的治理,疏浚河开新小型河沟 478 条,兴建桥梁 134 座,完成 1 551.7 万立方米土方,解除涝灾面积 30 万亩。1965 年上半年,全县生猪存栏 12 万头,拥有架子车 12 000 辆,新打井 55 863 眼,拥有提水工具 39 728 件。随着社会主义革命和社会主义建设事业的发展,党组织也迅速发展壮大,党员总数由 1956 年的 3 815 名增加到 8 574 名。全县工业总产值比 1963 年增加 73.6%,交通运输工具比 1964 年同期增长 23%,货运周转量比 1964 年同期增长 96%,邮电网络增长 13.1%,商业购销量增长 26%。

大会号召"全县全党全民学大寨、赶林县、多增产、多打粮,以实际行动援越抗美"。

大会要求做好十个方面的工作:①突出政治;②大兴农田水利;③大抓积肥基本建设;④大力推行机械化、半机械化的先进农具;⑤保护和发展牲畜,多养母猪,发展种畜;⑥大搞科学实验。积极繁育和推广优良品种,改善经营管理,大力开展多种经营,发展多种经济;⑦各行各业面向农村,积极主动支援农业;⑧加强党的建设;⑨贯彻阶级路线;⑩进一步转变领导作风。

会议选举产生了新一届县委委员 27 人,候补委员 4 人,监察委员会委员 7 人,出席中国共产党河南省第二次代表大会代表 8 人,候补代表 1 人。二届一次会议选举潘步高、董庆发、王彦林、马怀璞、何书文、范宗文、王敬友、李云峰、吕泽民、苏全、岳春旺 11 位同志为县委常务委员会委员。二届县委常委会一次会议选举潘步高为县委第一书记,董庆发为县委第二书记,王彦林、马怀璞、为县委副书记。

1966 年 5 月 31 日,成立"文化革命"领导小组,潘步高任组长。

1968年3月31日,郸城县革命委员会宣告成立。潘步高任革命委员会主任。

1970年1月,张九元任县革命委员会主任。1970年2月,成立郸城县革命委员会党的核心小组,张九元任组长。

第二节　经济建设

一、农田水利基本建设

1957年冬至1958年春,郸城同全国一样开展了大规模的农田水利基本建设。1957年1月上旬,县委召开了由1 859人参加的水利工作会议,贯彻县委《关于大规模兴修农田水利基本建设的意见》。会后全县掀起了打井、挖塘、挖河等农田基本建设高潮。11月17日,李贯河治理工程开始施工,历时25天竣工。1958年3月9日,油河、东洺河治理工程开工,5月15日竣工。3月17日,境内的第一座桥闸——丁村侯桥拦河节制闸开工,当年12月竣工。

1957年冬天,全县日出劳动力10万余人,苦干三个冬春,将境内12条骨干河道全部治理了一遍,并开挖、整修大小河渠682条,建桥涵控制工程51处,打井6.5万眼,挖塘4 500个,改造低洼易涝地30万亩。为了解决县域内旱涝灾害频繁发生的实际问题,1965年4月,郸城出动民工6万人,对郸城与安徽边界10条对口河沟和有关桥梁等配套工程进行治理,历时两个月,完成600万立方米土方;10月,省和地区水利部门为郸城调配大锅锥20套,每个公社都成立了打井专业队,掀起了打井高潮。次年冬天,全县打井121眼,清淤修复旧井174眼。1965年冬,郸城再次组织民工2.2万人对晋沟河和黄泛冲进行疏浚治理,2个月完成151万立方米土方。是年7月,在69万亩农田被淹的情况下,迅速排除积水41万亩,补种晚秋作物37万亩,保证了秋收秋种。1965年全县粮食总产量达3.54亿斤。

二、技术应用与革新

1959年郸城对井泉建设技术进行革新。针对当时"抢盘井""崴盘井"打井技术劳动强度大、施工不安全又不能打深水井的缺点,水利局派人到外地学习"火箭锥"打井法和工具使用及烧弯砖技术。不久改为"猴爬竿"打井法,效率大大提高。1960年春,汲冢公社打井师曹金山等在"火箭锥""猴爬竿"的基础上创造了"六O"打井法,改高架打井为低架打井,功率再次提高。是年2月,中共商丘地委在郸城召开现场会,并向全区推广"郸城打井法"。至1960年年底,全县砖井保有量为14 100眼,水车发展到8 600部。有效灌溉面积由1958年的8.39万亩增加到17.31万亩。

"耕地不用牛"成为现实,1959年用两台罗马产"UTOS-2"36马力轮式拖拉机进行耕地。1963年用三台伏特慈-45型拖拉机进行耕种运输作业。为抗灾和恢复灾后农业生产发挥了重要作用。

三、决战自然灾害

1963年夏,一场百年不遇的特大洪涝灾害侵袭郸城,给郸城经济和郸城人民造成极大损失。面对特大的自然灾害,广大干部群众在中国共产党郸城县委领导下,以顽强拼搏的革命精神和顽强不屈的战斗意志,向洪涝灾害展开了搏斗。经过护堤堵口、泄洪排涝、抢救人畜等一系列的艰苦奋战,保证了全县人民生命财产的安全,取得了抗洪抢险斗争的伟大胜利。

1963年8月上旬,郸城境内连降大雨和暴雨,雨量集中,一般地区雨量500毫米,多的达到600毫米以上,加上客水入侵,河沟漫溢,黑河、新蔡河两岸险情更为严重。全县85%以上秋田积水1尺深,不少村庄被水包围,倒塌房屋5.47万间,伤200余人,死19人,死伤牲畜41头,成灾面积达113.3万亩,占秋农作物的82.4%,大部分田地基本绝收。

灾后,为了安排灾区人民生活,县委县政府组织大批人力物力,进行生产救灾。9月至11月间,供应灾民统销粮1 125万斤,发放救济款198万元;对穷队无偿扶持款30万元,贷款83万元,社员口粮款25万元,副业生产贷款10万元,无息贷款23万元;县税务局减免灾区工商税52万元。还发放救济布84万尺,棉絮8万斤,医疗补助费12.2万元。

灾后,境内发生了钩端螺旋体患者 2 062 例,广东省医疗队 30 人,洛阳医疗队 40 人,来到郸城县帮助防病治病,直到 1964 年 3 月结束。

战胜特大洪水灾害后,县委积极组织群众开展生产自救,进行堵口截流、大排积水、种好小麦。提出农业丢、副业补;秋季丢,麦季补;粮食丢,蔬菜补的口号。10 月 18 日,省委地委还派救灾工作组到钱店区的孙堂、王楼、大冯庄、巴集、齐庄帮助生产救灾。

1964 年 1 月 9～31 日,由县委主要领导挂帅,建立生产救灾委员会,召开专题会议,研究、部署生产救灾工作。会议决定派出副县长寿新荣、政策研究室主任何书文、组织部长马怀璞带领商业、供销社部门干部 40 多人,分赴华北、东北、湖南、湖北、甘肃和南阳等地采购代食品。由县委第二书记董庆发负责,抽调水利干部 50 多人,采取以工代振办法,组织农民 2 万多人,大搞水利建设,拆除阻水工程。

3 月 11～17 日,县委召开由 2 168 人参加的四级干部会议,部署春耕生产,分配救灾物资,帮助群众度过春荒。

第三节 国民经济的调整与社会事业的发展

一、工业体制的调整与工业的发展

"大跃进"时期,由于大办工业造成管理体制不顺、盲目过渡等问题,为此郸城县委对工业体制进行调整。①原有的县营以上全民所有制企业维持原管理体制不变;②县以下各级组织在大跃进中兴办的一些企业按生产规模和效益划为县营或社营企业;③原手工业合作社经营工厂基本上由县手工业联社直接领导管理;④把设备复杂、人员较多的企业转为地方国营企业,由县委工业部和人民委员会有关部门直接管理;⑤属于商业性质的副食、粮食加工、缝纫及服务行业,由商业局和粮食局分别管理;⑥较小的和原合作社经营的商业性企业,由所在地人民公社领导管理;⑦已经下放至公社,但产品服务范围较广、规模较大且公社管理有困难的企业,由县手工业联社直接领导和管理,为县手工业联社企业。至 1959 年年底,通过调整工业总

产值完成 473.5 万元,地方财政收入完成 812.6 万元,比 1958 年的 225.3 万元 662.2 万元分别增长 110.2% 和 22.7%。

1961 年 8 月,郸城县委认真贯彻执行《工业七十条》精神,压缩生产建设规模和停建、缓建一批基本建设项目,重点整顿工业企业的生产秩序。县委要求各工业企业按"五定""五保"的要求,建立健全严格的生产责任制,加强管理,对企业实行必要的关、停、并、转。郸城关闭了农机修配站、伞厂、造纸厂、肥皂厂、玻璃厂、酿酒厂等 8 个企业。合并鞋业社、皮革社为皮革社;合并针织社、刻字社、缝纫社为缝纫社;对于转为全民企业的集体企业,除电厂外,全部转为集体企业。1963 年全县国营工业产值下降 56.4 万元,占全县工业总产值的 61.7%;全县工业总产值 91.4 万元,比 1960 年下降 61.7%。

随着《工业七十条》的深入贯彻,郸城县的工业企业逐步走向正轨,生产稳定增长,1964 年全县工业总产值达到 160.8 万元,比 1963 年的 91.6 万元增加了 75.9%。

1964 年,县委认真总结经验,积极组织力量面向全国进行市场调查,决定因地制宜发展轻工业。一是重点发展县域传统工业。1964 年买进潍坊产 180 柴油机和 100 千瓦发电机各 1 台及其配套设备,除了供应县城各机关、企事业单位照明外,并为第一、二综合面粉厂、土化肥厂、木工机械厂中可使用电力生产的部分工序供电,大大提高了工厂效益。二是大力发展传统优势生产企业。1965 年,先后购进简易制砖机、动力柴油机,使部分工序改为机器生产,增加了功效。同时着力发展农机具制造厂、木器厂、服装厂和皮革厂等企业,服务农业生产。

二、农业体制的调整与农业的发展

《农业六十条》颁布以后,郸城县委积极组织广大干部群众认真学习、广泛宣传、逐条落实。县委紧紧抓住群众比较关心的自留地、家庭副业、按劳分配、农村集市贸易、自由经营等热点问题,给农民吃定心丸。普遍推广"三包一奖"制度,实行"粮食三定"和"按劳分配",取消公共食堂和农村供给制,恢复正常的集市贸易,推广"分槽喂养、养用合一"的方法。对农村和农业政策进行了一系列切实有效

的调整。郸城县除 1963 年遭遇特大自然灾害外,农业生产连年呈现持续发展的良好局面。郸城粮食总产量 1961 年达到 1.5816 亿斤、1962 年达到 2.1613 亿斤、1963 年达到 11.5721 亿斤、1964 年达到 3.0692 亿斤;农业总产值连年增加(1963 年除外),1962 年、1963 年、1964 年、1965 年农业总产值分别达到 3 325 万元、2 380 万元、3 825 万元、4 138 万元,平均年增长率为 5.6%。在农业种植上,积极推广、更新优良品种,合理施肥,不断改进种植技术,使粮食产量不断提高。1965 年主要粮食作物亩产比 1962 年增长 66%。

同时调整粮食种植比例,使蔬菜种植达 30 多种,经济作物种植面积达 10.433 万亩,林业种植面积是 1962 年的 3.7 倍,造林面积也有大幅度增长,生猪、大牲畜的存栏的总数分别比 1962 年增长 26.3% 和 8.8%。1965 年和 1962 年相比,工农业生产总值增长 22.4%,地方财政收入增长 13.6%。(数据来源于《中国共产党郸城历史》第一卷)

三、教育体制的调整与教育事业的发展

自 1961 年起,郸城县委要求各区人民公社对全县范围内各级各类学校进行调整。①加强幼儿教育,动员 3~6 岁儿童入园,配齐教育员、保育员。②普及小学六年制教育,尽可能使儿童就近入学。③公社办的农业中学以培养农业技术员为目标,坚持学习与生产劳动相结合。④民办初级小学教师工资从管理区和公社公益项目下支出,按月发放。

经过调整,全县保留幼儿园 263 所,保留完小 111 所,保留初中 7 所,郸城一中实行高、初中分设。总计在幼儿园约 2 万人、在校小学生 4 万多名、初中生 1 682 名、高中生 476 名。1962 年,除个别在区外,农村初小全部转为公办。全县保留公办完小、初小 88 所,高中 1 所,初中 7 所,在校小学生 2.39 万名、初中生 2 005 名、高中生 496 名。1964 年农村开始办半耕半读小学,半耕半读小学千余所,在校学生达 3 万余名。至 1965 年全县有公办完小、初小 95 所,高中 1 所,初中 7 所,在校小学生 3.2 万名、初中生 2 282 名、高中生 288 名。调整使幼儿教育、小学教育、中学教育都有不同程度的发展,教育质量明显提高。在成人教育方面,根据中央提出的"积极努力、实事求是、巩固提

高、适当发展"的指示对扫盲工作进行整顿,重新组织扫盲班 152 个,参加学员 2 036 名。在函授教育方面,1964—1965 年郸城县先后毕业本科毕业生 39 人,专科毕业生 142 人。

四、文化体制的调整与文化事业发展

郸城文化源远流长,异彩纷呈,全县戏曲团体十分活跃。特别是县坠剧团,经常下乡演出,演员白天参加劳动,为烈士军属、五保户做好事,晚上登台演出,被老百姓亲切地称为"老八路剧团"。早在 1959 年 9 月,中国戏曲家协会主席田汉来信对坠剧团的做法给予表扬和鼓励。1962 年 5 月,中共中南局第一书记陶铸在中南工作会议上提名表扬了郸城县坠剧团,号召文艺工作者向他们学习。1963 年 3 月,《河南日报》以《记"老八路"作风的郸城县坠剧团》为题,报告了他们的先进事迹。1964 年,原离开文艺战线的文艺工作者和专业艺人陆续回到原单位工作,业余艺人也纷纷走向街头。是年,县文化馆仿"苏"式小楼建成并投入使用,内设有图书室、阅览室、文物保管室等;文艺创作成绩显著,王挺英创作的戏剧《智取长胡子》赴商丘专区参加汇演,获得创作奖和演出奖;此时民间文艺团体十分活跃,据统计全县有狮子舞队 2 个、肘歌 2 班、高跷队 7 班、旱船 2 班、竹马 3 班、龙灯 1 班、唢呐 11 班、鬼会班、杂技班、花辊、花鼓、古筝演奏、烟火晚会应运而生,说唱艺人达百余人。到 1965 年年底,郸城县已有电影放映队 2 个,专业、业余戏曲团体 9 个,文化馆 2 个,公共图书馆 1 个,影剧院 2 个,曲艺厅 2 座。1959 年 9 月 15 日,郸城人民广播电台正式开播,1961 年 4 月始,除转播中央人民广播电台和河南人民广播电台新闻节目和联播节目外,自办有地方新闻、专题文艺、服务性节目等。1963—1965 年间,郸城业余作家在地区以上的报纸杂志上分别发表各种不同类型的文学作品 60 多篇。

五、卫生、体育事业发展

1. 卫生方面

1965 年,全县的防疫、医疗单位增至 24 个,公社卫生院增至 16 个,联合诊所发展 108 个,条件好的村庄还建立卫生保健站。1965 年

年底,全县医疗卫生系统职工人数达 521 人,病床增至 218 张。

2. 体育方面

1960—1965 年,郸城县多次举办全民运动会,参加运动会的运动员年年有增。期间,郸城运动员在参加地区级以上的运动会中 28 次获得冠、亚军。

六、调整城乡体制全力发展农业生产

为了减轻城市非生产性事业和非农业人口的压力,顺利度过三年自然灾害。1960 年 10 月始,郸城县委对县级党政机关进行了精简,县委机关由原来的 15 个部门精简为 8 个部门。县人委机关由原来的 28 个部门精简为 22 个部门。随后对急剧增长的超过实际承受能力的企事业单位的干部职工及城镇人口的家属进行了压缩和清退,1961 年 4 月始,县委根据省委 2 月 25 日《关于迅速压缩劳动力、加强农业生产的紧急措施》的要求,有计划、有步骤地对教育、文化、卫生等各条战线进行了压缩和整顿,精简学校、医疗机构和文化团体的数量,减少在校学生人数和教育文化、卫生系统的职工。1961—1963 年,郸城共精简机关干部、企事业人员和压缩城市人口 9 700 多人。让 90% 以上的精简压缩人员回乡支援农业生产,组建机械动力、水泵、供电、交通等修理场所,解决农民农村机械设备的修理问题。同时吸收各公社的手工业农具社,组成修配网,按季节月份修配各种农具。有的企业把大批的农机配件、农药、小农具、电器设备等产品送往农村,以实际行动支援农业建设,全力发展农业生产。

第七章 工农业生产的恢复及缓慢发展

1966—1976年郸城在社会环境复杂的情况下,坚持大力发展农田基本建设,利用地方资源优势发展基础工业,保障农业生产和人民群众生活。广大干部群众在县委的领导下,自力更生、艰苦奋斗,在曲折和艰辛中缓慢前行。

第一节 组织建设

一、成立郸城县抓革命促生产第一线指挥部

1967年4月16日,以县人民武装部(简称"县人武部")为主的县抓革命促生产第一线指挥部(简称"一线指挥部")成立。县一线指挥部由7人组成,潘成焕(县人武部部长)任指挥长,何玉成(县人武部副部长)、岳春旺(县委宣传部长)任政委,王敬友(县长)、何书文(县委农工部长)任副指挥长,马怀璞(县委副书记)任副政委,另有一名群众代表参与。下设指挥部、政治、生产、文卫、财贸、工交6个办公室。县一线指挥部行使原人委的部分职权,负责抓革命促生产工作。

二、成立郸城县革命委员会

经河南省革命委员会批准,郸城县革命委员会于1968年3月31日宣布成立。县革命委员会委员51人,实行"解放军代表、革命领导干部和群众代表"三结合,其中常务会委员16人。潘步高任革命委

员会主任,李作祥(军)、董庆发、潘成焕(军)、曹东云(红卫兵代表)任革命委员会副主任。即日县革命委员会发出 1 号通告,宣布原县委、原人委的党、政、财、文一切权利归县革命委员会。原一线指挥部和所属机构全部撤销。4 月 21 日,县革命委员会决定设立八组一室,即纪检组、宣传组、文教组、群团组、农林水组、财贸组、工交组、内务组和办公室。

郸城县革命委员会成立后,各公社(镇)也于 1968 年 2 月至 5 月间先后建立了革命委员会,各大队也都成立了临时权力机构革命领导小组。

1970 年 2 月 20 日,郸城县革命委员会成立党的核心领导小组,张九元任郸城县革命委员会党的核心领导小组组长、郸城县革命委员会主任。

三、恢复各级党组织

1970 年 11 月 18 日,县革命委员会党的核心领导小组制定《关于建立社(镇)党委会的方案》,作为农村基层党建的行动指南。自 1971 年 1 月 7 日开始,全县各公社镇分期分批召开党员代表大会,成立新的党委。至 1971 年年底,全县共建立基层党支部 433 个,基层党委 16 个,党员总数发展到 12 125 名。

四、中共郸城县第三次代表大会

根据《中共中央召开地方各级党员代表大会的通知》和中共河南省革委会核心小组的安排,1971 年 1 月 19 日,中共郸城县第三次代表大会正式召开。出席大会的代表 710 人,是按照"老、中、青"和"军、干、群"两个"三结合"的原则选出的,代表着全县 12 125 名党员。大会学习、讨论了毛主席在九大期间的重要讲话、党的九届二中全会公报,听取和审议了县革命委员会党的核心领导小组组长张九元代表县革命委员会党的核心领导小组所做的工作报告。

大会选举产生了由军队和地方领导共同组成的中共郸城县第三届委员会和出席省党代会的代表。选出中共郸城县第三届委员会委员 30 名,选举牛翠莲(女、农民)、李作祥(军)、吕哲民、张九元、杨忠

欣(军)、周廷廉、彭守申、高云峰(军)、魏振瑞(军)9人为县委常委,李作祥为县委书记,张九元为县委副书记。

1972年9月,张九元任县委书记,白华增补为县委副书记。

1975年2月18日,彭守申任县委第一书记、县革委会主任。

1976年12月10日至27日,县委第一书记、县革委会主任彭守申出席全国第二次农业学大寨会议,郸城县被评为学大寨先进县。

1980年9月20日,张本领任县委书记。

第二节　教育情况

一、招生制度改革

1968年7月21日,县革命委员会成立中小学招生委员会,潘步高任主任委员。当日,县革命委员会决定招生办法,由原来的"统一考试,择优录取"改为"推荐与选拔相结合"。

二、农村教学体制改革

1968年初,郸城县将全日制普通中学半耕半读学校、将县城内的高中和初中全部砍掉,县城内校址分别被党校和食品加工厂占用,将中学改为社办或大队办。1968年年底全县公办高中15所,在校生1 486人;初中338所,在校学生12 611人。1972年10月,对全县中学进行调整,高中由15所增至16所,初中由338所增至346所。1975年,中学教育有了新的发展,高中增至17所,在校学生增至11 680人;初中由346所减至68所,在校学生增至22 730人。1976年,全县高中增至20所,在校学生增至13 741人,达历史最高水平;初中增至368所,在校学生增至37 786人。

三、教材和教育体制改革

1968年,郸城试行教材和教育体制的改革,停止使用全国统编教材,各校自行选择或编写教材。1968年11月1日,《人民日报》发表了吴台革委会的署名文章《贫下中农自编教材好的很》,周楼大队批

判旧教材,编写新教材教育改革活动在全县迅速铺开,逐步形成"周楼教育革命经验"在全区推广,进一步影响全省、全国。1972 年后,一度使用省编教材,县完全中学、新生中学试用自编教材。

第三节 社会经济和事业在逆境中发展

中共郸城县第三次代表大会,恢复了郸城县委,社会经济局势逐步趋于稳定。全县广大党员、干部群众,在极其困难的情况下,以大局为重,坚守岗位,坚持生产,顽强不懈,尽力维护国民经济的正常运行,社会各项事业在逆境中都得到一定的发展。

一、工农业的发展

1966 年,各项主要经济指标均呈现出好的势头。当年工农业总产值为 3 882 万元,比 1965 年 4 138 万元下降 6%,而工业总产值 1966 年达到 273 万元,比 1965 年 126 万元增长了 88%。1967—1968 年全县工农业生产总值连续两年上升。

1967 年 4 月后,县委积极组织人力物力,大面积推广"内乡五号""丰产三号""北京八号"等小麦优良品种,实播 3 万亩。从此,郸城优良品种的实播面积逐年增加,农业科学技术日趋普及。1968 年的粮食总产分别比 1966—1967 年增长 39%、54%。1971—1973 年,中共郸城县委,认真贯彻执行周恩来主持中央工作的一系列方针政策,积极推广优良品种和种植技术,进行大规模的农具改革和农田水利基本建设。使郸城的农业生产总值从 1971—1975 年连续上升。即使在自然灾害发生后,也能以最快的速度、最短的时间,开展生产自救、恢复生产、重建家园。

1968 年 4 月,县酒厂建成投产,1969—1976 年两次扩建,1984 年更名为周口地区啤酒厂。

1968 年后郸城县在工业方面加大了投资力度,1971—1975 年,河南省的财政管理实行"定收定交""收支包干","保证上交""结余留用"的办法后,全县的机动财力增加,为扩大工业生产创造了条件。1969—1975 年,全县先后办起了缫丝厂、第二电厂、化肥厂、内衣厂、

酿酒厂、药厂、液糖厂、卷烟厂等一批地方国营工业企业。

二、科学技术的发展

1965 年,恢复县科学技术委员会。1972 年 4 月,县科委改为科技组,各公社和重点大队相继建立了科研组织,利用广播、电影、幻灯、板报、图片等形式,组织 400 名农业技术骨干,经常到各公社巡回授课,采取现场参观、成果展览、印发资料等形式,交流经验、传播科学知识。一年内,共印发资料 65 万册,农民直接受教育人数达 7 万多人次。1972 年,全县各级各种科技组织相继建立健全。据统计,是年,全县 16 个公社都建有农技站、种子站,80% 的大队有科研站,60% 的生产队有科研小组,全县四级农科网基本形成。全县共有试验基地11 万亩,参加科研实验的 3 万多人,开发科研项目 200 多个,并有多个项目在郸城和外地推广、应用,如粮食局科研技术人员吴金玉、薛召杰等在 1975 年初研制成功粮食遥控自动三测仪(自动测试粮仓内的粮食温度、水分和虫害情况)。1976 年 6 月,把新制作的 18 台三测仪中的 17 台安装在全县 17 个粮库试用,全部获得成功。粮食遥控自动三测仪在全区乃至全省得到推广和应用。

三、对外贸易事业的发展

1967 年,郸城一度放松出口的商品生产,致使货源少,收购量下降。1967 年,收购出口商品总值 21.45 万元,1968 年收购出口商品总值为 30.02 万元,分别比 1966 年下降 113% 和 52%。

1969—1976 年,郸城的对外贸易有了新的突破,注重开拓货源、向新的商品进军,根据国际市场的需求,因地制宜大抓种植业,发展桑蚕业。郸城历史上有养蚕的习惯,只是零星分散、发展缓慢,1969年,县革命委员会鼓励农民发展多种经营。家庭养蚕业、集体养蚕业生产逐步恢复并快速发展。1971 年,县成立了桑蚕办公室,由外贸公司、农业局、县供销合作社协作管理蚕业,帮助建立集体桑园,使集体养蚕业得以迅速发展。1972 年,全县共收购蚕茧 2 000 市担。同年,郸城引进湖桑新品种,改春季嫁接为冬季嫁接,试验成功。自此,郸城的蚕业稳步发展,逐渐成为郸城新的明星产业。1973 年,桑蚕茧的收购量有 1968 年的 34 市担猛增到 3 036 市担,五年内增长近 90 倍。1973 年后,郸城的白长丝、液糖、结晶硅先后进入国际市场,增加了创汇能力。

1974 年 5 月 8～13 日,天津口岸协作区,在郸城召开五省(陕西、山西、河北、新疆、河南)、两市(北京、天津)植桑养蚕、蚕丝生产经验交流会。中国纺织品进出口公司、外贸商品检验总局、江苏蚕业研究所也派代表参加了会议。与会代表参观了县缫丝厂和白马、张完集、钱店 3 个公社的湖桑种植基地,一时引起轰动。是年,郸城的蚕茧产量突破 3 000 市担,出口白长丝超过 64 吨。

四、交通事业的发展

1967 年始,郸城的交通事业有了较大的发展,交通建设有了新突破,实现三个第一。1968 年 6 月,郸城第一次在县城内原自南汽车站北至外贸公司、东自电业局西至县招待所、东自商沈路西至服务大楼的三条街道上铺设宽 8 米、总长 3 000 米渣油沥青路面,1969 年初竣工。1969 年初,开始动土兴建的郸城境内第一条地方铁路,通过修建桥涵、铺设铁路、架设通信设备、建筑场站设施等,历时 9 个月竣工(在郸城境内铁路总长为 14.7 千米,小桥涵 25 座,设汲冢、闫楼、郸城三个车站、郸城为终点站),于 10 月 1 日通车。1972 年 12 月,自南向北贯穿郸城的第一条油路——商(丘)临(泉)公路建成通车。在设备落后、条件艰苦、基本上都是人工操作的情况下,仅用 270 天的时间,完成了路基宽 8.5 米、路面底层宽 6.5 米、沥青路面宽 6 米、总长 37 千米的道路建设工程。1975 年郸城境内的另一条贯穿东西,总长 58.7 千米的省级干线公路——漯(河)双(沟)公路表面铺设沥青的工程也顺利完成。从此,郸城境内形成了南北、东西走向的"十字"大动脉。1976 年 5 月 29 日,河南省交通厅在郸城召开全省公路机械化养护现场经验交流会,国家交通部副部长潘琪、省交通厅负责人以及全省各区县公路交通部门的负责人参加了会议,观看了郸城大道班机械化养护一条龙现场表演。截至是年的 10 月,全县共铺设路 7 条,总长 104 千米,20 个公社中有 17 个公社通了油路。同时,桥梁建设进展更大,1967—1975 年,建 22 座载重量 10 吨以上、总长 489 米公

路桥。1975年郸城客运站有始发车7辆、途径班车11辆,全县有9个公社、140个大队通了客车,除在省、区间运营外,新增了郸城至安徽界首、太和路线,全年客运量达17.25万人次,是1965年的8倍多。

五、城建事业的发展

1965年以前,郸城县内只有2幢建筑面积500平方米以上的楼房。1966—1975年建筑面积500平方米以上的楼房增加了8幢。以前县城内没有排水设施,1972年建下水道1 070米,1975年又把下水道延伸至1 570米。

为了美化环境净化空气,1974年始在主要街道两旁栽种法桐,由于水土气候不适,成活率低,后来改栽国槐。

六、文化事业的发展

1969年2月3日,县革命委员会出台了《关于迅速普及农村有线广播网的意见》。到4月20日,16个公社的广播放大站全部建成,新架广播线路650千米,增设喇叭12 000个,队队通广播。1969年10月,第一套调频载波设备交付使用,电话广播两不误。1975年全县电影放映队发展到22个,工作人员达80人。

七、林业生产的发展

1967年,钱店公社在杨寨、孙堂、胡楼等大队搞农田林网试点,在规划的36条路上栽上四行大官杨。1970年该公社在48块方田路上栽上9 200多棵大官杨,全社总植树72万株。是年,钱店公社被省列为农业林网化先进典型。汲水乡也进行了方田和路林规划,栽植的90%为大官杨,其余为桐树和榆树。1970年秋,县革命委员会在钱店和汲水召开植树造林现场会。1972年5月,河南省在召开林业会议时,组织300多名代表到钱店参观学习。在不到2年的时间里,全县160多万亩的耕地被划为7 419个方田,绝大部分方田地的路旁都栽上了树木。1974年始,实行农桐间作,当年完成90万亩、630万株。1976年6月15日,四川省峨眉电影制品厂来郸城拍摄反映周口地区公路绿化新貌的纪录片——《千里路廊一线天》,把钱店、汲水的植树

造林作为周口林业生产的亮点进行了报道和宣传。

八、教育事业的发展

　　1970 年停办的各类农业学校再度兴起。1975 年全县共办农高、"五七"农校、机电学校 13 所,1971—1975 年的五年间累计培训各类技术人才 2 666 人,为农村的发展提供了较好的服务。1971 年,汲水公社因开展"勤工俭学"活动而免收学生的书籍费、学杂费,并购买图书、体育器材、改变学校面貌的做法受到国家教育部门的充分肯定,并以题为《一个勤俭办学的公社》的书面材料在全国教育工作会议上印发。1972 年 5 月,郸城小学开始使用省编教材,教学趋向正规。1974 年 4 月郸城县几位教师提出改革教材的建议,在省地教育部门的协调下,郸城教育部门抽调部分教师编写"实用教材"。5 月 7 日全国教育革命工作会议在大寨召开,郸城县周楼大队支部书记王西富代表郸城参加了会议,做了题为《周楼教育革命十件事》的发言,受到《人民日报》记者的采访和时任教育部长周鑫荣的表扬。1975 年 9 月在城关公社开办的新生中学进行试验。郸城县周楼大队教育革命成就突出,教育革命十件事在全国很有影响。

第八章 改革开放和社会主义现代化建设时期 三大产业发展建设

党的十一届三中全会后,党的工作重心转移到以经济建设为中心。县委全面落实党的十一届三中全会精神,全面清查和纠正"左"倾路线的影响,认真落实干部和知识分子政策,不断加强党的组织建设,调动一切积极因素,杜绝一切不良倾向。以中央加强农村农业工作精神为指导,稳妥推行家庭联产承包责任制,实行"按劳分配,多劳多得",全县农业生产获得历史上最好的丰收,全县人民生活比以往任何时候都好。郸城的工业生产全面贯彻中央"调整、改革、整顿、提高"的方针,出现了前所未有的好势头。1987 年以后,郸城县委、县政府不断调整工作思路和工作重点,千方百计地统筹和利用各种资金,不断强化农业基础设施建设,不断加大对农业和第二、三产业的投入,积极创造和改变生产条件,想法设方增加国有工业、企业固定资产的投资,以农促工,使郸城的工业、企业由少到多、由弱到强、由小到大,三大产业得到较快的发展。特别是农业服务化和产业化的发展尤为突出,成为全国粮食生产先进县、小麦和玉米种植大县。同时,县委、县政府高度重视城市基础设施的建设,实现了旧城区改造和新城区建设的同步发展,推动了西城服务居住区和东城集聚工业区的同步扩容。

第一节　社会经济的全面恢复和发展

一、工农业生产

1977年6月12～22日,中共郸城县展开了"工业学大庆"工作会议。会议提出,力争1979年最迟1980年全县基本普及"大庆式"企业,要在1978—1979两年内赶上并超过全国同行业的先进水平。县委面对工业几乎空白的落后现状,十分焦急,扩建了电厂、化肥厂、磷肥厂,计划新建搪瓷厂、造纸厂、水泥厂。县缫丝厂通过实行"三定一奖",生产指标不断刷新,生产效益不断提高,1979年完成产值273万元,利润达10.87万元。

1976年12月10～27日,第二次全国"农业学大寨"会议在北京举行。郸城县委第一书记、县革命委员会主任彭守申代表郸城县委做了题为《真心实意学大寨,风吹浪打志不移》的典型发言。郸城县被评为"全国学大寨先进县"。1977年1月9～16日,郸城县召开规模宏大的传达贯彻第二次全国"农业学大寨"会议精神大会。2月,县委抽调500余人组成工作队下乡蹲点,意在进一步把郸城的农业学大寨运动推向新高潮,决心把郸城建成高标准的大寨县。1978年5月7日至22日,省、地组织检查验收组对郸城县农业学大寨情况进行验收。经验收,全县基本达到六条标准的大寨式公社3个,学大寨先进公社12个,达到或接近省制定的六条标准的大队86个。为了建成大寨县,全县每年投入大搞农田基本建设的劳动力在3万人以上,最多的年份可达6万多人,占全县劳动力的60%以上,组织千军万马,开展车拉、人挑、肩扛的"万人大会战"建设三田(样板田、梯田、高产田),改造现有土地和扩大耕地面积。至1978年,全县5.5万亩淮草地、4.24万亩盐碱地、44万亩低洼地、38万亩易涝地全部得到治理,扩大灌溉面积11万亩。到1978年年底,郸城境内所有的沟、河、废地都得到了治理,有效灌溉面积达到93万多亩,占全县总耕地面积的60%以上;全县共有砖井10 565眼、机井9 843眼,其中机械配套8 129眼、装机66 330马力,电配套2 903眼、装机1 154千瓦。郸城县

每年整地打畦面积高达 80 万亩以上。1978 年年底全县农田机耕面积达 68 万亩,占总耕地面积的 69%。1977 年全县财政收入达 1 144 万元,首次突破千万元大关。1978 年全县粮食总产达 6.32602 亿斤,农业总产值为 1.0846 亿斤。

二、社会事业

1.教育事业稳健有序发展

1977 年 1 月,县教育局从县文教局析出,下设教育、人秘、工农教育股和教育教研室。1977 年夏,县委召开教育工作座谈会,着手整顿教育教学秩序,力求把教育质量搞上去。郸城县在教育上进行了四个方面的整顿,即学校领导班子的整顿、校纪校风校容整顿、教师队伍整顿和学校工作秩序整顿。1977 年 11 月,全国恢复了高校统一招生考试制度。1978 年郸城县各教育部门和学校采取以老教师带新教师、示范教学、观摩教学、业余培训、离职轮训等形式,狠抓师资力量的培训和教师队伍建设工作。为适应 1978 年全国通用教材和统一教学计划的需要,还对全县初一、小一的骨干教师进行了专门系统的培训。恢复了党支部领导下校长负责制。在加强学校领导班子建设、落实知识分子政策、平反冤假错案、解决教师两地分居和住房困难等方面做了大量的、卓有成效的实际工作,有效地优化了教育制度,有力地促进了全县教育事业的发展。

2.文艺创作重现新机

1978 年文化工作列入了党委政府工作的重要议事日程,县委明确一名副书记、县革委明确一名副主任共同负责文化工作。是年,恢复建立了县图书馆、文化馆,全县 20 个公社也先后成立了文化站,办公经费由县财政局统一解决。每年召开 3~4 次文艺座谈会,文艺创作活动重现生机。《逼上梁山》《卷席筒》《十五贯》《穆桂英挂帅》《追鱼》《春草闯堂》《蝶恋花》《小二黑结婚》《朝阳沟》《李双双》《焦裕禄》等优秀传统戏和现代剧重新上演,《创业》《园丁之歌》等影片解禁。各专业剧团活跃在县城和广大农村,1978 年县坠剧团恢复,他们演出的《大红袍》《回龙传》等剧目深受人民群众的欢迎。

3. 中医的振兴和发展

1977 年,县委尤其重视中医的振兴和发展,并取得了显著效果和成绩。1977 年 7 月 1 日,全国采、种、制、用中草药经验交流会在郸城召开,各省、市、自治区、药材公司、检验所及部分县市的"赤脚医生"代表 268 人参加会议。卫生部党的核心组成员杨纯和商业部医药局的蔓焰主持,中共河南省委宣传部长张学清出席会议。与会同志参观了郸城县 3 个公社的卫生院和 20 个大队合作医疗站采、种、制、用中草药方面的情况。

4. 体育设施得以完善

"文化大革命"中停办的少年业余体校得以恢复,体育场地和体育设施得到一定程度的改善,全县中小学体育运动广泛开展。1977 年 5 月,县财政投资 12 万元改建县体育广场,场地 8 000 平方米,周围有 6 级看台,场内设有 200 米环形跑道和两个灯光球场。

第二节　中共郸城县代表大会

自 1992 年起,在每年发展的新党员中,一线工作的党员、女党员、35 岁以下的青年党员和大专文化程度以上的党员比例都有不同程度的增加。党员发展严格按照"坚持标准,保证质量、改善结构、慎重发展"的十六字方针,力争在改善结构上把好关,重点发展农村党员、一线党员和知识分子党员,到 2000 年全县党员人数达到 28 681 名,其中女党员 2 746 名,少数民族党员 14 名,25 岁以下党员 1 850 名,26～35 岁的有 5 796 名,36～45 岁的有 7 589 名,46～55 岁的 6 445 名,56～60 岁的 2 918 名,61 岁以上的 4 083 名。当年发展党员 535 名,其中大专以上学历发展 84 名,中专学历 110 名,高中学历 199 名,初中学历 132 名。他们在各自的工作岗位上都发挥了先锋模范带头作用。

一、中共郸城县第四次代表大会

1981 年 7 月 10～13 日,中国共产党郸城县第四次代表大会在县城召开,出席代表 402 人,代表全县近 1.69 万名党员。与会代表听取并审议了张本领书记代表县委所做的工作报告,选举产生了中国共产党第四届委员会、党的纪律委员会和出席省党代会代表。

县委工作报告还对工会、共青团、妇联等群团组织提出了具体要求;对全体党员发出了"同心同德,排除万难,为加快郸城县社会主义现代化建设步伐而努力奋斗"的口号。

大会选举产生中国共产党郸城县第四届委员会委员 25 名,候补委员 6 名;选举张本领、李文领、丁相成、田书申、王振洲、孙得莹、朱有德、张德宏、张纯敬、王连文、杨永德 11 人为常委;选举张本领为县委书记,李文领、田书申、王振洲、丁相成为县委副书记;选举中共郸城县委纪律检查委员会委员 9 人,朱有德任纪检书记,郑锡荣、夏焕章任副书记;选举出席省党代会代表 5 人。

中国共产党郸城县第四次代表大会,是一次实事求是、联系实际、正视现实、查摆问题的务实大会,是一次解放思想、深化改革、明确目标、坚定信心的誓师大会,在中共郸城发展史上有着重要的现实意义和深远的历史意义。

1983 年 9 月,县委副书记李文领主持县委工作。

二、中共郸城县第五次代表大会

1985 年 5 月 9~11 日,中共郸城县第五次代表大会在县城召开,出席大会的正式代表 364 名(应到正式代表 406 名)、列席代表 53 名,代表了全县 18 826 名党员。大会实事求是地总结、回顾了中共郸城县第四次代表大会以来四年的工作;根据党的十二届三中全会精神,明确提出了今后一个时期郸城县两大文明建设的奋斗目标和近期的主要任务,提出了实现目标、任务的指导思想和措施,为"七五"计划的制定指明了方向。会议选举产生了中共郸城县第五届委员会和中共郸城县纪律检查委员会。

大会听取并讨论了轩家新代表中共郸城第四届委员会所做的题为《和衷共济,开拓前进,为振兴郸城经济而奋斗》的报告和朱有德代表中共郸城县纪律检查委员会所作的工作报告。

大会选出新一届县委委员 35 名,候补委员 4 名,县纪委委员 14 名。在五届一次全体委员会议上选举产生了县委第五届常务委员

会,轩家新当选为县委书记,鲁培群、张述会、曹万杰为副书记,张述会兼任县纪检委书记,李玉良、吴天才为纪检副委书记。

三、中共郸城县第六次代表大会

1990年4月8~9日,中共郸城县第六次代表大会在县委礼堂举行,应到代表310名,实到代表298名。会议选举王克非、王殿珍、白明宽、纪振坤、孙乃良、张长安、张宁萍、杨钦臣、周钦同、郭志领、夏国政、魏少林同志为中共郸城县委第六届委员会常务委员会委员;郭志岭当选为县委书记,白明宽、夏国政、杨钦臣、张宁萍(女)、魏少林当选为县委副书记;纪振坤当选为县纪检书记。

1991年6月,白明宽任中共郸城县委书记。

1993年1月2日,张天兴任中共郸城县委书记。

四、中共郸城县第七次代表大会

1993年3月26~27日,中共郸城县第七次代表大会在县委小礼堂召开,参加会议的代表252人(应到代表275人)、妇女代表28人,占10.2%;各有关部门负责人和党外人士共108位同志列席了大会。县委书记张天兴代表郸城县第六届委员会向大会做了题为《抓住机遇,加快发展,努力开创郸城两个文明建设的新局面》的报告,县纪检委书记刘洪山代表县纪委做了工作报告。与会代表围绕两个报告,就郸城县党的建设和改革发展等重大问题进行了充分讨论,并通过了相应的决议。

大会采用无记名投票和先进行差额预选再进行正式选举的办法,选举产生了新的一届中共郸城县委员会和中共郸城县纪律检查委员会。选举中共郸城县第七届委员会委员31人,候补委员5人。在七届一次全体会议上,选举产生了七届县委常委会委员11名,即王洪轩、王惠林、朱俊杰、刘长庚、刘洪山、杨钦臣、张天兴、周钦同,赵威、赵兴生、夏国政。张天兴当选为书记,夏国政、杨钦臣、赵兴生、王惠林为副书记;会议还选举产生了由15位同志组成的新一届县纪律检查委员会,常务委员7人,刘洪山为纪委书记,副书记为赵金亮、于芳林。

第三节　改革开放

1992年,以邓小平的南方谈话为标志,中国改革开放和社会主义现代化建设的伟大事业进入了一个崭新的历史发展阶段。在邓小平南方谈话精神的鼓舞下,郸城县委、县政府抓住机遇,乘势而上,进一步理清发展思路,完善工作部署,确定相应措施,积极为新一轮改革发展创造条件。

根据省委五届四次会议和省委书记侯宗宾的讲话精神以及地委4月22~24日召开的扩大会议精神,郸城县委、县政府决定从加大改革力度入手,努力在十个方面实现新突破:①工业企业要突破"三铁"(三铁:铁饭碗、铁工资、铁交椅)和落实"六自主"(自主经营、自负盈亏、自我发展、自我完善、自我约束)转换经营机制上实现新突破;②农业方面要在发展社会化服务体系,兴办各种服务实体上实现新突破;③流通领域要在推行"四放开"(放开经营、价格、分配、用工)实现新突破;④科技方面要在引进和发挥科技人才作用上实现新突破;⑤要在开辟、培育、建立市场上实现新突破;⑥要在农村经济和社会发展上实现新突破;⑦要在对外开放上实现新突破;⑧在转变政府职能上实现新突破;⑨各部门要在为改革开放创造宽松的外部环境上实现新突破;⑩宣传部门要在大造改革开放舆论上实现新突破。

为了实现改革开放十个方面的新突破,郸城县委、县政府先后出台了《关于加快发展乡镇企业的决定》《关于企业转换经营机制,放开经营的试行方案》《关于加快县城市场建设的决定》《关于全县综合改革的试点方案》《关于小麦优质高产高效开发技术承包的意见》《关于经济技术开发区优惠政策》等。这些《决定》《意见》《政策》以邓小平南方谈话为指导,坚持从实际出发,以优惠政策,吸引外商、引进资金和人才、激励本地人才和企业,对进一步深化改革,扩大开放,加速郸城经济的发展起到积极作用。

1992年7月10日,中共郸城县委、郸城县人民政府联合下发了《关于进一步深化改革,扩大开发,务使全县经济再上新台阶的决定》,共包含七个方面的内容:①解放思想,抓住机遇,确立了"全党抓

经济,重点抓工业"的指导思想,加速郸城经济发展。②经济跃上新台阶的目标,"八五"计划的主要经济指标提前一年实现,十年规划提前三年实现,严格控制人口增长,到21世纪末主要人均产值在1990年的基础上再翻一番,实现小康目标。③调整结构,增加收入,加强电力、通信、道路等基础设施和县生物化工厂5 000吨乳酸、化肥厂碳氨改尿素等重点工程建设。④深化改革,打破"三铁",推行全员风险抵押,实行压贷挂钩,改进工业经济评价考核办法,淡化工业总产值指标,建立工业增加值指标等举措,为经济建设注入活力和生机。⑤简政放权,缩小直接管理,扩大间接管理,强化服务意识,转变政府职能,通过服务搞好管理。⑥用活政策,加快改革开放步伐。⑦加强领导,坚持两手抓,为经济建设再上新台阶提供有力的政治和组织保证。

改革开放的政策和措施,增强了全县广大干部和群众再上新台阶的紧迫感和积极性,郸城很快出现了一个前所未有的大干快上的新气象。各乡镇纷纷外出跑市场、找信息、引资金、考察项目,有的到北京、天津,有的到武汉、广州、深圳、香港,还有的去了俄罗斯、哈萨克斯坦、新加坡,全县先后派出100多名干部外出考察,努力扩大横向联合。当年,全县有3个企业与外商签订了合资协议,有12个项目落到实处。经过几年的艰苦奋斗,到"八五"期末,全县乡镇企业数达到了16 355个,从业人员10.3万人;乡镇企业总产值达到17.25亿元,比1990年增长了29%。

1992年,是郸城改革开放和经济发展取得显著成效的一年,全县的经济呈现出了加快发展的强劲势头,国民总收入完成6.65亿元,国民收入完成5.58亿元,工农业总产值完成11.16亿元;郸城的几个重点工程进展顺利,黑河治理工程胜利竣工,并通过国家验收,被评为国优工程;县城市电话达到2 000门,并实现了与国内自动电话连网;县热电厂一期工程胜利竣工并投入运行;生物化工厂完成了5 000吨乳酸扩建工程;县种鸡厂形成了3 000套种鸡规模;全县电网覆盖率达85%上。

郸城在认真抓好老企业技术改造、设备更新,使传统工业如化工厂、搪瓷厂、农产品加工企业、建材工业等焕发出新生机、实现优势再

造的同时,努力培植新型产业,使华兴帽厂、力达胶合板厂等一批新兴企业从开始就呈现出良好的发展势头;县铁合金厂等困难较大的企业也出现了新的转机。

1993 年,郸城人民在县委、县政府的领导下,进一步解放思想,深化改革,努力拼搏,取得了经济建设的新成就,实现了"九个增长":①国民总收入达 7.9 亿元,占年计划的 103.6%,比上年增长了 7%;②农业总产值达到 6.36 亿元,比上年增长了 1%;③工业总产值达到5.3 亿元,比上年增长了 24.7%;④国民收入达到 6.87 亿元,比上年增长了 11%;⑤县财政收入达到 3 515 万元,比上年增长了 23.9%;⑥社会商品零售额达到 3.32 亿元,比上年增长了 21.5%;⑦预算内工业完成产值 1.6 亿元,销售产值 1.5 亿元,实现利税 1720 万元,入库税金 807.84 万元,分别比上年增长了 7.8%、4.5.%、2.3%、151.7%;⑧乡镇企业总产值达到 6.28 亿元,比上年增长了 40.3%;⑨农民人均纯收入达到 497 元,比上年增长了 10.7%。

改革开放的新思路,促进了郸城经济和社会的发展。到 1996 年年底,郸城农业喜获丰收,农村经济又有了新的突破,全县农业总产值达到了 21.2 亿元,比上年增长了 18.7%;粮食总产量达到 6.85 万吨,比上年增长 17.4%;棉花总产量达到 2.39 万吨,比上年增长19.5%;黄牛年末存栏达到 30 万头,比上年增长 12.3%;山绵羊年末存栏 44 万只,比上年增长 10.3%。农业生产条件得到进一步改善,人工增雨,饮水补源和农田水利基本建设进展顺利,全县新打机井4 526 眼,有 201 个行政村实现了 60 亩地 1 眼机井的标准;建成了万亩灌溉示范区 2 个,黄淮海平原农业综合开发面积达到 4.5 万亩;机耕面积也进一步扩大;林业生产也取得了显著成绩,经省有关部门验收,达到了初期平原绿化县标准,重新夺回了平原绿化县奖牌;全县农民人均纯收入达到 1 369 元,比上年增长了 24.8%;1996 年初确定的十大工程进展顺利,有 7 个项目建成并投产,3 项正在建设中,全年投入工业技术改造资金 2 亿元,为郸城工业发展积聚了后劲,培养了新的经济增长点;全县乡以上工业完成总产值 9.46 亿元,比上年增长了 17.6%。

通过宣传发动,制定优惠政策,推动了多轮驱动战略的落实和乡

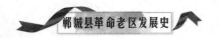

镇企业的持续稳定发展,实现了产值、利税的同步增长。全县四级企业完成总产值 32 亿元,比上年增长 81.7%;四级工业完成总产值 15.08 亿元,增长 70%;乡办工业完成总产值 2.49 亿元,增长 83%,营业收入完成 29.48 亿元,增长了 95.6%,实现利税 2.85 亿元,增长 108%,实现税金 2 120 万元,增长 47.5%。全县市场繁荣,物价基本稳定,社会商品零售额达到 4.5 亿元,增长了 32%;金融工作异常活跃,全年共盘活资金 1.4 亿元,提高了资金的使用效率;各项贷款余额 14 亿元,上升 28%;通过贯彻执行有关政策,大力支持和鼓励个体私营经济发展,全县个体工商户新发展 4 670 户,比上年增长了 50.8%,私营企业达 109 家,比上年增长 62%。年初确定的十件大事进展顺利,郸城的城市品位进一步提升:县成人中专职教培训中心大楼主体工程即将竣工;三高实验楼、计划生育宣传中心工程正在建设中,人工增雨工程设备开始投入使用;农村有线电视项目正在建设中,新华路东段暨郸(城)石(槽)路已建成通车,城内新华路、人民路岗亭、隔离带配套工程已经完工。1996 年,郸城县获得了物质文明和精神文明突破性的"双丰收"。

第四节　农村农业在改革中发展

一、实行农村生产责任制

党的十一届三中全会以来,县委认真贯彻落实中共中央关于加快农业发展的两个重要文件精神,联系郸城实际制定了农村经济体制改革的具体办法,而且加快了实施步伐。起初,多数生产队先将 30% 的耕地承包到组,实行"五定一奖"(定劳力、定地块、定工分、定投资、定产量,超产奖励,减产赔偿),其余 70% 的土地仍有生产队集体经营。随着土地改革的深化,土地承包经营责任制趋向统一和完善。据 1979 年 12 月 21 日统计,全县已经实行的生产责任制大体上有三种形式:一是责任到劳力,实行"四定包工"(定任务、定产量、定工分、定奖罚),全县有 9 965 个生产队实行了这一办法,占生产队总数的 82%;二是小段包工,全县有 703 个生产队实行了这一办法,占

总队数的14%;三是包工到组,全县有87个生产队实行了这一办法,占总队数的0.74%。联产承包责任制的实施,大大调动了农民生产的积极性,促进了农业生产的大发展,1979年全县粮食达到6.31亿斤,比1978年增加了2500万斤。

为了进一步完善郸城的农业生产责任制,解决实际工作中的问题。县委从1980年4月初到5月中旬,共用了40多天的时间,进行了第一批生产责任制的完善工作,全县共抽调4802人,组成310个工作队,分别到229个大队、4139个生产队帮助工作。通过检查验收,第一批有136个大队、1576个生产队完善了生产责任制,分别占全县大队、小队总数的29.2%和27%。

7月下旬至9月初,县委又用了40多天的时间,抽调县直和公社673名脱产干部,组成170个工作组,分别在18个公社的170个大队、2049个生产队,开展第二批生产责任制的完善工作,全面推行经济承包和技术承包。由于秋收大忙,一些社队没能圆满结束;对此,中共郸城县委于11月10日下发了《中共郸城县委关于1982年第三批完善农业生产责任制的意见》(郸发〔1982〕57号),县委从县直机关干部中抽出100人、从公社干部中抽出600人(共700人),组成159个工作组,进驻159个大队,用了50多天的时间,进行第三批农村生产责任制的完善工作,进一步开展了以农户为单位的"大包干生产责任制"(家庭联产承包责任制),并在全县日趋普及,至此郸城的农业生产责任制逐步完善起来。

农村生产责任制的逐步完善,使党的政策更加深入人心,农民的生产积极性更加高涨,农业生产的经济效益更加提高,农村集体经济更加巩固,农村农民的经济收入更加丰厚。

从1982年起,郸城首次出现了夏粮总产量大于秋粮总产量的情况,小麦种植面积比去年增加了13万亩,人们的主食红薯种植面积却下降了5万亩。部分手工业和农村副业得以恢复,工业性生产开始有所发展。1982年个体经营者已达3523户,是1979年的6.4倍。社办企业和村办企业增多、农村面貌日益改善。每个公社都纷纷建起了轮窑厂,个别大队也建起了轮窑厂,建房的农民逐步渐多,从事建筑行业的人员也迅猛增加;农户收入的增加,导致农民建房的空前高

涨,建房的数量在迅速增加,建房的质量在不断提高。据统计,1979—1981年,全县建新房的农户就有62 286户,占总农户的37%,共建新房20多万间,面积达314万平方米。

二、发展乡镇企业

在发展乡镇企业上,县委、县政府根据郸城的实际情况,研究制定了《关于发展乡镇企业若干问题的决定》(以下简称《决定》)。《决定》要求全县各级党组织,在切实加强对乡镇企业的领导,放宽税收政策,放活物价政策,深入进行改革,整顿好现有企业,大力发展第三产业,坚持集体、联合体、个体、大中小型一起上的同时,要立足"农"字做文章,逐步实现向种植、养殖、加工、销售"一条龙"过渡。县委、县政府还明确了乡镇企业要千方百计挖内潜、扩外延、上水平、创名优、增效益的指导思想,相继出台了一系列发展乡镇企业的政策和措施,鼓励乡镇企业打破地域和行业界限,进一步扩大横向经济联合。号召全县离退休人员和技术人员到农村去,帮助乡镇企业,发挥本人的特长优势,允许个人获得合理的报酬,从而大大促进了城乡经济协作,推动了乡镇企业的技术进步和产品的上档升级。1985年,全县乡镇企业已发展到79个,从业人员为4 636人,全年乡镇企业总产值达到1 049万元,占全县工业总产值的26.7%;1986年全县乡镇企业共引进人才168名,引进技术19项,与县外9个单位、13个厂家联合办厂。1987年,郸城重点抓了抽纱、食用菌栽培、造纸、农副产品加工业。全县抽纱生产发展到398个行政村,有15 000人从事抽纱生产,年收入达25万元;全年办食用菌培训班3期,有371人受训,新发展食用菌种植户151家,生产食用菌101吨,收入30万元;农副产品加工业发展到3 000多个,年产值达7 372万元;向外输出劳动力21 000人,分布全国20多个省、市,年创收达2 000万元;另外还筹建了钼铁厂、钢窗厂、巾被厂。到了1988年,全县的乡镇企业已经发展到31 079个。其中乡办企业129个,村办企业403个,联办企业2 286个,户办企业2 826个,从业人员64 327人。年产值完成19 605万元,其中乡办企业完成34 782万元,村办企业完成2 536万元,联办企业完成4 187万元,户办企业完成9 404万元,实现利润16 744万元。

上缴入库税金 229.6 万元

1993 年,郸城县委、县政府根据全省农村工作会议精神,在安排乡镇企业工作时,提出要"坚持因地制宜,发挥优势,多轮驱动,放手发展,依靠科技,提高效益,以庭院经济为基础,以乡村工业为主导,以高科技产业为龙头,走高科技、高起点、小规模、滚雪球的发展路子,争取在近几年内使乡镇企业的发展有个大的突破。"当年,郸城的乡镇企业改革有了新突破,全年郸城共新办企业 310 个,其中年产值 30 万元以上的企业 183 个。全县乡镇总产值比 1992 年增长了40.3%,其中四级以上工业总产值达到 25 549 万元,比上年增长了41.4%。全县新办规模股份合作企业 232 个,比上年增长了 86.6%;一批具有本地特色的骨干企业越办越好,华星、亚星两个帽厂已成为全县的明星乡镇企业。

1994 年,郸城乡镇企业发展再上新台阶,发展速度进一步加快。到年底,全县乡镇企业总产值达到 87 031 万元,比上年增长了38.7%,实现利润 7 012 万元,增长了 40%;实现税收 550 万元,比上年增长了 47.6%。全县出现了产值超亿元的乡镇 3 个(城关、钱店、宜路),产值超 100 万元的行政村 128 个,具有一定规模的企业达到500 家。

在 1995 年的《政府工作报告》中提出了要新办 500 个乡镇企业的奋斗目标,"继续把发展乡镇企业列入目标管理,对乡镇企业增温加压,实行一票否决。"到 1995 年年底,郸城全县的乡镇企业达到16 355 个,从业人员 10.3 万人;乡镇企业总产值达到 17.25 亿元,占年计划的 123.2%,比上年增长了 98.3%。当年的农民人均纯收入达到 1 066 元,首次突破千元大关。

三、农村家庭联产承包责任制

1983 年 1 月 2 日,中共中央发出了《当前农村经济政策的若干问题》的重要文件,指出稳定和完善农业生产责任制,仍然是当前农村工作的主要任务。按照中央 1 号文件、河南省委三级干部会议和地委常委扩大会议的要求,县委、县政府继续以大包干为主要形式,进一步放宽政策,大胆改革,大力培养、扶持各类专业户、重点户,进一步

发展农村商品经济,积极鼓励和引导农民靠辛勤劳动和诚实经营尽快富起来。

县委县政府,对稳定和完善农业生产责任制工作、发展专业户和重点户工作以及农村科技改革工作都提出了相应的要求和安排,连续下发了《关于进一步完善农业生产责任制的意见》《关于发展专业户、重点户的若干规定》《关于农村科技工作的改革方案》三个文件。

文件的贯彻和实施,具体体现了中央文件精神,有力地推进了郸城农村经济体制改革的进一步完善,到1983年年底,全县普遍推行了家庭联产承包责任制。农户有了责任田,也分得了自留地。家庭联产承包责任制的推行,使农民获得了充分的生产经营自主权,实现了生产力要素的最佳结合,农民的生产成果和利益直接挂钩,农民在承包的土地上的劳动所得,除按规定纳税和上缴集体提留部分外,全归各家各户自行支配,这从根本上改变了严重束缚生产力的管理体制。同时,林业、畜牧业、运输业、建筑业、饮食业及各种作坊,也实行了不同形式的承包责任制,大队办的企业也实行了集体承包或由有专长的能人承包。此外,全县还涌现出了专业户、重点户34 658户,比上年增加了2倍。发展了农户与农户之间,大队与公社之间,专业户、大队、公社与供销社之间的各种不同类型的经济联合体共3 051个,比上年增长了34%。还出现了各具特色、规模不等的专业村(如养殖、制作、编织加工等),形成了经营形式多样化的农村经济发展新格局。当年全县粮食产量达到47.52万吨,平均亩产209.5千克;棉花总产量达到7 820吨,平均亩产50.5千克;油料总产量达到3 580吨,平均亩产48千克;农业总产值27 427万元达到一个新的水平。当年郸城向国家提供商品粮9 450多万千克。

四、小麦优质高产高效

郸城县委、县政府根据省、地有关会议和文件精神,结合本地实际情况,于1992年8月17日研究制定了《关于小麦优质高产高效开发技术承包的意见》(简称《意见》)。《意见》决定组织有关单位,在全县实施10万亩小麦优质高产高效开发技术承包,同时带动40万亩,促进60万亩(简称"抓一、带四、促六"),实现全县小麦生产新突破;由县直各有关局委组织 100 名县、乡科技人员,重点抓好 10 万亩小麦;各乡镇在配合县直各单位抓好 10 万亩小麦"一优两高"开发示范样板的同时,制定出带动 40 万亩小麦生产技术承包方案,组织搞好技术承包。同时要组织抓好 60 万亩中、低产田向高产田的转变工作,促进全县小麦平衡增产。《意见》还明确规定了技术承包的形式、内容及合同各方面的责、权、利,提出努力争取全县小麦平均亩产达到264 千克,总产突破 3 亿千克的奋斗目标。当年郸城全县国民生产总值完成 6.65 亿元,占年计划的 102%,比上年增长了 8.7%。

五、农田水利基本建设

郸城县委县政府历来重视农田水利基本建设,20 世纪 70 年代末全县打铁锹井 20 000 多眼,打二号机井 3 000 多眼,机井总数达 9 843眼,一般机井达 11 668 眼,配套柴油机 8 129 台、电动机 2 903 台。20世纪 80 年代初革新创造了代帽井,最多时达 23 000 多眼,机井保有量 5 387 眼,配套小泵、喷灌泵 7 889 台,柴油机 7 375 台,小四轮1 542台。农田水利基本建设设施的不断完善,减轻了农民的劳动负担,提高了农业的抗灾能力,促进了农业生产的大发展。

1988 年,新增加喷灌机 543 部,水泵 825 台,柴油机 1 368 部。1989 年年底,全县农业机械总动力达 16.34 万瓦,当年是购买农机具最多的一年,各类农用拖拉机 5 733 台,比 1988 年增长了 33%,机耕、机耙、机收、机脱水平分别达到了 67.85%、64.1%、64.6%、28.7%、85%。

"七五"期间,以农业综合开发为重点的农田水利基本建设取得了很大成绩,到 1990 年,全县农村总购电量达到 2 330 万度,农业机械总动力达到 16.95 万千瓦,比"六五"末的 1985 年增长 13.69%;有效灌溉面积达到 45.3 万亩,旱涝保收田达到 38.4 万亩,

1991 年,郸城计划新打机井 500 眼、一般井 2 000 眼、配套机械1 000套,使全县的有效灌溉面积达到 48.3 万亩,旱涝保收田达到41.39 万亩;黑河治理工程要完成 184 万立方米的挖土任务;要把农田水利、植树造林、黄淮海开发、农厕改建作为改变农业生产条件的根本措施来抓;通过科学规划,综合治理,改善基础,增加有机肥料,

培肥地力,建设旱涝保收田;同时要加强对农田水利基本设施的管护,做到建一处,成一处,巩固一处,发挥效益一处,提高农业投资的效益。到1996年年底,农业生产条件得到进一步改善,人工增雨,引水补源和农田水利基本建设进展顺利,全县新打机井4 526眼,有201个行政村实现了60亩地1眼机井的标准;建成了万亩灌溉示范区2个,黄淮海平原农业综合开发面积达到4.5万亩;机耕面积也进一步扩大。

1996年前后开挖的老黑河等工程,"三路"工程共完成土方2 140万立方米,修调水闸4座,桥梁123座。全县境内115万亩的土地可以受益。从1995—1999年,全县新打、修复机井2.4万多眼,挖沟清淤河沟783条,修建桥闸452座,完成3 200万立方米土方,累计投入劳力23 500多万个,投入资金1.7亿多元。农业机械化也持续发展,1997年年底,郸城全县农机总动力达到45.25万千瓦,较上年增长33.4%;拖拉机保有量达到19 819台,比上年增长了21.3%;农用排灌机械有29 751台(套),增长了47.6%;收获机械14 032台,播种机械12 952台;农用运输机械10 236辆,分别比上年增长了22.4%、26.1%和49%。农业机械的大量增加,提高了农业机械化水平,郸城全县小麦播种、收割、脱打全部实现了机械化,机耕面积完成120万亩,化肥机械深施面积5.4万亩,填补了郸城县化肥机械深施的空白;农田机灌面积完成319.7万亩(含复浇面积)。农业基础有所加强,农村经济获得了稳步发展。

强化农业基础设施建设,进一步改善农业生产条件。1998年10月至11月底,人力、机械共同开挖的洺河治理工程,每年可引水2 500万立方米,新增引水补源面积达25万亩,年增加经济效益可达1.25亿元;全年新打机井4 350眼,全县机井总数增加到23 340眼,新增灌溉面积7.5万亩,总机灌面积达到68.7万亩,新增旱涝保收田面积达7.5万亩,总旱涝保收田面积达52.2万亩;全年共植树420万株,条林240万墩,总林木发展到4 100万株(墩),林木覆盖率达16.9%,林网合格率达92.8%。

六、延长土地承包

中共十一届三中全会以后,落实党的农村政策、巩固农业的基础地位、调动农民的生产积极性,成为农村工作的中心。1994 年前后,家庭联产承包的年限陆续到期。1993 年,党中央提出在"原定的耕地承包到期之后,再延长 30 年不变"。根据中共中央、省委有关精神,1994 年 2 月 4 日,郸城县委书记张天兴主持召开县委常委会议,研究制定了搞好农村延长土地承包期工作的初步意见。总的指导思想是以土地承包期 30 年不变的政策为主线,以调动广大农民的生产经营的积极性,提高农民的生产力水平为目的,以稳定农民的土地承包权、扩大经营自主权、放活使用转让权为目标,坚持原承包土地大部分不动,局部调整的原则,因地制宜,稳妥推进。会议还明确了土地承包期内实行"增人不增地,减人不减地"的办法;延长土地承包期,原则上都要在过去各自承包关系的基础上保持相对稳定;村集体为保证国家建设和农村经济发展,可保留占本村耕地面积 5% 以内的机动田;鼓励土地承包期内承包土地的合理流转和自由组合,允许和支持农民在承包期内转让土地使用权,依法行使转让手续,转让可有偿,也可无偿,期限可长可短。转让期内,原承包权不变。1994 年年底,这些改革措施在全县得到了较好的落实,使农民对土地的使用权得到了有效维护和稳定。1995 年,郸城县继续深化土地经营机制的改革,按照中央有关政策搞好试点,整体推进,一步到位,合同到户,台账到田的要求,全县 80% 以上的村都建立了土地台账,60% 以上的村都签订了承包合同。与此同时,有条件的地方积极稳妥地推进了土地适度规模经营。

七、畜牧业养殖

在继续发展林业生产的同时,郸城县委、县政府下大力气提高畜牧业在农业生产中的比重并迅速促进渔业生产的发展。1982 年郸城逐步推广渔业责任制,培养农民养鱼技术员 300 余名。1985 年,县委、县政府采取财政补贴办法,积极支持和鼓励农民发展畜牧业生产。全年存栏大家畜牛、马、驴、骡分别达到了 9 710 头、18 609 匹、

23 769 头、11 241 头,分别占大家畜总数的 64.4%、12.4%、15.76%、7.5%;全年全县存栏小家畜生猪 197 596 头,提供商品猪 106 305 头;存栏家禽母鸡近 150 万只,除自食外,全县当年向国家提供商品蛋 50 万斤左右;全县养鱼专业户、重点户发展到 350 多户,联合体 1 650 个,养鱼水面发展到 7 000 多亩。年产鲜鱼 46.2 万千克。淡水养殖这个新兴产业在郸城逐步成长起来了。据统计,1985 年,林、牧、渔的总产值增加到 5 033 万元,占农业总产值的 16.6%。

"七五"期间大牲畜年末存栏 105.6 万头,比"六五"期间净增 42.3 万头,增长了 66.8%;生猪、羊年末总存栏量、出栏量和总产肉"七五"期间均比"六五"期间都有不同程度的增加,其中,1990 年年末生猪存栏 22.43 万头,比 1985 年增加了 4.4%。

1996 年黄牛年末存栏达到 30 万头,比上年增长 12.3%;山绵羊年末存栏 44 万只,比上年增长 10.3%。

因种植面积广、供应棉种杂、管理难度大,加之气候的变化,导致产量低,收入少,棉农逐步少了。

第五节 工业的改革和发展

一、国有工业、企业改革

1982 年 1 月 2 日,中共中央、国务院发出了《关于国营工业企业进行全面整顿的决定》后,全县 29 个预算内工业企业分期分批进行了整顿。通过整顿,企业领导班子"四化"程度进一步提高,企业内部的分配制度更加科学合理,生产岗位责任制进一步完善,经济效益明显提高。1985 年全县有 23 个预算内工业企业产值达到 8 463 万元,占全县工业总产值的 60%。其中独立核算的国营工业企业产值完成 5 088 万元,全员劳动生产率为 9 769 元,产品销售收入 5 336 万元,上缴利税 53 万元。实现了国营工业企业的产值、利润、上缴利税三个方面的同步增长。

1985 年,郸城县委、县政府又提出了向企业下放"六权"(企业经营方式选择权、执行指令性计划的主动权、企业产品的自销定价权、

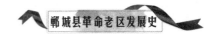

专项基金和自留资金的支配权、工资奖金的分配权、劳动用工的招收和调配权)的改革新举措,扩大企业自主权。1987年,继续简政放权,由点到面推行厂长(经理)负责制和经营承包责任制,为企业自主经营营造了更为宽松的环境,使企业的活力大大增强。

在1983年7月和1984年10月,分两步实行了利改税改革,扩大企业利润留成比例,税后利润由企业自主安排使用,有力地调动了企业和职工的积极性。1987年,郸城结合承包经营责任制的推行,全县按企业状况分别实行了多种形式的利润分配制度改革。

根据国家的规定,郸城的工商企业,逐步改革国家统包就业制度,通过全民、集体、个体经济多种渠道安排就业,1983年开始,通过公开招收、自愿报名、全面考核、择优录取的招工考核办法,在企业试行"劳动合同制"。当年为省建筑四公司在全县招收了50名合同制工人。1984年,又为郸城县缫丝厂、合金厂、啤酒厂和交通部门招收县域内首批合同制工人107名。从1986年起,全县所有企业全面推行了劳动全员合同用工制度,不再招收固定工。

1988年9月,本着面向社会、全面服务、协调疏导、各方满意的原则,正式办理了县级劳务市场,为求职者和用人单位提供了平等择业、择优录取的场所。

1981年县属企业恢复计件工资和奖惩制度,到1984年全县基本形成了利润包干、超额分成、联利定包、自负盈亏、浮动工资、计本奖惩等多样化分配格局。1985年,根据国家的统一安排,全县进行了工资改革,企业职工按照劳动人事部门颁发的新的企业工资标准,同经济效益挂钩浮动。

1986年3月23日,国务院做出了《关于进一步推动横向经济联合若干问题的规定》,允许和鼓励"所有工商企业都可以跨行业、跨地区同其他企业事业单位或集体、个人经济组织实行联合经营、合作生产。经批准后,可与外商合资经营"。郸城县积极贯彻,迅速行动。全县15个预算内企业、工业,厂厂有联合。二轻局所属企业和70多个乡办集体企业与省内外的企业都建立了联合经营、产品扩散、经济技术协作、补偿贸易等多种经济联合体,开展了资金、技术、设备和人才"四位一体"的协作。当年,全县共引进各类人才800多人次,引进资金400多万元,引进和开发性产品150多种。如县化肥厂与浙江龙山化工厂搞技术协作,很快就扭转了连年亏损的局面,跨入了全区小化肥厂的先进行列。横向经济联合体弥补了企业自身的不足,使企业自身的竞争力进一步增强。有效地发挥了企业的内在潜力,促进了全县经济的增长。1988年,全县工业总产值达到23 200万元,突破了2亿元大关,创利税1 200万元,全员劳动生产率17 618元,比1978年分别增长了77%、39%、109%。开发引进新品种68个,能够生产280多种产品。其中省优、部优产品5个;全县有10多个产品打进国际市场,出口10多个国家和地区,年创汇额达1 000多万美元;20多项技术获得省级以上科技成果奖,2种产品填补国内空白。此时,郸城县的工业进入了计划经济时期的鼎盛阶段。

二、个体经济快速发展

1992年12月7日,河南省委做出了《关于进一步加快个体经济发展的决定》(简称《决定》)。《决定》从放宽经营范围、发展多种经营形式、扩大从业人员、优化经营环境、简化办证手续五个方面,出台了发展个体经济的新举措。为了贯彻党的十四大提出的坚持以公有制为主体、多种经济成分长期共存、共同发展的方针和省委的《决定》,进一步促进郸城县个体经济的持续发展,1993年5月20日,郸城县人民政府转发了周口行政公署《关于进一步加快个体私营经济发展的决定》的通知。1994年6月30日,中共郸城县委、郸城县人民政府下发了《关于鼓励个体私营经济发展的决定》。其内容:①税务部门对个体、私营工业企业实行优惠税收政策,"放水养鱼,培育税源"。②工商行政管理部门要按照规定的程序积极为个体、私营工业企业办理登记,发放营业执照,在办证时要简化手续,尽量提供方便。③农业银行和其他金融部门要积极支持个体、私营企业,在发放贷款时享受国营集体企业的同等待遇。④电力部门要积极为个体、私营工业企业服务。在架设线路、安装设施时尽量提供优惠和方便。⑤切实保护个体、私营工业企业的合法权益。⑥对个体、私营工业企业不限制发展比例,不限制发展速度,不限制经营范围,不限制经营人数和经营规模,不限制经营方式。⑦推行重奖政策,鼓励个体、私

营企业的大力发展。

《决定》为郸城个体私营经济的发展创造了良好的外部环境。郸城的个体私营经济迅速成长起来，私有经济得到了较快的发展。到1995年年底，郸城全县个体工商户发展到11 512户，比上年增加了485户，从业人员达到21 563人，新增注册资本814万元；私营企业发展到138家，比去年增加18家，从业人员达2 676人。

1996年1月11日，郸城县委、县政府做出了《关于加快全县个体、私营经济发展的决定》。会后，郸城县委、县政府认真宣传贯彻落实《决定》精神和内容，并按照调整第二产业，突出第三产业(简称"退二进三")、放手发展非公有制经济"的工作思路，大胆解放思想，把发展民营经济纳入全县国民经济发展的总体规划战略之中，加快全县个体、私营经济的发展。

县、乡领导带头与个体私营企业"结对子、交朋友"，提出了"兴工强农，扩城活商"战略，服务企业发展，不断制定优惠政策，创造宽松的投资环境，有力地促进了制造、加工、交通运输、批发零售、建筑材料等行业个体私营经济的发展。特别是在房地产、服务、文化娱乐等消费业方面，个体私营经济的发展更快。到1998年，全县个体私营企业猛增到236家，企业注册资本达5 371万元，从业人员4 581人；1998年，个体工商户也猛增到14 809户，注册资本达15 642万元，从业人员27 189人，其中当年新发展3 277户，新增注册资本4 490万元，安排就业5 626人。

三、外贸事业

从1988年开始，郸城县委、县政府根据省、地有关会议精神，在外贸企业系统也实施了承包经营责任制，使外贸企业活力大增，他们千方百计组织收购、调运，并努力强化经营管理，取得了良好的效果。当年，郸城全县外贸出口供货总值达2 523万元，比上年增长8%。郸城县对外贸易公司同全国25个有进出口权的公司和口岸建立了经济贸易往来关系，使郸城的出口商品，除土产品、纺织品、粮油和合金工业品外，又扩大到铜板等七大类、20多个品种。当时郸城的出口产品主要销往苏联、美国、联邦德国、澳大利亚、日本等10多个国家和地

区,年创汇达 1 000 多万美元。1990 年,外贸出口货供总值完成 2 777 万元,比 1985 年增长了 5 倍,年增长 44.6%。

从 1991 年开始,郸城改革了外贸管理体制,取消了外贸公司的行政职能,实行了政企分开,县外贸公司实行独立核算、自负盈亏;同时还打破了县级外贸公司与上级外贸公司的依附关系,使其成为相对独立的、具有法人地位的贸易经济实体,与上级公司也完全成为贸易伙伴关系和经济利益关系。

1995 年,郸城县委提出,深化外贸体制改革,加快外贸企业发展,增强招商、出口创汇的吸引力。从此,郸城的对外开放走上了正确发展的轨道。当年 8 月,郸城被国务院批准为对外开放县,全县对外开放快速呈现出多层次、多渠道、全方位的拓展之势。外资、外贸、外经"三外联动"十分活跃,取得了新的突破。

四、招商引资

多年来郸城县委,始终围绕项目建设和招商引资这一经济重心,坚持把招商引资和项目建设作为发展工业、加快县域经济发展的第一驱动力。制定优惠政策,完善推进措施,创新工作方法,全面提升项目建设和招商引资水平。其一,对全县各乡镇(办事处)、县直综合经济部门和直接经济部门明确招商引资任务,提高招商实效;其二,进一步完善考核奖励办法,严格奖惩兑现。其三,创新招商方式,继续加大以商招商、以企招商、以产业链招商、以情招商的力度。

1992 年,郸城县委、县政府和有关单位积极与外商多方面接触,建立广泛的联系,为日后开展贸易洽谈奠定了良好的基础。郸城先后参加了"福建投资贸易洽谈会""北京第二届国际中小企业中外新产品新技术展览暨洽谈会"等,使各种形式的横向联合和经济技术协作日益增多,对外开放水平不断提高。到 1995 年,全县有 20 多个项目与 8 个国家和地区、近 60 个客商建立了密切的联系和合作关系,引外资金额达 3 800 万元(人民币)。

第六节　社会事业的发展

一、计划生育工作

1979 年 9 月上旬,郸城县计划生育办公室改为县属一级机构,严格执行省革命委员会下达的《关于计划生育若干规定》,制定了奖惩制度,是年全县共做男女结扎 21 763 例,放节育环 14 158 例,是 1972—1978 年节育手术总数的 3.5 倍,当年还开始了颁发独生子女证工作。

1981 年 3 月 25 日,郸城县革命委员会有关文件规定:育龄夫妇只允许生育一个孩子,未经县计划生育办公室批准生育第二胎的要给予党纪、团纪、政纪处分的同时,实行经济制裁。

20 世纪 90 年代以来,郸城的计划生育工作继续坚持"三为主"(宣传教育为主、避孕为主、经常性工作为主)的原则,在抓好落实上下功夫。人口自然增长率控制在 6.1% 以内,完成了周口地区下达的人口计划。1995 年,一举甩掉黄牌。1996 年郸城人口出生率在 14‰以下,自然增长率为 7.69‰。1996—1997 年连续跃居全省计划生育工作二类县行列,1999 年又顺利跨入全省一类县行列。郸城实施的计划外生育费"乡征县管,票款分离"的管理办法,作为典型经验在全国推广。

二、教育事业的发展

1980 年起,郸城掀起了全县性的集资办学热潮,从 1980—1988 年,全县办学共集资 243.02 万元。其中 1983—1985 年集资 1 355 万元,相当于同期国拨教育经费的 92.1%。仅 1983 年 7 月,全县集资总额达 554.2 万元,比同期国拨教育经费还多 161.2 万元。有力地推动了全县教育事业的发展。

1982 年,郸城被省教育厅定为全省 13 个实验室建设试点县之一。当年,郸城先后筹集资金 13.5 万元,修缮、新建实验室、仪器室 941 间,制作仪器柜 1 145 个、仪器架 174 个、实验台 771 张。县教委还集中全县制作教具能手 40 人,自制、仿制各种教学仪器 2.35 万件。

全县有 7 所高中和 63 所初中达到了"四有两能"("四有"：有仪器室、仪器柜、实验室、实验台，有较全的仪器和试剂，有专职或兼职管理员，有规章制度；"两能"：能做演示实验，能做分组实验），有 359 所小学达到了"三有一全"（即有仪器室、仪器柜、仪器管理员和仪器齐全）。全县高中、初中"四有两能"的普及率和小学"三有一全"普及率分别为 100%、58.9% 和 79.4%。1983 年，郸城县荣获省教育厅颁发的"开创仪器建设新局面"奖旗。郸城教育仪器建设，被作为全省先进典型事例摄入《河南省仪器建设之路》电视专题纪录片在全省播放。

在 1987—1988 年间进行了首次职称改革，全县有 2 997 名教职工经评定获得了任职资格，其中 2 795 人被聘任为相应职务。1988 年，全县地方财政用于教育事业支出为 872.5 万元，占年财政总支出 19.95%，比上年增长 18.2%。社会各方面合力办学集资 289.6 万元。到 1990 年，全县有普通高中 7 所，职业中学 1 所，职业中专 1 所，成人教育学校 3 所。

1992 年，创立县聋哑学校，填补了郸城县特殊教育的空白。幼儿教育、成人教育、职业技术教育、职工岗位培训和扫盲工作都取得了明显成绩。1994 年，郸城的中小学生入学率比上年提高了 8 个百分点，初招、中招录取分数分别比上年提高了 11 分和 7 分，为全国大专院校输送学生 114 人，升学率居全区第二位。

"八五"期间，郸城普及九年义务教育工作取得了重大进展，全县适龄儿童入学率、巩固率均达 99% 以上；职业教育和特殊教育也有了突破性进展，全县 6 所职业高中和成人中专开设了种植、养殖、加工、机电等 15 个专业，在校生达 1 627 人；同时培训回乡知识青年和脱盲学员近万人，受到周口地区行署的表彰。

1996 年全县用于改善办学条件的资金高达 1 254 万元，消灭危房 10 100 平方米，改造旧房 1 900 平方米，新建校舍 21 817 平方米；全县中小学全部实现了"六配套"，经过省、地有关部门的检查验收，全部合格。

1996 年，郸城的职业教育有了新突破，全县职业学校共设置适应经济和市场需要的专业 17 个，在校生达 1 768 名。

1997年11月22~25日,郸城县接受了省政府组织的基本扫除青壮年文盲县的验收;1998年10月31日,通过了省政府基本普及九年义务教育达标验收,分别提前三年和两年跨入了"两基"达标先进县行列。

三、科学技术的发展

1984年,县经联社成立了信息科,同时成立了科技开发交流中心,建立了技术服务市场,从事科技中介活动。

1987年,全县先后有97项科技成果获得国家、省、地、县奖励。特别是科技体制改革之后的一年多时间里,张鹏主导研究的《发酵法生产乳酸絮凝沉降分离工艺》获得国家发明奖,获得1988年北京国际发明展览会优秀项目奖2项。

1988年,郸城的科技发展项目重点安排在农村畜牧新品种、新技术、工业新产品的开发以及星火计划的组织实施上。

1989年,全县共安排科技计划项目17项,其中星火计划5项,科技攻关项目7项,新产品试制5项。承担省、地星火计划项目4项和科技攻关计划27项。当年,郸城星火计划项目获得直接经济效益270多万元。

1990年,全县计划安排铜板化学脱色新工艺等星火计划项目11个,夏粮玉米高产技术栽培、技术模式研究等技术攻关项目13个项目中有6个项目获得省级奖励,其中大豆根绒粉蚧生物学特点及防治技术研究等4项获得省科技进步三等奖;共聚物降失水剂(PACS)、ZP-T啤酒发酵新技术分别获得省星火计划科技二等奖和三等奖。仅1989年,郸城29名优秀专业人才完成科研项目64个,其中有直接经济效益的35个项目获效益7 254.6万元。

20世纪90年代,中共中央、国务院颁布《关于加速科学技术进步的决定》,首次正式提出实施科教兴国战略。1991年3月8日,郸城县委发出《关于成立乡镇企业综合技术开发组的通知》,决定先从涉农部门抽调科技人员组成19个农业综合技术开发组,分赴除城关镇以外的19个乡镇,具体负责传授科学技术、培训专业人员。8月26日,郸城县委、县政府制定了《关于大力发展棉花的决定》。9月《河南日报》一版、《河南农民报》头版头条等新闻媒体刊登了"郸城县农民科研遍地开花"的文章，肯定了郸城搞科学普及的做法和效果。12月24日，郸城县职业技术教育统筹协调组成立。1992年7月，郸城县委、县政府提出了全面实施"科技兴郸"的富民强县战略。1992年，郸城还实施了"千百万"工程，实施科技攻关项目9个、星火计划项目14项。通过对"千百万"工程、"一优双高"工程、新品种选育、中低产田改造等项目的推广和研究及农业适用技术的普及，加速了郸城县工农业的科技成果的转化，推动了全县工农业生产的发展，当年郸城全县国民生产总值完成6.65亿元，占年计划的102%，比上年增长了8.7%。

1993年，围绕"科技兴郸"战略的实施，加强了宏观协调和服务，重点扶持和大力发展高新技术项目，全年共安排科技攻关项目2个，星火计划项目3个，并集中人力、物力和财力帮助项目的实施。

1995年，全县共获得各类科技成果奖89项，其中国家级1项，省部级21项，地县级68项；涌现出了一大批高加工度、高附加值、高科技含量的产品群体。

1998年，县乡都成立了科普领导小组。郸城的石槽、南丰两个镇被省命名为省科普示范镇。

四、文化事业的发展

郸城县广大文化工作者，坚持"为社会主义服务，为人民服务"的方向和"百家争鸣、百花齐放"方针，在满足人民群众文化生活需要、发展文化艺术等方面做出了显著贡献。1993年以来，"十大集成"中的《民间故事》《歌谣》《谚语》《戏曲》卷陆续出版发行，主编阎春茂被文化部评为先进工作者；县文化局创作组成员李洪喜创作的古装戏《程咬金娶媳妇》《藕塘关》和现代戏《嫁母》，秦文亮创作的小品《夜班》《喜登枝》等作品在省地演出后全部获奖；县文联的蔡得龙、南丰镇中学教师周建国、县二高教师刘润创作的诗歌先后在国家级报刊上发表；南丰镇卫生院医生赵兰振的中篇小说有10篇在省级、地级报刊上发表；博物馆阎春茂创作的新故事《嫂子，你在哪里》获文化部"群星奖"银奖，小说《瘸爷与气筒》获全国创作大赛二等奖。人们对书法、美术的爱好程度也在不断增加,在郸城县委、县政府的大力支持下,由县文联、文化局牵头,每年组织一次大型书画展,并邀请省内外的著名书画家来郸城献艺,全国著名画家郸城籍段忠勇及老一辈书画家王好义、于连栋等带动了一批中青年书画爱好者,使其获得了不同级别的殊荣,同时也推动了郸城文化事业的发展,据不完全统计,郸城的书画爱好者已达万余人。

1992年,县文化馆综合楼建成并交付使用,全县20个乡镇有10个乡镇建立了文化站,城乡、街道办事处文化站建设迈出了新的步伐,初步形成了以县文化馆为龙头,以乡镇文化站为枢纽,村文化室或文化大院为网点的县、乡、村三级群众文化网络,使文化娱乐场所、书刊市场、演出市场得到了净化,电影、图书等各类管理网进一步向乡镇一级延伸。1995年,郸城建成优秀文化站5个,书画院发展到6个;1996年,通过争创省百强文化站和地区优秀文化站活动的开展,举办群众性文化、体育活动和书画展三期,促进了郸城文化事业的繁荣。1997年5月,石槽乡文化站、宁平镇文化站被省文化厅命名为省百强文化站;1998年12月10日,郸城县白马镇、东风乡、宜路镇被省文化厅命名为省百强文化站。

1992年,在黑河治理工程中,周口地区文物工作队对郸城县周堂桥发现的古墓群先后两次进行勘探,共发现和清理汉、唐古墓120多座,搜集各类文物400多件,主要有汉代画像砖、陶器、铜镜、铜带钩及唐代黄釉四系罐、酱釉壶、白瓷碗等,此为新中国成立以来周口地区发掘古墓数量最多的一次,为研究豫东地区的汉唐考古学文化提供了一批有价值的实物资料。1997年5月5日,郸城县境内出土的大汶口文化时期的高圈足镂孔灰陶豆被省政府依法征调到国家级博物馆河南博物院。该文物是国家文物鉴定委员会确认的国家一级文物。

五、广播事业的发展

郸城的广播电视工作,始终坚持宣传、事业、创收、管理四位一体的方针,为全县两个文明建设做出了积极的贡献。1992年年底,全县广播"三化"达标乡镇7个,共拥有正规化机房17座,扩音机85部、

47 525瓦,架(埋)广播专线5 990千米,小喇叭174 320只,大喇叭820只,小喇叭入户率达75%。截至1997年,郸城拥有广播室498个,扩音机98部共53 900瓦,主干线路6 500千米,通响率达85%,通播率达96%。

郸城从1981年开始有了自己的电视塔,一般在晚间转播;到了1992年5月1日,郸城电视差转台耗资17万元,以增加的8频道形式开始了白天正式转播,其发射功率为300瓦;与此同时,贷款8万元,购置了第一批摄像机、录音机、编辑机,为自办节目打下了基础;1993年,在北京广播电台技术人员的指导下,对原300瓦发射机进行改装,使发射功率达到1 000瓦,其覆盖率遍及全县。同年,自办节目《郸城新闻》《郸城信息》《点歌台》与观众见面。1994—1998年,共投资154万元,用于购置采访车、广播采编设备、装备摄像室、制作室、机房等;1993年,有线电视的发展被郸城县委、县政府作为目标管理写进了广播电视局工作规划中;7月1日,有线电视在党的生日当天正式开播,全天24小时转播中央及省上星节目12套,到年底,已拥有用户2 200户;1995年,有线台正式考察了可替代有线广播电视主干线、在距离80千米范围内,把广播电视信号传送到用户终端的MMDS(普及农村有线电视专用的多路微波传送专项设备),筹款开通了中央台电影、体育、文艺、综合四个加密频道,从而使有线电视转播达到了16个频道,用户也增至5 600户;1996年,经省厅批准,县四大班子研究同意把"MMDS工程立项建设,当年发射台安装完毕,作为该工程的附属工程的发射机房也破土动工,并于次年完工;1997年5月,投资120多万元、建筑面积1 800平方米的广播电视综合大楼全面完工并投入使用,从而解决了广播电视局机关办公、有线台办公、有线电视机房、农村有线广播电视信号传输及服务公司营业场所和职工娱乐场所等诸多问题,其输出信号和服务功能更加趋于完善,当年用户增至6 000户。广播电视事业的发展为及时传播党的方针政策,推动两个文明建设,丰富人民群众的精神、文化生活发挥了巨大的作用。

六、卫生事业的发展

1979年12月郸城县人民医院建立了全国县级医院第一个显微

科,显微科开展了断指(肢)再植、足趾游离再造手术、游离皮瓣、足趾、肠段等 14 个项目的移植手术。到 1997 年,郸城显微科在为全国各地培训大批人才的同时,其医务人员也由最初的 5 人增至 18 人,仪器设备由 4 套(件)增至 9 套(件),施行各种手术 14 000 余例,其断臂再植手术已经达到国内外先进水平,曾获省、地重大科技成果奖和全国医药科学大奖个人奖。该科的创始人周礼荣除 1983 年被省委、省政府授予"人民的好医生"荣誉称号外,同年省政府还在郸城县人民医院设立了显微外科研究所,并任命周礼荣为所长。

1990 年年底,郸城的医疗卫生事业在改革的推动下,围绕农村医疗、预防保健和振兴中医药"三大战略",全县的医疗机构日趋完善,技术水平不断提高,形成了综合医院、专科医院、妇幼保健、卫生学校、职业病防治等科研与教学为一体的普及城乡的预防、医疗保健网络体系。

1993 年,郸城县正式启动了"爱婴工程",1994 年,经省卫生厅组织专家评估,郸城县妇幼保健院被评定为国家级"爱婴医院"。

1996 年,河南省在郸城召开全省合作医疗工作现场会议,推动了合作医疗工作的开展,截至 1997 年年底,全县 20 个乡镇全部推行了不同形式的合作医疗,郸城县的农村合作医疗走到了全区的先进行列。

同时,县人民医院还开展了脑腔外科、泌尿外科等手术,其中一些项目已经达到了国内、国际水平,1997 年,全县卫生机构总数达到了 927 个,拥有床位 1 206 张,卫生专业技术人员 1 436 人,其中主任医师 1 人,副主任医师 35 人,中级卫生技术人员 24 人,初级卫生技术人员 353 人,卫生院拥有千万元以上的大型医疗设备 639 台(件)。同时建成了较为完善的医疗、预防、保健服务网络,各种疾病发病率明显下降,有效地保障了人民的生命安全和健康水平的提高。

1998 年,郸城县人民医院争创二甲医院已顺利通过省政府验收,该院是全省县级医院中唯一获此殊荣的医院。

第七节 小康村建设

20 世纪 80 年代,中共中央就提出了到 2000 年国民生产总值要比 1980 年翻两番,使人民生活水平达到小康水平的奋斗目标。20 世纪 90 年代初,中共十三届八中全会进一步提出:实现小康是整个 20 世纪 90 年代全国农业和农村工作的总目标和总任务。在全面发展农村经济的基础上,使广大农民的生活从温饱达到小康水平,逐步实现物质生活比较丰富,精神生活比较充实,居住环境改善,健康水平提高,公益事业发展,社会治安良好。

党的十三届八中全会后不久,在省委五届三次全体(扩大会)会议上,省委书记侯宗宾作了题为《坚持"团结奋进,振兴河南"的指导思想,努力使各项工作取得新进展》的工作报告。提出以实现小康目标统揽农村工作全局,推动农村各项事业的发展。1992 年 1 月 28 ~ 30 日,周口地委召开扩大会议。会议分别对全区的小康村建设活动和农村、农业工作做了具体安排部署,讨论并下发了《中共周口地委、周口行署关于开展小康村建设活动的意见》。至此,郸城县委、县政府认真贯彻落实中共八中全会、省委五届三次(扩大)会议和地委扩大会议精神,1992 年 3 月 1 日出台了《关于小康村建设活动的试行意见》,提出了郸城县小康村建设的总目标:到 2000 年力争全县 503 个行政村全部小康化。其基本标准是:①亩均产量 750 千克或亩均产值 1 300 元,旱涝保收田占机耕面积的 80%;②农民人均纯收入达到 1 500 元;③每户农民拥有电视机、收音机、电风扇等家庭耐用消费品 3 件以上;④拥有初级以上技术职称的农民技术员 5% 以上;⑤十好家庭户占 80% 以上;⑥人均住房面积 18 平方米;⑦村有电话、自来水和邮箱;⑧有村办医疗室,拥有 2% 左右的卫生人员。⑨计划生育率达到 100%;⑩社会治安良好。同时,郸城县确定到"1997 年提前三年达小康"的时间表和加快农村小康村建设的具体措施:继续稳定农村政策,深化农村改革;发展双层经营,建立健全农村社会化服务体系;实施科技兴农战略,提高农村科技水平;继续抓好农田水利基本建设和基础设施的管护;抓好双瓮厕所的推广,增加优质有机肥料;改善

农村环境;优化产业结构,发展优质高效产业;解放思想,加快步伐,实现乡镇企业迅速发展;围绕实现小康目标,全面推进农村精神文明建设;严格控制人口增长,实行计划生育一票否决;以实现小康总目标、总任务统揽农村工作全局,切实加强领导,把各项措施落到实处,推动全县小康计划的顺利实施。

为了推动全县小康村建设的步伐,1993年1月28日,郸城县委根据省委1月10～13日在南阳召开的全省农村工作会议精神,召开了县四大班子联席会议,传达贯彻了全省南阳会议精神,就如何做好农村工作,加快郸城农村奔小康的步伐提出了具体要求。县委、县政府又重新修订了小康村建设发展规划。提出了到20世纪末,郸城主要经济收入指标达到全省人均水平、国民经济总产值在1990年的基础上再翻一番,实现小康目标。到1995年年底,全县有大部分乡镇和大部分乡村基本上达到了小康标准,占全县乡村总数的69.6%。

从1997年开始,郸城县委、县政府把村镇建设和城镇建设与调整产业结构同推进小康村建设紧密结合起来,通过几年的常抓不懈的扎实工作,全县村镇建设和县城建设取得了重大进展。到2000年,全县人口达3000人以上的行政村全部完成了村镇规划,并通过了评审。一些行政村并开始按规划进行建设;省定的小康村建设示范村和市定的村镇建设示范村全部按照规划实行了较大规模的旧村改造。如虎岗的常营、白马、汲冢、石槽等一批典型示范村镇面貌都发生了重大变化,当地群众的生活环境和生活质量都有了显著改观。

第八节　基础设施建设

一、道路建设

郸城县委、县政府历来重视基础设施建设工作,始终把交通、邮电、供水、供热、供气及商业网点的建设放在重要的议事日程上。

改革开放前,郸城只是一个规模不大的集镇,辐射面积小,房屋破旧低矮,道路窄狭不平,没有县城的样子。随着经济的快速发展,

县城建设被提到议事日程。1986—1990 年郸城共完成新建和改建主要道路 5 条、硬化县城环城公路 11.2 千米,总长 121.7 千米,其中,新铺筑干线道路 25 千米,县、乡公路 21 条、52 千米。1990 年年底,全县县乡公路比 1985 年增加 10 条,通车里程比 1985 年增加了 110.4%;1990 年,全县干线公路达 95.6 千米,县乡公路达 189 千米,还在主要河道上共建大中桥梁 13 座。这样,在郸城境内基本实现了县乡通油路、乡乡通公路、村村通机动车的目标。同时,全县干线路的养护标准不断提高,连续 3 年荣获省"一类公路县"称号。"七五"期末,郸城汽车货运总量达 46 吨,比 1985 年增长了 76.9%。1993 年完成新华路的配套工程及人民路、建设路、长寿路南段的拓宽、铺油和西环路 4.72 千米的铺油工程;1994 年,完成了西环路 7.12 千米的铺油任务和城内 12 万平方米的道路硬化工程;1995 年,开通了新华路东段和交通路东段,建立了垃圾场,沿街设立了垃圾箱。1996 年,郸城的城镇建设和配套设施不断有了新的进展,当年总建设费用达 443 万元,比上年增长了 193%;1997—1998 年,先后拓宽了交通路,开通了新华路西段,拓宽了人民路南路南段,打开了郸城的南大门。1999 年,新修建支农路 1 785 米,新华路西段二期工程 1 850 米,栽植各种花卉、树木 5 万株,街道绿化面积达 5 250 平方米;投资 1 100 万元新修的世纪大道,投资 716 万元修建雨污分流及万吨自来水工程。

二、旧城区改造

城镇建设配套工程日臻完善,1990 年后郸城县进行了大面积的旧城区改造,仅 1993 年,县城内新竣工建筑面积 2.31 万平方米;到 1998 年,按规划新建设文明小区 15 个。"安居工程"住宅小区建设、综合大市场等工程全面启动,进展顺利,到 2000 年,全部按期完工。新建了第一、第二农贸市场、向阳街、小商品世界等各类市场 10 个。大批商业流通网点和实施的建成,为人们提供了众多的购物、娱乐、休闲场所,使郸城更具有现代城市的气息。

三、邮电通信工程

1993 年,电信程控大楼主体工程竣工,开通了无线电传呼业务;

县文化馆大楼建成并投入使用。1994年,5 000门程控电话进入全国自动化电话网;县城建成有线电视台并投入使用;广播、无线电视的辐射面进一步扩大,覆盖率达80%。1995年,开通了900兆移动通讯业务;当年无线电覆盖率达100%。1996年,有线电视发射中心大楼竣工并投入使用。实现了11 000门农话扩容、30 000户移动电话扩容。郸城县在能源、交通、通信等基础产业和基础设施建设的投资规模不断扩大,累计完成固定资产投资2.7亿元,年均增长32%;全县72%以上的行政村通了柏油路,无线寻呼和移动通信已达到无缝覆盖,实现了交换程控化、传输数字化。邮电、通讯事业的快速发展,极大地方便了工农业生产和人民群众的生活;城乡电网改造,为郸城经济发展带来了新的活力。1995年进行的发电改造工程,使县热电厂发电能力达到4 600万度,年供气能力达11万吨;全县503个行政村实现了村村通电;1998年年底实现了全县所有的自然村全部通电。

第九章　社会主义现代化建设时期郸城的发展

21世纪初郸城县委开始着力打造"农业大县""工业强县""科技强县""教育强县""中国书法之乡""中华诗词名县""中国戏剧之乡""国家级文明城市"等多张名片,从而推动郸城经济、政治、社会、文化和党建工作的稳健发展。

第一节　机构改革

1996年8月8日,按照省委、省政府以及地委、行署的统一安排和部署,郸城县委、县政府联合做出了《关于党政机构改革实施意见》。1997年6月,全县党政工作机构、人员编制、领导职数、内设机构均有不同幅度的精简:县直党政机构设置为33个,比原来的64个减少31个,精简48.4%;县直行政编制核定为750个(不含政法系统),比原来的843人减少93人,精简11%;全县20个乡镇共核定行政编制905人,比原来的1 049人减少144人,精简13.4%;各乡镇重新设置了党政、农业、经济贸易、社会事务、文教卫5个办事机构,乡镇以下不设派出机构,乡镇武装部单独设置。全县县、乡党政机关核定行政编制1 655人,比原来的1 892人减少237人。在此基础上,1997年10月又完成了"三定"(定职能、定机构、定编制)工作。1998年12月,郸城按照《国家公务员暂行条例》完成了党政机关工作人员到公务员的自然过渡,为全县首批参照过渡的41个单位的533人颁发了公务员证书。

事业单位机构改革与党政机构改革同步进行,分步实施。人大、政协机关和法院、检察院及群团机关的机构,则按照中发〔1996〕6 号、豫发〔1996〕7 号文件和地委、行署的具体实施意见进行机构改革,工、青、妇均按照各自的章程设置机构和人员设置进行改革。

根据国务院下发的《关于实行省级政府机构改革的几个具体问题的意见》和《关于省级党政机构改革的意见》,河南省又于 2001 年启动了新一轮的机构改革工作。2002 年 3 月 20 日,郸城县召开人事机构改革动员大会。县委、县政府制定了《中共郸城县委、郸城县人民政府关于县、县机构改革实施意见》(郸发〔2002〕1 号文件),《意见》对县党政、乡镇、事业单位机构设置与调整,人员编制和领导职数有关"三定"(定职能、机构、编制)工作做了较为详细的规定。为了保障机构改革的顺利进行,郸城出台了一系列与之相配套的政策和措施。按照改革的《意见》进行了改革。改革后,县委工作部门 7 个,部门管理机构 1 个,其他机构 2 个;县政府机构设置 24 个,县委、县政府内设机构均精简了 20%;县直机关行政编制精简比例为 23%,精简后执行行政编制为 578;县委机关、人大、政协机关行政编制精简比例为 20%,群团机关精简了 25%,政府机关行政编制精简了 23%;乡镇机关行政编制精简了 27%,精简后执行的行政编制是 660 名;政法机关专项编制精简了 10%,精简后政法机关执行专项编制为 462 名,其中,检察院机关 82 名,法院机关 107 名,公安机关 213 名,司法机关 60 名。

第二节　中共郸城县代表大会及双强工程

一、中共郸城县代表大会

(一)中共郸城县第八次代表大会

1998 年 3 月 19～20 日,中共郸城县第八次代表大会在县城小礼堂召开。参加大会的代表共 282 名,他们代表着全县各条战线27 367名党员,汇聚一堂,共商郸城党建和改革发展大计。

会上,王林贺代表中共郸城县第七届委员会做了题为《高举旗帜,开拓前进,把郸城现代化建设全面推向二十一世纪》的报告。报告回顾总结了县第七次党的代表大会以来的工作,大会提出了今后5年的主要经济目标。

大会讨论通过了《中国共产党郸城县第八次代表大会关于中共郸城第七届委员会工作报告的决议》和《中国共产党第八次代表大会关于中共郸城县纪律检查委员会工作报告的决议》。

大会按照党章及有关规定,以无记名投票的方式差额选举了中共郸城县第八届委员会委员33名、候补委员6名。在3月20日举行的中共郸城县第一次全体委员会议上,选举王林贺、王洪轩、王选岑、叶长丽、刘广明、刘洪山、杨钦臣、宋传修、武仲坦、胡道平、黄祥利为县委常委。报请地委批准,王林贺为县委书记,黄祥利、杨钦臣、刘洪山、王洪轩为县委副书记。

大会同时选举出新一届中共郸城县纪律检查委员会委员15名,在县纪委八届一次会议上,选举产生了由7名常委组成县纪委常委会,宋传修为县纪委书记。

(二)中共郸城县第九次代表大会

2003年6月18～21日,中国共产党郸城县第九次代表大会在县城举行,正式代表291名。大会主要议程:一是听取和审议中国共产党郸城县第八届委员会工作报告,确定今后五年全县工作的目标和任务;二是听取和审议中国共产党郸城县纪律检查委员会工作报告;三是按照党章的规定,选举产生中国共产党郸城县第九届委员会;四是选举产生中国共产党郸城县纪律检查委员会。

6月18日,黄祥利同志代表中国共产党郸城县第八届委员会向大会作题为《团结奋进,加快发展,为全面建设小康社会而奋斗》的工作报告,王建华同志代表中共郸城县纪律监察委员会向大会做了纪检监察工作报告。大会审议通过了《中国共产党郸城县第九次代表大会关于中共郸城县第八届委员会工作报告的决议》和《中国共产党郸城县第九次代表大会关于中共郸城县纪律检查委员会工作报告的决议》。

6月21日,选举中国共产党第九届委员会委员、候补委员,选举中国共产党郸城县纪律检查委员会委员。

6月21日下午,中国共产党郸城县第九届委员会举行第一次全体会议。选举于云城、马明超、王文杰、王建华、朱国恩、刘杰、刘广明、刘庆森、李柏森、张和云、徐汝庆、黄祥利为中共郸城县第九届委员会常务委员会委员;选举黄祥利为中国共产党郸城县第九届委员会书记;刘庆森、王文杰、徐汝庆、李柏森、王建华为副书记。王建华为中共郸城县纪律检查委员会书记。

(三)中共郸城县第十次代表大会

2006年5月31日至6月2日,中国共产党郸城县第十次代表大会在县城召开。参会代表301名,代表全县30 874名党员。

黄祥利代表中国共产党郸城县第九届委员会做题为《立足新起点、实现新突破、努力开创我县"十一五"发展新局面》的工作报告。报告总结了九次党代会以来的工作,确立了"十一五"发展规划和奋斗目标。

会议选举黄祥利、刘占方、尹君、张子敬、陈永辉、杨雪琴、何林峰、段传武、李建军、郭永林、胡建君为中国共产党郸城县第十届委员会常务委员会委员;选举黄祥利为县委书记,刘占方、尹君为县委副书记;选举张子敬为纪委书记,芦俊山、郝建军、王彪为纪委副书记;选举王超等43名同志为出席中共周口市二次代表大会代表。

2007年4月20日,李东升任中共郸城县委副书记。

2007年7月30日,陈志伟任中共郸城县委副书记。

(四)中共郸城县第十一次代表大会

2011年6月19～20日,中国共产党第十一次代表大会在县城人民大会堂召开。会议应到代表318人,实到代表306人,符合法定人数。刘占方代表中共郸城县第十届委员会做题为《转变发展方式推进富民强县　奋力实现郸城"十二五"规划科学发展新跨越》的工作报告,全面总结了过去五年的辉煌成就,绘制了今后五年的宏伟蓝图。

陈宏代表中共郸城县纪律检查委员会做题为《坚持改革创新,狠

抓工作落实,全面推进党风廉政建设和反腐败工作》的工作报告。

中国共产党郸城县十一届委员会第一次会议选举刘占方、刘广明、李建军、陈宏、戴亮、崔卫国、王伟、闫冬梅、张孔增、岳新坦、李涛为中共郸城县第十一届委员会常务委员会委员。

中共郸城县第十一届委员会常务委员会第一次会议选举刘占方为县委书记,刘广明、李建军为副书记,陈宏为纪检委书记。

2010 年 2 月 6 日,罗文阁任中共郸城县委副书记。

二、双强工程

2003 年以来,郸城县委、县委组织部始终坚持党建三级联创,实施双强工程,在全县 1 119 个基层党组织、30 874 名党员中,认真开展保持共产党员先进性教育活动,双强党员和双强党支部书记达 80%。2004 年郸城县被省委命名为全省农村基层组织建设先进县。

第三节 县域经济

一、工业经济

2000 年以来,郸城县委围绕全党抓经济、重点抓工业,大力实施工业立县、农业固本、城镇带动、科技先行、科学发展战略。坚持用突破的方法抓工作,抓住县域经济发展的关键环节不松手,在县域经济发展的重点工作上下功夫,持之以恒,常抓不懈,用重点工作的大突破实现县域经济的大发展。紧紧抓住工业发展,做大做强各类企业。毫不动摇地坚持"全党抓经济,重点抓工业"的指导方针,坚持把发展工业作为突破县域经济的牛鼻子。狠下功夫,全力突破,重点抓好总投资 10.64 亿元的 10 个工业项目。一方面紧紧抓住财鑫、金丹两个龙头企业,进一步做强做大,使财鑫销售收入达到 50 个亿,金丹销售收入达到 30 个亿。另一方面,积极培育壮大更多的中小企业,使产值超亿元的企业达到 20 个。2005 年财鑫集团跻身全省百强企业,被评为全国最具生命力的百强非公有制企业;金丹公司跃居乳酸行业世界第二位;郸城金星啤酒、旭日纺织、方胜搪瓷、天工木业等一批骨干

企业不断发展壮大。

2006年,中共郸城县第十次党代会提出坚持以工业经济和招商引资项目建设优化环境为着力点,实现工业立县新突破。是年,财鑫集团年产值完成16.5亿元,税收突破5 000万元,成为全市第一纳税大户;金丹公司生产规模亚洲第一,世界第二,成为全国表彰的36家农产品深加工外贸出口和国债项目先进单位,被省政府命名为全省50家高成长型企业,是全市第一家申报国家高技术专项成功的企业;天工木业公司已具有12万方板材的生产能力,成为全省最大的桐木拼板生产企业;华泰橡胶、豫兴复合肥、益民污水处理、恒丰纸业等8家企业入住城东工业区。2007年财鑫金丹入围省百户重点企业,财鑫集团实现产值21亿元,上缴税金4 600多万元,被评为全国农业产业优秀龙头企业。金丹公司实现产值4.5亿元,上缴税金1 800万元。天豫经贸、天工木业,金星啤酒等一批企业健康发展、产销两旺。投资3.34亿元的财鑫集团煤气化工艺改造项目和投资2.7亿元的金丹公司年产5万吨L型乳酸项目,被列入市十五项重大工程。2008年重点企业进一步做强做大,财鑫集团投资6亿元新上了第二液糖、植脂沫、复合肥三期、新型建材四个项目,并与国内500强企业晋煤集团合作成立了郸城晋鑫化工公司,签订了总投资5亿元的10万吨甲醇、8万吨尿素等建设项目。金丹公司新增了4万吨产能改造项目,形成了10万吨乳酸生产能力。财鑫和金丹双双被省委、省政府授予"河南省农业产业优秀龙头企业"称号。江苏东华集团与旭日公司合作,成立了郸城同昌纺织有限公司,迅速恢复了3万锭棉纱生产能力。晋开公司、东华集团、郑州国华、北京和惠、杭州多博等一批国内知名企业落户郸城。2008年规模以上工业企业完成总产值68亿元,增长24.3%;完成增加值47亿元,增长28.1%;全社会固定资产投资完成48亿元,增长20%。社会消费品零售额完成25亿元,增长24%。财政一般预算收入完成2.01亿元,增长33.3%;税收收入占一般预算收入比重71.6%,居全市第二位。城镇居民人均可支配收入9 800元,增长20%。

2008年以来郸城形成了食品医药、生物化工和纺织服装三大支柱产业,做强了财鑫、金丹、天豫、迪冉等龙头企业。2011年金丹乳

159

酸、财鑫糖业年加工玉米 60 多万吨,成为全省最大的玉米加工基地;晋鑫化工、财鑫化工年产尿素、复合肥 120 万吨,成为豫东最大的化肥生产基地;东华纺织、鼎祥制衣、群得益服饰年加工"顶呱呱"、美特斯邦威、森马等名牌服装 4 000 万件,解决就业 4 000 多人。先后承接 24 个项目落户郸城,合同总投资 46.3 亿元,到位资金 36.1 亿元。全年新上 3 000 万元以上项目 20 个,总投资 45.9 亿元,其中 9 个被市政府确定为重点建设项目,总投资 18.4 亿元,年度计划投资 12.45 亿元,已完成投资 13.05 亿元,占年度计划投资的 105%;列入市政府"双十五工程"项目 2 个,已完成年度计划的 100%。其中金丹公司乳酸钠生产及 L 乳酸机电一体化、晋鑫公司年产 25 万吨合成氨、产业集聚区 6 个服装厂生产、文玉米线年产 2 万吨米面搭档、天豫薯业年产 6 000 吨环形粉丝和 5 000 吨彩色粉丝、迪冉药业化学合成药物等 6 个项目已建成投产;郸城承担的 63 个中央新增投资项目,总投资 2.84 亿元,目前,已完工 61 个,2 个在建,完成投资 2.8 亿元,占总投资的 98.3%。

2011 年新下达投资项目 40 个,总投资 4.5 亿元,完成 3.7 亿元,占总投资的 82%。已有 4 个工业项目按计划建成投产,10 项重点工程均提前完成。财鑫集团实现销售收入 73.8 亿元,同比增长 21%,实现利税 4.4 亿元,同比增长 24.1%;金丹乳酸科技有限公司实现销售收入 20.6 亿元,同比增长 25.1%,实现利税 1.2 亿元,同比增长 23.3%;天豫薯业公司实现销售收入 4.1 亿元,同比增长 25.4%,实现利税 1 亿元,同比增长 24.2%;迪冉药业实现销售收入 2.1 亿元,同比增长 26.4%,实现利税 0.8 亿元,同比增长 24.7%。

二、五大支柱产业

2001 年 3 月,县十届人大五次会议通过"十五"计划,提出了以培养壮大五大支柱产业为重点的工业调整方向、目标和任务。"五大"支柱产业是:食品、化工、医药、纺织、冶金。争取到 2005 年形成带动"五大"支柱产业年产值在 5 亿元以上的企业集团 1 个,年产值在 3 亿元以上的企业集团 5 个。按照加速建设"五大"支柱产业群体的目标调整产业思路,从 2001—2002 年,先后出台了有关经济结构调整规

划和加快郸城工业发展的若干规定等一系列政策措施,并在实践中积极创新和完善了一整套运作机制,推动了郸城工业结构调整的继续深入进行。

在具体的实施过程中,县工业办公室专门建立了调产项目库,并每年从中选择和落实一批重点项目,从而较好地保证了"五大"支柱产业的建设从项目储备、申报论证到开工建设得以顺利进展。在资产筹措机制方面:一是政府投资引导发展,县政府在财力十分紧张的情况下,共筹集资金3 580多万元,调产专项资金,扶持重点项目;二是银行融资推动发展,县委、县政府定期召开银企洽谈会,最大限度地争取银行资金的支持;三是多方筹集资金促发展,通过招商引资、争取上级专项资金等多种途径支持扶持支柱产业发展。仅2002年就引导吸纳了2.8亿元资金投向了结构调整重点项目。在企业运行机制方面,建立健全激励机制,促进调产进度。利用优化环境,实施人才战略等多种方法措施,支持保障调产工作的顺利进行。2001年,县委、县政府实施了金星啤酒集团郸城有限公司二期扩建、财鑫集团铁合金厂和液糖技改工程、搪瓷厂扩建工程、金丹乳酸新上L型乳酸项目、周棉纱厂3万锭技改项目为代表的重点调产项目。2001年年底实际累计用于工业企业的投资为2.2亿元,完成技改项目20个,其中,财鑫集团三项技改工程、金丹乳酸公司技改工程等项目已建成投产运行,铁合金、麦芽糊精、液糖、中成药、乳酸、棉纱和搪瓷制品等名优产品产销两旺,限额以上工业完成增加值2.66亿元,比2000年增长了14.7%。

2002年4月24日,周口市委、市政府在郸城召开了振兴周口经济现场会,全市各县(市)书记、县(市)长、企业家及市直有关部门的领导200余人参加了会议。会后,县委、县政府进一步加大对"五大"支柱产业群中重点项目的投资力度,当年,仅投资技改项目的资金就达1.4亿元,为历史最高年份。

三、民营企业

1997年党的十五大以后,郸城县委、县政府结合调整经济结构,把促进非公有制经济作为"兴工强农、扩城活商"战略的重要内容来抓。在工业"远学邯郸,近学周搪"的活动中,结合郸城的实际,先后出台了《郸城县企业改制实施意见》《贯彻落实抓大放小和解困再就业工作的若干政策的实施意见》《企业产权制度改革的实施意见》等十余个有关部门文件,制定落实了一系列优惠政策20条,调动了广大民营企业家投资建厂的积极性,推动了全县非公有制经济的迅猛发展,为改善所有制结构、增强全县整个国民经济的活力发挥了重要的促进作用。到1998年年底,全县民营企业和个体工商户总计为15 045户,从业人员为31 770人。其中民营企业236户,从业人员4 581户;个体工商户14 809户,从业人员27 189人。郸城个体私营经济的较快发展,成为郸城新的经济增长点,对繁荣郸城经济活跃城乡市场、方便人民生活、扩大就业、维护社会稳定做出了积极的贡献。但与全省、全国相比,当时郸城的非公有制经济仍然比较薄弱,存在着速度慢、规模小、档次低的问题,尤其是在经营管理、规模效益和技术进步方面的差距还很大。

为推进全县民营经济尽快发展壮大,2001年,县委、县政府专门成立了非公有制经济发展协调领导组,并于当年的3月,组织有关部门、部分乡镇领导和一些私营企业者20余人,由1名县委副书记带队赴浙江温州等地学习考察非公有制经济发展经验,使大家开阔眼界,受到了启发。6月12日,县委又邀请了相关专家向全县四大班子领导、各乡镇党委书记、乡(镇)长、县直各单位的主要负责人、主要企业负责人做了有关郸城企业改革的学术报告,使大家更进一步更新了观念,明确了企业改制工作的思路。县委在全县经济工作会议上提出个体经济发展的任务和要求,加大了民营经济发展的工作力度。由此,全县的民营企业也得以迅速发展壮大,一批产品档次高、经济基础好的民营企业很快成为资产千万元以上的大户。2011年以兼并、收购或合作经营方式先后实现了百年康鑫与武汉人福集团、财鑫集团与山东金正大集团、金丹公司与深圳创业投资公司等战略合作。人福和百年康鑫合作的年产30万件口服液项目,总投资2.3亿元,一期工程生产抗病毒口服液6.4亿支、冬凌草滴丸5亿支、灯盏花素滴丸10亿粒;二期工程计划生产动物疫苗。项目达产后,年新增产值6.1亿元,利税1.2亿元。财鑫集团和金正大合作的年产10万吨复

合肥项目,总投资5 000万元,已施工安装设备。金丹公司与深圳创业合作融资1.3亿元,有效解决了项目建设资金难题。

四、外贸事业

1996年始,郸城县委县政府大力营造外向型经济的发展环境,加速构建大经贸的经营格局,积极扩大对外开放,以应对中国加入WTO所带来的机遇和挑战,从此郸城外贸事业发展有了新的突破。1996年,郸城出口供货总值完成525万美元,进口贸易也实现了零的突破。到2001年,当年出口总额完成798万美元,比上年增长了1.5倍;出口品种继续增加,全年共出口产品涉及冶金、化工、铜板、食品4个大类;出口市场不断扩展,遍及10多个国家和地区,实现了出口市场多元化。到2002年,全县出口企业增加到17家,创汇总额完成926万美元,增幅在全市首位,其中,内资企业出口额为751万美元,外商投资企业出口额达211万美元,占市政府年初下达目标任务800万美元的120%,比上年增加了20.6%,直接利用外资1.56亿元。郸城对外开放工作两次在全省有关会议上作了典型发言。2005年郸城县对外开放成效显著,全年出口创汇1 561万美元,已有20多家省外独资或合资企业在郸城县落户发展,23家企业获得自营出口权。

五、城镇建设

2006年城镇水平迅速提高。新城区修通六纵六横主干道,完成组装30万平方米,绿化面积12万平方米;福景花园小区、天天假日大酒店、人民公园开工建设;三年累计投入1.2亿元,实施四化(绿化、竟化、净化、实化)畅通工程,先后对新华路、人民路等16条主要路段的路面进行了整治,对小街小巷和人行道进行硬化,更新硬化面积达56万平方米,整理和新修近35千米下水道,实施了引黑入洺工程,高标准治理洺河、调水渠,新建市民健身广场1个,新装路灯2 200多盏,新置放交通隔护栏11 000米,城市品位大大提高。2007年三区联动有序推进,新城区建成纵6横10条主干道,完成新区组装60万平方米,洺河和调水渠综合治理,东环路改造工程全面竣工。城东区建成标准厂房14幢,配套设施基本齐备。引黑入洺二期工程提闸放水,

污水处理厂建成运行,垃圾处理场一期工程完工,九大城建工程完成。新开发房地产 50 万平方米,土地招、拍、挂、收入 8 309 万元。2008 年城市基础设施有新的提升,财政拿出配套资金 6 100 万元,争取了总投资 9 600 万元的 108 千米县乡路建设任务,投资 3 000 万元完善了 6.8 千米工业区"三纵七横"道路,投资 2 600 万元建设了环城路闭合工程,投资 3 000 万元完成了新区 9 条网标闭合路线,完成道路硬化 35 条,铺设供水管道 28.8 千米,新植行道树 3 000 多株,新增绿地面积 2 万平方米,主要街道全部安装交通指控系统。县城区域面积达 30 平方千米,居民达到 20 万人。

在新城区开工建设南环与西三环、世纪大道与北出口闭合工程,完善主干道、次干道,加快了基础设施建设步伐。在进一步加快县直部分机关单位搬迁步伐的同时,大力发展房地产业,推进新区组装。2008 年城区房地产开发面积达到 50 万平方米。着力抓好总投资 18.45 亿元的十大重点城建工程,搞好廉租房、安居工程、公务员小区和县档案馆等与人民群众利益密切相关的城市基础设施建设。积极推进旧城和城中村改造,以实施洺河治理二期工程为抓手,进一步加大对洺河两岸的开发建设力度,全面启动十里商贸长廊建设,共同打造洺河这个郸城城建新的风景线。省道 207 线建设工程进展顺利、完成通车,通过组装新城区,改造老城区和建设城东工业区,县城区域面积达 18 平方千米,居民超过 13 万人。

2011 年,投资 1.2 亿元,建设 16 条城区道路和 8 条小街小巷,新修道路 16 千米,改造小街小巷 3.9 千米,修建给排水管网 23.6 千米,人行道硬化 8.30 万平方米,完成了交通路桥、富民路桥和三高南路桥建设。集中开展城市环境综合整治,实施城市精细化管理,着力解决城市违章搭建、占道经营、垃圾乱倒、车辆乱停等难点问题,全面提升了城市管理水平。县城面积达 23 平方千米、常住人口达 25 万人,县城的辐射带动和承载能力明显提升。安居工程建设力度不断加大。投资 1.7 亿元,开工建设了 17.9 万平方米、2 238 套保障性住房。其中,经济适用房 936 套、公租房 1 302 套,分别是市下达任务的 3.6 倍和 2.9 倍。

郸城县革命老区发展史

六、招商引资和项目建设

在原来以企招商、以商招商、以情招商的基础上,郸城县委县政府积极推进工业园区招商,促进更多的县内民营企业和对外招商项目落户园区。2007 年郸城县委正式成立了东工业区管理委员会,赋予其充分的人权、事权、财权和社会管理权,为东工业区的发展注入了新的生机和活力。

1996 年以后,郸城县委逐年加大招商力度和项目建设力度,招商资金和招商项目也逐年增多。1998 年,郸城组团参加在驻马店召开的 1998 年全国乡镇企业东西合作经贸洽谈会,郸城与外地客商签订了 10 份合作意向书,合计引资 8 860 万元。这期间,借助"东西合作示范工程"的机遇,郸城白马、丁村、张完等 8 个乡镇与沿海地区建立了友好关系。1998 年,在厦门举办的全国招商引资会上,郸城与外商签订 460 多万元的供货合同,洽谈了 6 个经贸投资项目。郸城还多次参与了商品展销会、经济技术洽谈会、经济贸易洽谈会和招商会,签订了一系列经贸合同和协议。

2005 年,招商引资和项目建设取得明显成效,全县引资 23.9 亿元,到位资金 12.9 亿元,新上和镇建各类项目 106 个,累计完成投资 13.5 亿元。积极争取国家政策性投资 1 亿多元,其中土地开发整理项目争取无偿资金 7 445 万元,现已到位资金 4 659 万元。郸城县在全市招商引资和项目建设综合检查评比中获得进步奖。城关镇福鑫洗衣机、城郊红双喜家具广场、中州商贸建材城、世纪花园、胡集金鑫白糊精、李楼合祥农业、宁平顺兴糠醛和豫东面粉等一批项目相继落地。城东工业区工业大道和 10 个标准化厂房开工,在全市率先全面启动工业区建设,开辟了推进招商引资、项目建设和工业发展的新途径。

2006 年,招商引资成效显著,招商引资新上 300 万元以上项目 57 个,合同引资 22 亿元,其中城东工业区入驻 3 000 万元以上项目 8 个,全县争取国家政策资金 2 亿多元,招商引资启动了房地产市场,山东、江苏、郑州等一批客商投资的房地产项目和教育园区相继建成并投入使用。

2007年,项目建设再上新台阶,全年新上项目52个,其中工业项目29个,总投资14亿元的24个重点项目完成年度投资计划,争取黄淮四市扶持项目6个,争取资金1 400万元,投资3.34亿元的财鑫煤气化工等改造项目和投资7亿元的金丹公司年产5万吨L型乳酸项目被列入市"十五强重大工程"提前竣工投产。

2008年,招商引资迈出新步伐,10个工区项目全部完成,10大城建工程基本完工,10件惠民实事全面落实。

2009—2011年,郸城县招商力度逐年加大,2011年全年共争取全国新增500亿千克粮食生产能力规划等各类项目40个,争取上级各类政策性扶持资金16.62亿元,引进省外资金20.2亿元,境外资金2156万美元。全县招商引资新上重点项目30个,合同引资56.1亿元,到位资金32.7亿元。

七、新农村社区和中心镇建设

郸城县委县政府一直把中心镇和新农村建设当作统筹城乡发展的重要节点,中心镇建设突出地方特色,强化产业支撑,完善公共服务,对街道、水电等基础设施和学校、医院、机关以及商贸、餐饮等服务设施进行统一规划和建设,2011年扎实推进汲冢、吴台、宁平、钱店、石槽、南丰、白马、宜路等一批独具特色的中心镇建设。

新型农村社区建设,紧紧围绕省市部署,重点在县城周边、产业集聚区附近和乡镇政府所在地率先开展新型农村社区建设。新城张蒿楼社区、汲冢镇柴堂社区等重点社区建设进展顺利,完成了前期各项工作,引入了中棉集团等投资商开发建设,初步探索出市场化运作的新型社区建设新模式。

第四节　农村改革和农业经济

1998年3月,中共郸城县第八次党代会提出解决"三农"问题是郸城县各级党组织的"首要任务",在全面落实党在农村基本政策的基础上,通过实施"6688"工程,强力推进农业产业化进程;加强农业基础设施建设,进一步改善农业生产条件;依靠科技进步,发展高效

农业;继续抓好林业生产,巩固造林绿化成果;大力发展畜牧业生产,推动畜牧产业化进程;进一步减轻农民负担,严肃查处加重农民负担的违法违纪行为,保护农民的生产积极性等举措,实现了"农业增产,农民增收,农村稳定"目标。2002 年,全县农业总产值达到 26.8 亿元,年均递增 3.5%;粮食总产达到 75 万吨,年均递增 1.8%;乡镇企业总产值达到 46.2 亿元,年均递增 16%;农民人均纯收入达到 2 500元,年均递增 9%。

一、土地承包工作

为了进一步稳定党在农村的各项政策,切实调动和保护农民的生产积极性。郸城县委县政府坚持稳定家庭承包经营、统分结合的双层经营体制,抓好土地承包工作。1998 年的 10 月,在全县 20 个乡镇 501 个行政村、4 998 个村民组中,除城关镇 6 个办事处外,应延包的 4 969 个村民组的土地全部确权到户。在整个过程中,无一例延包上访事件发生。

二、农田水利基本建设

1998 年 10 月开始到 11 月底结束,人力、机械共同开挖的洺河治理工程竣工,每年可引水 2 500 万立方米,新增引水补源面积达 25 万亩,年增加经济效益可达 1.25 亿元;全年新打机井 4 350 眼,全县机井总数增加到 23 340 眼,新增灌溉面积 7.5 万亩,总机灌面积达到 68.7 万亩,新增旱涝保收田达 7.5 万亩,总旱涝保收田面积达 52.2 万亩;2007 年新打机井 809 眼,有效灌溉面积达到 92 万亩。2011 年郸城被确定为全省小型农田水利建设重点县。一批重点农业基础设施项目进展顺利:一是总投资 4 883 万元的农业综合开发土地治理项目,整理土地 3.7 万亩,新打机井 334 眼、修复机井 21 眼,开挖疏通沟渠 69 千米,渠系建筑物 278 座,埋设管道 36 千米。二是总投资 1 250万元的新增千亿斤粮食项目,新打机井 398 眼,开挖沟渠 43.6 千米,建设高产稳产田 2.5 万亩。三是总投资 1.09 亿元土地整理项目,已完成新打机井 671 眼,开挖疏浚沟渠 111.5 千米,新建维修桥涵 189座,整修道路 35.6 千米,新增耕地 180 公顷。四是投资 910 万元的科

技扶贫项目,完成13个整村推进农村基础设施建设任务,实现1.4万人脱贫。此外,总投资1 760万元小型农田水利建设重点县工程和总投资13亿元的豫东基本农田整理项目正在组织实施。农田水利基础地位进一步夯实,为农业的增产丰收提供了重要保障。

三、畜牧业养殖

1998年郸城县进一步优化畜禽养殖结构,促进了畜牧业生产的发展,到年底,全县黄牛存栏23.1万头,山绵羊存栏39.9万头,生猪存栏44.4万头。

2000年4月28日,郸城县专门在石槽镇召开全县畜牧工作会议。会议传达贯彻了省、地农村工作会议精神和畜牧工作会议精神,分析了郸城的畜牧业生产形势,确定了以发展猪、鸡、羊、牛规模化养殖为重点,狠抓畜牧业结构调整工作思路。

2001—2007年,郸城县畜牧养殖业规模养殖发展迅速。到2007年,能繁母猪发展到7万头,实现畜牧业产值24亿元。

2008年,推进"三退三进"养殖模式,推进现代畜牧业建设,全县初步形成了以汲冢、李楼为重点的蛋鸡生产,以胡集、城郊、吴台为重点的肉牛生产,以巴集、钱店为重点的槐山羊生产和以汲水等乡镇为重点的生猪生产等四大优质畜牧产品生产区。

2011年11月底,全县牛、生猪、羊、家禽存栏分别可达到8.23万头、53.88万头、35.13万只、713.6万只,出栏分别可达到5.12万头、85.32万头、39.43万只、998.45万只。全县各规模养殖场已达到2 095个,其中新建150个,完成全年目标任务的100%。肉蛋总产量分别达到8.84万吨和4.52万吨,牧业产值达到25亿元。

四、林业发展

1996年,郸城县的林业发展进入快速时代。1998年植树420万株,条林240万墩,总林木发展到4 100万株(墩),林木覆盖率达16.9%,林网合格率达92.8%。2002年植树470万株,农田林网面积新增5万亩,到达120万亩,顺利地通过了省高级平原绿化县达标验收;在植树造林方面,先后涌现出了钱店等农田林网防护林建设、城

关镇等观光园区建设先进典型乡镇。2007年春季植树3 400万株,新植林网12万亩;2011年全县林地面积28万亩,植树165万株,林木覆盖率达到24.1%。

五、"6688"工程

1998年初,郸城县委、县政府按照"开发产品建基地,围绕基地建市场,建好市场促发展"的思路,确立了全面实施"6688"工程(指6大龙头企业:金丹化工、华天淀粉、京豫制药、天工木业、液糖、小麦加工;6大市场:宜路中药材市场、双楼五籽西瓜批发市场、汲冢中原第一粉条大市场、胡集阁楼农贸综合大市场、吴台黄牛交易市场、城郊蔬菜批发市场;8大主导产品:小麦、玉米、红薯、棉花、瓜菜、烟叶、药材、畜禽;8大基地:双百万亩粮食生产基地、25万亩红薯生产基地、25万亩优质棉生产基地、10万亩蔬菜生产基地、5万亩无籽西瓜生产基地、5万亩中药材生产基地、6万亩烟叶生产基地、黄牛饲养基地)的目标,截至1998年年底,计划中6个市场已建成2个;6大龙头企业从政策、资金方面得到了支持,发展态势良好;8大生产基地初具规模,"南部药材北部棉,中部瓜菜东西烟"的区域格局已初步形成。

六、乡镇企业

1998年,为进一步加大乡镇企业的工作力度,郸城县委县政府出台了《关于大力发展乡镇企业的决定》等七个重要文件,对重点乡镇企业挂牌保护,认真贯彻落实企业减负条例,实施了"书记工程"等,促进了全县乡镇企业的发展,是年全县新发展乡镇企业206个,其中固定资产投资在100万元以上的11个,50万元以上的35个,全县新增固定资产投资6 479万元。

2002年,国家对郸城的财政扶持力度进一步加大,郸城的乡镇企业得到了蓬勃发展,当年全县乡镇企业产值达39.6亿元,出口创汇1 489万美元。从而增加了农民收入,提高了人民的生活水平。

七、农村经济

1998年,郸城县大力推广和应用现有的农业技术成果,积极引进

山东寿光的日光温室、棚菜生产以及泌阳的花菇生产技术等。全县良种覆盖率达 98% 以上,菜农收益很大,很受农民欢迎。

2001 年 3 月,县委、县政府制定了《关于进一步推进农业产业化经营的意见》,进一步明确了全县推进农业结构调整、加快农业产业化步伐的总体思路和奋斗目标。

根据郸城农业发展状况,县委提出了以市场为导向,以提高经济效益为中心,以调整优化结构为主线,以狠抓近农"龙头"企业为手段,以增加农民收入为目的,全面推进农村经济发展的工作指导思想,大力发展集约高效农业、大棚温室、经济作物和一年三熟以上的间作套种模式。2001 年 4 月 4 日,县委、县政府在白马镇召开高效农业现场会,对全县高效农业的发展起到了很大的促进作用,当年,全县共发展日光温室 6 980 个,建塑料大棚 21 000 个、高效园区 70 个;间作套种面积扩展到 70 万亩,其中,四种四收 30 万亩。全县各乡镇根据各自特点,加大了种植结构的调整:东风乡发展了 2 万亩大蒜,石槽镇发展了 1 万亩大葱,宜路镇、白马镇、秋渠乡种植了 10 万亩小辣椒,汲冢镇、李楼乡集中种植了优质红薯,城郊乡、胡集乡集中种植了蔬菜,张完乡、汲水、南丰等乡镇集中发展了优质油料、烟叶和林果业。

1996 年以来,县委始终围绕实现农业产业化,引导全县农村乡镇企业和农民个人,由传统的单家独户的小农经济开始向产供销一体化迈进,并开始形成了产业链模式,其主要形式有三种:一是"公司+基地+农户"的经营模式,作为全县的龙头企业,周棉纱厂、金丹公司、财鑫液糖、华天淀粉等企业,以当地的小麦、玉米、红薯、棉花等为原材料,促进了全县农副产品的加工转化增值,增加了农民的收入,带动了郸城六大农产品生产基地的发展。二是科技服务开发模式,县食用菌研究所,通过为食用菌种植户提供菌种、常规种植技术、市场信息和回收食用菌产品等形式,在石槽、汲冢、丁村三乡镇建起多处基地;这种一头连着菌农,一头连着市场的模式,带动全县种植食用菌的发展。到 2001 年年底,全县共种植食用菌 1 000 多万袋。与此同时,他们还加强食用菌深加工的研发,推动食用菌罐头等系列产品打入市场,为郸城培植了一个新的产业。三是"能人"、大户带动模

式,一批有眼光的"能人",带头承包荒地、小河流域等,办起了砖瓦场、生态园区等,既有效地吸纳了农村劳动力,又促进了农业产业化的发展。

2002 年,养殖业和经济作物的比例进一步提高;先后形成了郸城南部优质专用粮、畜产品生产基地,东部优质烟生产基地,西北部优质红薯、中棉生产基地,中部无公害蔬菜生产基地;这些基地的建成,带动了 110 个种植专业村的形成。2008 年全县农业总产值完成 48.1 亿元,增长 4.9%。夏粮单产突破千斤大关,粮食总产超过 20 亿斤,连续五年再创历史新高,为国家粮食安全做出了新的贡献。全县农民人均纯收入达到 3 900 元。2011 年充分发挥农业产业化龙头企业的引领和带动作用,发展农民专业合作社和农村经济合作组织 322 家,流转土地 28.2 万亩,创建近 30 万亩特色农业生产基地,农业产业化和规模化水平明显提升,农业基础地位日益巩固。粮食总产 16.3 亿斤,其中夏粮单产 1 000.6 斤,已连续九年丰产丰收,获得全国超级产粮大县称号。特色农产品初步实现了区域化种植、规模化发展、标准化管理、产业化经营,品牌效应进一步显现。如宜路、石槽、双楼、宁平、汲水、虎岗、吴台、胡集等乡镇的 15 万亩白术、西瓜、辣椒、棉花等"一乡一特色、一村一品"产业逐步形成。同时天豫薯业、民生薯业带动全县 10 万亩脱毒红薯生产基地,金丹乳酸、财鑫糖业带动全县 80 万亩高淀粉玉米生产基地,银海油脂带动全县 15 万亩优质大豆生产基地,豫东面粉、正星面粉带动全县 100 万亩优质小麦生产基地,上海迪冉、神农制药厂、百年康鑫药业、宜路宜兴专业合作社带动全县 10 万亩中药材生产基地。特别是黑皮冬瓜的规模种植和财鑫集团的万亩中药材种植,引起了省市广泛关注,郸城的中药材、无籽西瓜、黑皮冬瓜、山药、三樱椒等特色农产品,已远销上海、北京等国内多个大中城市。南丰镇引资 6 000 万元的千亩联片无公害蔬菜种植基地,涉及美国水果黄瓜、荷兰樱桃番茄等 20 多个品种,解决劳动力 1 300 多人,年产无公害蔬菜 3 000 多吨,年销售收入达 3 000 万元,为当地农民增加 1 200 多万元的收入。

八、新农村建设

2005 年,中共十六届五中全会通过的《"十一五"规划纲要建议》中,首次提出"建设社会主义新农村"。从此郸城县委县政府开始有计划有步骤地推进村容村貌整治工作,分类推进新农村建设,进一步提高全县农民的收入和生产、生活水平。2005 年年底安全饮水、节水灌溉等一批水利项目相继完成,农业抗灾能力进一步增强。土地"三项整治"取得明显成效,新增耕地 1.1 万亩,备案建设用地指标 5 820 亩;全市土地"三项整治"工作现场会在郸城召开。村村通油路工程完成年度计划,新增油路 115 千米,总通车里程达到 853 千米,交通框架和路网基本形成。农村税费改革取得重要成果,全面取消了农业税,实施对种粮农民直接补贴、良种补贴和大型农机具购置补贴,全县农民仅政策性增收就达 6 000 多万元。夏粮生产创造了全县单产414 千克、总产 4.97 亿千克的历史最高纪录。全县畜牧业产值完成11.8 亿元,占农业总产值的比重提高到 33%。以优质果林为主的林业生产呈现良好发展势头。人民生活水平进一步提高,农民人均纯收入达到 2 284 元,增长 12%。全县金融机构年末存款余额 33 亿元,增长 14.8%。全县广播电视混合覆盖率达到 100%,电话普及率进一步提高,移动通信实现无缝覆盖。城乡市场繁荣,商品供应充足,人民群众的衣食住行条件日益改善。

2006 年,农村经济快速发展,新农村建设开局良好,以"空心村"治理为重点的"三项整治"、置换建设用地指标,促进了新农村建设。全省土地"三项整治"现场会在郸城召开,中央电视台等多家媒体重点报道了这一成功的经验,并列入 2006 年中央及直属机关招录公务员考试的申论试题;投资 561.9 万元整体改造了 38 个行政村,争取上级政策性资金 196 万元,筹资帮扶资金 960 万元,带动农民投入沼气建设资金 3 500 万元,建设 459 个生态文明村,以虎岗乡常营、丁村乡的大贺庄等为代表的新农村建设示范村取得初步成效。全县粮食总产达 78.9 万吨,粮经比例达到 50∶50,粮食棉花生产连年跨入全国百强县。

2007—2011 年,新农村建设稳步健康发展。2007 年县委以"加

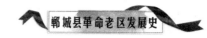

强三农"工作,全面落实惠农政策为先导,加快新农村建设。是年8项惠农政策补贴近2.5亿资金发放到农民手中,调动了农民种粮积极性,粮食生产四年连创新高。2007年总产达16.2亿斤;全面完成了农业综合开发项目,累计开发面积12.4万亩,完成土地整理面积3万亩。整治土地9 175亩,新建农村用沼气2万池,建设农家店390个,实现了户户通电目标。2008年,新农村建设取得新进展,全县农业产值完成48.1亿元,粮食总产超过10亿斤,夏粮单产突破千斤大关。先后投入3 600万元植树650万株,签订林木承包合同3 600份,拍卖道路361条860千米,拍卖沟河89条720千米。在新农村建设中,深入开展百企帮百村县直机关单位帮扶活动,结成100个帮建对子,投入资金5 500多万元,帮建项目122个,收到明显效果,全县初步形成了以虎岗乡长营村为代表的企业带动型,以丁村大贺庄代表的旅游拉动型和以宁平崔李庄为代表的高效农业型新农村建设模式。2011年,投资1.1亿元,大力开展土地"三项"整治,建设规模6.8万公顷,新增耕地213.1公顷。建成胡集郝寺、虎岗长营、丁村王拱等11个试点村和45个生态文明村。

第五节　社会事业的发展

一、教育事业的发展

1. 全面推进素质教育

1996年以来,郸城县政府出台了有关进一步加强素质教育的文件,全面推进素质教育,使全县的教育质量不断提高。1996—1999年,郸城连续四年夺取高考状元称号;到2000年,全县高考上线人数达1 929人。1998—2000年,每年向北京大学、清华大学等名校输送的学生数等于新中国成立后40年的总和。中学毕业生知识和能力同步增长,小学毕业生学科全能及格率达80%,优秀率达26%;教师队伍的整体素质不断提高,1996—2000年,全县共培训教师1 155人;在岗民办教师经培训考试合格者全部转为公办教师。2000年,郸城全县教师数量比1995年增加了2 834人,高中、初中、小学教师的学历

达标率分别达到了64.5%、80.5%和98%；电大、函授、自考等形式的成人教育每年招生都在千人以上；一定程度上满足了人们终生接受教育的需要；全县所属行政村的青壮年非盲率达95%以上。

2.教育经费逐年增长

国拨教育经费从1994年的1 950万元上升到2 000年的7 000多万元；用于改善办学条件的资金也不断增加，仅1996年全县用于改善办学条件的资金就达1 254万元，消灭危房10 100平方米，改造旧房1 900平方米，新建校舍21 817平方米；全县中小学全部实现了"六配套"，经过省、地有关部门的检查验收，全部合格；1998年，郸城全县90%以上的学校电教配备都达到了三类标准，图书、仪器、体、音、美以及电教器材也都达到了规范化要求；以计算机为核心的多媒体辅助教学技术也迅速在全县的中心小学推广应用。1999年年底，全县有电化教学试点学校1所，一个以服务为宗旨，教育电视台、卫星地面接收站、乡镇放映网点相配合的卫星电视教育网络初步形成。2000年，全县已装备电子计算机844台，建计算机教室19个，建多媒体教室18个，建高标准语音室和电子备课室5个。"九五"期间，全县用于改善办学条件的资金就达2亿多元，新建中小学校楼房173座，新建校舍面积30多万平方米，购置了3 000多万元的教学仪器等配套设备；全县中小学校的危房率控制在1%以下。真正实现了县域内最漂亮的房子是学校，最优美的环境是校园。

3.积极鼓励社会力量办学

1991年兴办第一所私立学校（又铭中学）。"九五"期间，全县共有43所私立学校，社会力量办学校已经初具规模，如希望高中、财源中学，等等。郸城社会力量办学在校生占全县在校学生总数的10%左右，初步改变了依靠政府办教育的单一格局。2000年，周口地区在郸城召开了全区社会力量办学现场会，对郸城的社会力量办学工作给予了充分肯定。

郸城通过实施跨世纪园丁工程，2000年，全县培养造就100名优秀校长，选拔出国家、省、地、县四级骨干教师835名，从而保证了全县教育工作连续数年的稳步发展，为"科教兴郸"战略的实施培训了大批优秀人才。

2001—2002 年,郸城教育工作以全面推进素质教育为主线,使全县的教育事业得到了快速发展,各项工作迈入了全市先进行列。县一高改建扩建工程(教学大楼、综合科技楼)于 2000 年开工,到 2002 年投入了使用。2002 年,全县参加普通高考上线人高达2 469人。

2003—2008 年,郸城教育快速发展。2005 年郸城县办学条件得到较大改善,投资 1 491 万元,改造 127 所、3.6 万平方米农村中小学D 级危房,危房改造面积居各县市区之首,占全市危改总数的近四分之一;认真落实"两免一补"政策,全县春季资助困难学生 88 760 人、秋季 88 754 人,资助资金 1 772.3 万元。2007 年,郸城县高、中招成绩获全市"八个第一"。被评为全省职业教育强县。通过"清编"拿出381 个编制,公开招录了一批农村中小学教师,教师队伍建设得到加强。认真落实农村义务教育政策,发放"两免一补"资金 5 583 万元。2008 年高招一本上线率居全市第二位。中招取得个人总分前 10 名、前十名人数、600 分以上尖子生人数三个全市第一,包揽全市个人总分前三名,继续保持了全市领先地位。

2009—2011 年,郸城教育工作再上新台阶,高中招成绩位居全市前列。2011 年高招夺得全市文、理科"双状元",7 名考生被清华、北大录取,一二三本上线率位居全市第一;郸城一高跻身河南省 15 所中学清华大学"领军人才"推荐资格学校名单;中招 600 分以上考生全市 92 人,郸城有 30 人,占全市的 33%。郸城县被表彰为周口唯一的省级教育工作先进县。职业教育攻坚计划扎实推进,职业学校招生注册人数 2 779 人,居全市第一,职业学生就业率95%,职业教育攻坚督导评估全市第一;教师队伍建设不断加强,公开招聘了特岗和农村中小学教师 500 多名,教师队伍进一步优化。

二、文化事业的发展

跨入新世纪,郸城的文化事业有新突破。2001 年《八仙过海》栏目越办越好,增加了文艺专题晚会活动,成为郸城文化艺术领域新的亮点。

2002—2007 年,郸城县文化事业日趋繁荣。2002 年,由县文联牵头举办了纪念毛泽东《在延安文艺座谈会上的讲话》发表 60 周年书

画展、庆祝建军 75 周年书画展、庆祝十六大胜利召开书画展,并成功举办第二届"公疗杯"书画电视大奖赛等。县一高、二高、三高分别创办了《晨曦》《为学报》《星火报》等,为培养文学方面新人创造了有利条件。群众文化异彩纷呈。有关部门多次组织文艺工作者举办文化"三下乡"活动,每逢重大节日,组织群众进行街头文艺演出。城市社区和农村乡镇每逢古庙会和喜庆日子时自发组织的文艺活动经常不断,呈现百花齐放的喜人景象。10 月组织为期两个半月的"群星风采"广场文化活动,既活跃了县城居民的业余文化生活,同时也为文艺工作者展示才华提供了舞台,在社会上受到了好评。2005 年,电视精品栏目《八仙过海》深受群众欢迎;群众体育、文化娱乐活动蓬勃兴起。2007 年"中国书法之乡"申报成功在即,"中国戏剧之乡"申报工作正式启动,《八仙过海》栏目成功举办 350 期,农村数字电视网络覆盖 19 个乡镇,用户突破 1 万户。县诗联学会、戏剧协会、舞蹈协会相继成立。

2008—2011 年,郸城县文化事业成就非凡。2008 年,中国书法之乡"申报成功,取得了首个国家级名片。在周口市戏曲大赛中,郸城县获得全部 11 项大奖,郸城县获得戏曲大赛唯一的一个金奖。在河南省第十一届戏剧大赛中,郸城县参赛剧目《云锦人家》荣获河南文华大奖。2008 年中原民俗园还被评为国家 2A 级旅游景区。2011 年郸城文化建设步伐加快,12 个乡镇文化站和 138 个农家书屋建设基本完成,为农村基层文化活动提供了坚强保障。文化遗产保护实现新突破,申报国家级文物保护单位的段寨遗址,宁平故城遗址通过国家文物局审查,有望近期获得国务院批复。

2012—2015 年,郸城县文化事业开创新局面。2012 年,郸城县新建乡镇文化站 12 个、农家书屋 131 个,举办大型文化活动 90 多场次,惠及群众 30 多万人次。郸城大鼓、坠剧、张振福泥塑被列入河南省非物质文化遗产保护名录。2013 年建立了郸城书画艺术交流中心,成立了文化产业公司,文化产业初具规模,书法、绘画、影视等文化产业年产值突破 1 亿元。豫剧《天职》荣获全国戏剧文化奖,县文化馆和图书馆被评为全国县级一级馆。2014 年,开展"舞台艺术送农民"、公益电影放映等活动 220 多场。郸城坠剧列入河南省非物质文化遗产,郸城大鼓通过国家级非物质文化遗产评审。2015年,以"德行郸城、美丽郸城"主题实践活动为载体,深入开展郸城县道德模范等系列评选活动,培育了全国道德模范提名奖获得者谢宇慧、中国红十字会全国代表王雪涛、全国自强模范王洪生、全国最美乡村教师张伟等一大批先进典型,好妯娌于秀琴、赵美荣荣登中国好人榜。广泛开展文明村镇、文明单位、文明岗位创建活动,全县现有省级文明单位19家、市级文明单位43家。全县有中国书协会员26人,占全市近1/3,中国书法之乡地位不断巩固,郸城大鼓通过国家级非物质文化遗产评审,被评为传统戏剧之乡。

2016—2019年,群众文化生活丰富多彩,郸城县文化影响力增强。2016年,郸城逐步加大文化广场、乡村文化大院、有线电视、宽带等文化设施建设力度,深入开展文化下乡等活动,开展"舞台艺术送农民"活动19场,农村公益电影放映5 856场次,群众文化生活更加丰富。2017年,郸城县注重加强公共文化设施建设,加快推进130个贫困村文化服务中心建设,建成19个示范性村级文化服务中心,县文化馆、图书馆、博物馆、乡镇综合文化站、村文化室等文化场馆均实现免费开放。开展各类文化活动360多场次,送文化下乡演出500场次,受益群众30余万人次,进一步丰富了群众精神文化生活。继续弘扬书法、戏剧、诗词等文化,增强郸城文化影响力。2019年,郸城文化软实力显著提升。一方面深入推进公共文化平台建设,推动媒体融合发展,形成"一次采集、多元生成、多端发布、新媒体首发、融媒体跟进"工作格局,实现新闻传播的全方位覆盖、全天候延伸、多领域拓展,提高了党媒的传播力、服务力、公信力、影响力,郸城县被评为全省县域融媒体建设试点县。依托丰厚文化资源,实施特色文化培育工程,深入挖掘王禅养生文化、汲黯廉政文化、中原民俗文化,郸城道情筒荣获河南省非物质文化遗产项目,郸城坠剧正在积极申报国家级非物质文化遗产保护项目。另一方面积极践行社会主义核心价值观,持续开展"两建三扶四评",召开第二届"十行百佳"表彰大会,精心打造传统美德墙、廉政文化墙、孝道文化墙、文明新风墙等12 000多处,向群众宣传中国优秀传统文化、文明新风,群众文化素养持续提升。以县乡村三级新时代文明实践中心(所、站)和村级文化广场

为载体,深入开展"全民阅读、经典诵读大赛""欢乐进万家舞动新郸城"广场舞展演等各类文明实践活动,用新思想占领农村宣传文化阵地,丰富了群众精神文化生活,文明新风蔚然成风。

三、实施科教兴郸战略

进入新世纪后,郸城县科技工作继续坚持以经济建设为中心,以产业结构调整为主线,面向农村、面向企业、面向基层,依靠高科技改造传统产业,进一步加大了科技成果的转化和推广力度,为全县的经济建设做出了积极的贡献。

2001年,郸城县委先后出台了《关于加强专业技术人才队伍建设的若干规定》《关于继续实行县委、县政府领导与优秀人才联系制度的通知》《关于建立科技人员业务实绩档案的通知》《关于与科技副职、优秀人才保持定期联系的通知》等七份文件,为加快科教兴郸进程奠定了良好的舆论环境和思想基础,促进了全县科技事业的发展。当年,全县共荣获县级以上科技成果37项,创造了良好的经济和社会效益。

2002年,郸城县人民政府聘请中科院院士、厦门大学教授赵玉芬为经济技术顾问。当年郸城科技事业获得县级以上科技成果奖26项。5月,郸城县神农制药厂通过了GMP认证;6月,郸城县财鑫糖业有限公司、财鑫化工有限责任公司、财鑫特种金属有限公司、财鑫(制麦)有限责任公司4家企业通过了中国质量认证中心的ISO 9001:2000质量管理体系认证;8月,郸城财鑫特种金属有限公司被省经贸委批准为中华人民共和国出口企业;9月,财鑫糖业有限公司被中国发酵工业协会评为"全国淀粉糖行业20强企业"。2011年建立2个博士后科研工作站和5个省级以上工程技术研究中心。金丹乳酸公司的"L-乳酸产业化关键技术研究与应用"荣获国家科技进步二等奖、河南省科技进步一等奖和省长质量奖。

四、卫生事业的发展

2000—2002年,郸城的卫生工作得到长足进展。组建了郸城县疾病控制中心和县卫生局监管所。全县卫生系统实行了"定编、定岗、定责"和全员聘任制。在初步建立医疗保险制度的基础上,继续不断完善管理,并选择符合条件的医疗单位实行定点制度。社区服务也得到了较快发展,城区内先后设立了社区卫生服务站和社区卫生保服务中心。2002年年底,全县医疗设备齐全,基本满足了城乡人民群众的就医需求。

2003—2008年,郸城县卫生事业稳健发展。2005年积极推进公共卫生体系建设,6所乡镇中心卫生院改造项目顺利完成,疾病预防控制中心建成并投入使用,医疗救治体系进一步完善。2007年,郸城县完成了新农合筹资工作,参合率达到86.13%。120急救调度中心正式启动,中医院门诊楼、妇幼保健院病房楼基本建成,改造乡镇卫生院3所。2008年,全面完成了新型农村合作医疗目标任务,健全完善了县乡村预防、医疗、监督三大卫生体系,全省新型农村合作医疗和标准化村级卫生室建设现场会在郸城召开,中央电视台《朝闻天下》栏目、《河南日报》头版头条对此进行了宣传报道。

2009—2011年,郸城卫生事业快速发展。2011年,全县所有行政村建立了标准化卫生室496个,新农合参合率达到99.6%,为全县122万人建立居民健康档案,逐步推进城乡公共卫生服务均等化,被评为全省农村卫生工作先进县;完善中医基础设施,在全县所有乡镇卫生院设立中医科,在村级标准化卫生所开设中医药服务项目,荣膺全国农村中医药工作先进单位;作为全省按病种付费工作试点单位,成功制订28个按病种付费临床途径,开展22个按病种付费病种共计1 074例。

第六节　民生事业

一、完善社会保障体系

2001年,郸城县委、县政府先后出台了一系列社会保障措施,进一步完善了社会保障体系。

养老、失业、医疗保障制度是建立和完善社会保障体系的三大支柱。郸城县20世纪90年代成立了县养老保险中心,2001年成立了

"郸城失业保险中心"。2002年,县劳动局更名为"郸城县劳动和社会保障局",从而逐步建立健全了社会保障机构。根据《社会保险费征缴暂行条例》和《失业保险条例》的规定,县劳动保险部门开展了形式多样的社会保险宣传活动,并对社会保险经办机构进行逐户排查登记。2002年年底,全县合作医疗覆盖率达80%。同年,郸城农村的养老保险工作也纳入了财政预算管理,为农保工作的健康开展奠定了一定的基础。

2008年农民直补到户率达到100%,免除了城市义务教育学杂费,两免一补资金全部发放到位。新建农家店152个,完成家电下乡4 856台(件)。新建和完善饮水安全工程4处,解决了4万人饮水安全问题。全县先后投入3 000多万元完善了城镇干部职工基本医疗保险和离休干部医疗保险制度,全面启动了城镇居民医疗保险、廉租房和经济适用房建设,进一步提升了城乡低保和五保户集中供养水平,建立了覆盖城乡的社会保障体系。

二、就业创业保民生

20世纪90年代末,郸城县就着力于做好再就业工作,着手制定和落实再就业培训计划,并由劳动部门牵头,会同县经委、监委财政、建行、人行、物价、工商、工会、妇联等12个部门,对各部门优惠政策的落实情况进行详细的检查,使其落实到位,帮助下岗职工尽快再就业。2000年,郸城县委、县政府把城市居民最低生活保障工作也纳入了重要议事日程。成立了"郸城最低生活保障管理中心",出台了郸城县城市居民最低生活保障实施意见,制定了与之相配套的郸城县城镇居民自谋职业收入评估标准和相关落实措施及工作制度,从而保证了全县低保工作的规范运行。各级财政积极落实低保配套资金,及时足额下拨,保证了低保资金的按时发放到每个城市低保户手中。

2006年,郸城县完成对4 711名农村劳动力转移培训。就业和社会保障成效明显,新增城镇就业人员4 830人,下岗失业人员再就业2 685人。

2008—2011年,通过实施稳定就业岗位、充分吸纳就业、促进劳

动者自主创业、加强技能培训、完善就业困难人员援助机制等政策，有效促进了就业创业。2011 年全县新增就业 9 982 人，城镇失业人员再就业 4 290 人，其中帮助"40""50"等困难人员就业 1471 人，城镇登记失业率控制在 3.9% 以内。

三、老有所养安民心

自古以来，郸城人民就有尊老敬老的美德，20 世纪八九十年代郸城大部分乡镇和少数行政村就办有敬老院。自实行养老保险以来，郸城县企业养老保险、医疗保险和失业保险覆盖面不断扩大，养老金按时足额发放。

2007 年新建敬老院 6 个，农村五保集中供养率达到 30%，城镇低保对象发展到 9 323 人，农村低保达 39 200 人，发放低保金 2 000 多万元。

第十章 新时代郸城各项事业的发展成就

党的十八以来,郸城县委县政府相继实施了"四区联动""四城联创""生态文明""三河一渠一沟"治理,使新城区和产业集聚区面貌一新、新农村建设步伐加快、人民生活水平日益提高、群众文化生活丰富多彩、精神文明和生态文明建设成果丰硕。郸城县综合实力大幅度提升,在全省县域经济综合实力排序中,由 2010 年的第 98 位提升至 2019 年的第 39 位,提高了 59 个位次。全县经济总量迈上 300 亿元台阶,年均增速位居全市第二位;一般公共预算收入达到 12.34 亿元,是 2010 年的 4 倍;居民收入增速持续高于全市平均水平。产业结构调整更优,第二、第三产业占比 84.3%,提高了 8.8 个百分点。城乡协调发展更优,城镇化率年均提高 1.71 个百分点,增速居全市前列。生态环境更优,各项指标优于全市平均水平。2020 年粮食总产达 27.4 亿斤,在全市粮食安全责任制考核中连续三年位居第一,粮食总产实现"十四连增",荣获全国首批"国家农村产业融合发展示范园"称号。

第一节 郸城县实施基层党组织星级化创建

一、中国共产党郸城县第十二次代表大会

2016 年 6 月 26~28 日,中共郸城县第十二次代表大会在县人民会堂召开,应到代表 319 名,实到代表 309 名,代表全县 3.39 万多名党员。罗文阁同志向大会做了《落实五大发展理念 实施四大发展战

略 为富民强县 全面建设小康社会而努力奋斗》的报告。中共郸城县十二届一次会议选举罗文阁为县委书记,李全林、崔卫国为县委副书记;选举牛正田为县纪委书记。

二、星级创建工程

2017 年,郸城县实施基层党组织星级化创建工程。新建村级活动场所 246 个,打造"五个好"党支部,80% 以上的村级党组织达到三星级以上。同时,持续加强软弱涣散党组织排查整治,对排查出的 45 个贫困村、软弱涣散村党组织开展集中帮扶,基层党组织的政治功能和组织功能进一步增强。着力抓好"两新"组织党建工作,新建非公经济党组织 12 个,社会组织党组织 26 个,基层党组织建设覆盖面进一步扩大。

2018 年,郸城县委扛牢压实党建主体责任,以提升组织力为重点,狠抓基层党组织建设。扎实做好村"两委"换届工作,选优配强村"两委"班子,新当选的 523 名村(社区)党支部书记中,农村致富带头人、回乡大中专毕业生和外出务工返乡创业人员达 356 人、占比68%;新当选的村(社区)"两委"成员中,40 岁以下干部占 36%,大专及以上学历占 47%,有效解决了村干部年龄偏大、文化程度较低、能力欠缺的问题,基层党支部的组织力、凝聚力、战斗力进一步增强。坚持"法纪结合、综合施治",抽调政法、组织、纪委、信访四个部门力量,开展软弱涣散村集中整治,坚持分类施策,53 个软弱涣散和后进村党组织全部得到转化提升,基层党组织的战斗堡垒作用更加坚实。全面加强党组织阵地建设,投资 1.33 亿元,新建整修村室 432 个、文化广场 469 个,建成"两委"办公、党员活动、村民议事、便民服务、教育培训、文化娱乐"六个中心",实现党员群众由"不想去"到"不想走"的转变。

三、坚持全面从严治党,持续巩固风清气正政治生态

2020 年,郸城县委牢固树立"抓好党建是最大政绩"理念,全面落实新时代党的建设总要求,突出抓好根本建设、基础建设、长远建设,全力推动党的建设高质量,为决胜全面建成小康社会提供坚强保证。

一是突出抓好政治建设。坚持以政治建设为统领,把做到"两个维护"作为讲政治的首要任务,坚决维护习近平总书记党中央的核心、全党的核心地位,坚决维护党中央权威和集中统一领导。持续深化拓展主题教育,依托党校主阵地、党建融平台、郸城党员教育基地,教育引导全县各级党员干部牢记党的宗旨,坚定理想信念,树牢"四个意识",坚定"四个自信",做到"两个维护",始终在思想上政治上行动上同以习近平同志为核心的党中央保持高度一致。

二是切实建强干部队伍。认真落实新时代"好干部"标准,注重在工作一线考察、识别、评价、使用干部,树立"重基层、重实践、重实绩"的用人导向。2020 年,新提拔科级干部 37 人,重用 121 人,平职交流 72 人,全县干部队伍结构更优化、活力更强劲、动能更充足。坚持严管与厚爱结合、激励与约束并重,为担当者担当,为干事者撑腰,健全干部综合考核评价体系,强化结果运用,充分调动了党员干部的干事创业热情。

三是着力夯实基层基础。牢固树立大抓基层的鲜明导向,以提升组织力为重点,把村级党组织分类定级工作与"逐村观摩"活动深度融合,出台评定办法,评定结果与村干部绩效和荣誉奖励挂钩,进一步调动了基层党组织工作的积极性、主动性。持续加强软弱涣散村动态排查整治,20 个软弱涣散村全部实现了转化提升。深入开展村级后备干部队伍建设,建立 1 900 多人的村级后备干部库,为村级组织注入源头活水。开展党组织基本制度落实定期集中审阅工作,全面深化农村党员积分管理和无职党员"一编三定"工作,常态化落实每月 25 日"主题党日"活动,基层党组织战斗堡垒和党员先锋模范作用进一步增强。

四是强化正风肃纪反腐。紧盯"四风"新动向,集中整治形式主义、官僚主义等问题,干部作风持续优化。加大监督检查力度,高标准建成"智慧纪检"科技监督平台,做实做细日常监督。持续保持惩治腐败高压态势,不断提高治理腐败效能,共处置问题线索 358 件,立案 179 件,结案 167 件,党纪政务处分 208 人,移送司法机关 33 人。充分发挥巡察利剑作用,县委所管理党组织巡察覆盖率达 92%,村(社区)组织巡察覆盖率达 100%。深入推进以案促改制度化常态化,

全县各级党组织开展以案促改警示教育 952 场次,修订完善制度 54 项,风清气正、海晏河清的政治生态不断稳固。

第二节　县域经济再上新台阶

一、工业经济

党的十八大以后,郸城县工业经济再上新台阶。2012 年全县规模以上工业总产值完成 310 亿元、增加值 77 亿元,实现利润 21 亿元,分别增长 20.5%、17.9% 和 20.5%。工业用电量完成 4.6 亿千瓦时,居全市第一位。产业集聚区主营业务收入完成 190.8 亿元,进入全省前 30 强行列。财鑫集团完成产值 69 亿元,实现利润 3.9 亿元;金丹公司完成产值 19 亿元,实现利润 8 324 万元;天豫薯业、迪冉制药、鼎祥制衣等重点企业也呈现出良好的发展势头。

2014—2018 年,郸城县工业经济又有新的突破。2015 年,郸城高新技术创业服务中心被认定为省级科技企业孵化器,金丹乳酸公司被评为"河南省百高工业企业",在新三板成功挂牌上市。2016 年,金丹乳酸成功登录新三板,即将主板上市,通驰电缆、金丹搪瓷等 6 家企业在郑州中原股权交易中心挂牌上市。2017 年,郸城县着力做强工业、企业,全县工业总产值完成 589.5 亿元,同比增长 9.3%;工业增加值 114.7 亿元,同比增长 7.9%;主营业务收入达 491.3 亿元,同比增长 11.9%;利润总额 32.9 亿元,同比增长 13.7%。2018 年,郸城县实施工业强县战略,大力推进巨鑫生物医药中间体、河南甜蜜蜜糖业、上合服饰、万佳再生资源等重点项目,进一步延伸产业链条,龙头企业带动能力进一步增强。着力完善基础设施和服务机制,加快推进高新区学校、医院、道路等基础设施建设,采取"一站式"服务,加强银企对接,及时帮助企业协调解决生产经营中用地、用人、融资等问题,进一步提升综合服务能力。2018 年,全县工业总产值完成 318.5 亿元、同比增长 9.6%,工业增加值 108.3 亿元、同比增长 7.5%,其中规模以上工业总产值完成 224.5 亿元,同比增长 9.7%;主营业务收入达 225.8 亿元,同比增长 10.6%。

2019年,郸城县深入推进供给侧结构性改革,引导企业进行智能化改造、绿色化改造和技术改造,支持生物、新材料、节能环保等新兴产业发展壮大,培育金丹科技、巨鑫药业等一大批骨干龙头企业,强力推进神农药业、巨鑫生物二期、瑞龙阻燃新材料、金丹热电等重点项目,新规划建设了伞业创业园、静脉产业园和建材产业园,进一步延伸产业链条,工业经济活力和竞争力持续增强。年全县工业总产值完成406.7亿元,同比增长12.8%,工业增加值121.6亿元,同比增长9%。

2020年,郸城县委坚持稳中求进工作总基调,统筹推进稳增长、促改革、调结构、惠民生、防风险各项工作,县域经济保持良好发展态势。2020年全县生产总值345.9亿元,同比增长5.5%;规模以上工业增加值同比增长7.5%,固定资产投资同比增长9%;社会消费品零售总额155亿元,同比增长12.5%。

二、城镇建设

2012—2018年,是郸城县城镇建设稳健、快速、持续、绿色、环保发展期。2012年,总投资6.5亿元新建、改建郸城至永登高速连接线、郸淮路、郸王路和皇姑河桥、黑河桥、蔡河桥等"三路六桥",有效缓解了群众反映强烈的出行难、出境难问题。2013年,先后投入3.4亿元,实施了引黑入洺、路网完善、污水处理等基础设施建设工程,先后修建城市道路30多千米,改造小街小巷10多条,城市辐射和承接能力进一步提升。加快推进教育园区和商务中心区建设,促进教育事业和第三产业发展。教育园区第二实验中学已投入使用,一高新校区主体工程竣工。投资3.4亿元,开工建设了S329绕城公路,完成了S329城郊马坟庄至闫楼段改造工程、南环路改造工程、西四环贯通、交通路中段贯通等县域道路改造工程,启动了S342、S403线升级改造项目,修建县乡道路50多千米、县乡公路桥梁6座,县域交通状况进一步改善。

2015年,累计完成固定资产投资23.3亿元,万洋国际博览城及陆鼎建材城一期已经投入使用,润商城市广场、新合鑫华睿时代广场、水之蓝国润城等项目正在加快推进,商务中心区综合实力和发展

速度均居全市第一位,被评为全省"十快"商务中心区。

2016 年,强力推进文明城创建工作,以争创省级文明城为抓手,深入开展"两违"综合治理,累计拆除"两违"建筑 41.4 万平方米。扎实推进城市环境综合整治,开通城市公交路线 6 条,新上新型节能公交 100 辆,有效治理了三轮车问题,启动了"小红帽"文明交通志愿者行动和千人签名活动,城市交通秩序明显好转。加强基础设施建设,开工建设人民路北段、育新路北段、世纪大道北段与郸淮一级路贯通工程,改造提升文化路、人民路、科技大道等 18 条城市主干道和长寿街、健康路等 10 条小街小巷;新增绿化面积 1.8 万平方米,疏通下水管网 3.8 万米,安装移动公厕 6 个,投放太阳能垃圾桶 400 个,建成停车位 1 250 个。加强城市精细化管理,严格落实门前"五包"和网格化管理,加大城区保洁力度,城市面貌焕然一新。

2018 年,郸城县着力提升城市建管水平,深入推进"四城联创、三级同创",抢抓百城建设提质工程机遇,加快推进智圣大道等 5 条市政道路建设,扎实开展洺南洺北集中供水工程,实施城市绿化亮化工程,推进支农路、人民路等污水管网建设。重拳打击"两违",拆除违法建设 368 处、15 万平方米。加快推进洺河生态水系建设,黑臭水体治理、环境景观提升等工程建设扎实推进。

2019 年,城乡发展更趋协调。坚持规划引领,完成海绵城市、地下综合管廊、绿地系统、排水防涝、消防、停车场等专项规划编制工作。加大出境道路建设力度,文昌大道东延至郸城工程竣工通车,全县一级公路总里程全市第一,内联外通、四通八达的大交通格局逐步形成。深入推进"四城联创、三区共建",积极争创国家卫生城市,扎实开展病媒生物防治、公共场所及生活饮用水卫生整治、"五小"行业卫生整顿等活动,创卫工作已顺利通过省级技术评估验收。世纪大道、新华路、育新路等道路提升工程基本完成,智圣大道、一高东路、南外环延长线等新建道路项目进展顺利,大力实施城市绿化亮化工程,扎实推进全民体育运动中心、交通客运东站、街头游园、停车场、公厕等服务设施建设,城市服务功能日益完善。加强城市精细化管理,严格落实路段分包责任和"门前五包"制度,重拳打击"两违",统筹推进城市环境治污、交通秩序治堵、市容环境治脏、公共服务治差,

完成郸城县数字化城管项目建设,持续提升城市管理精细化、智能化、专业化水平。

2020 年,郸城县以百城建设提质工程和"四城联创"为抓手,加快基础设施和公共服务设施建设,洺河生态水系已向群众开放,新华路等五条道路提升改造、府东路与和谐路南延、智圣大道新建道路和绿化等工程全面完成,丹成大道提升改造、垃圾焚烧发电和城市强弱电入地等工程加快建设,棚户区改造和老旧小区改造稳步推进,街头游园、垃圾中转站、公厕、停车场等服务设施日益完善,城市综合承载能力持续提升。加强城市精细化管理,严格落实路段分包责任和"门前五包"制度,大力实施城市绿化、美化、亮化工程,城市环境更加干净整洁,交通秩序更加规范有序,群众文明意识、健康素养进一步增强。创建"国家卫生县城"一举成功,全国文明城市提名城市顺利通过省级验收。大力实施乡村振兴战略,以"六村共建"为抓手,在去年 54 个示范村建设的基础上,投资 1.5 亿元,新建"六村共建"示范村 100 个,推动基础设施向乡村延伸,农村生产生活条件有效改善。坚持"扫干净、摆整齐、坑塘清"九字标准,以"三清一改"村庄清洁行动为重点,深入开展农村人居环境整治,建立"政府监管、社会保洁、群众参与"长效机制,村容村貌、户容户貌持续改善,乡村颜值不断提升。

三、招商引资和项目建设

党的十八大以来,郸城县的招商引资和项目建设成果丰硕、令人瞩目。2013 年先后引进落地了河南圣光集团投资 50 亿元的医药医疗器械孵化园、香港麦奇公司和财鑫集团合资 20 亿元的 60 万吨小麦深加工、濮阳鸿天威药业公司总投资 6 亿元的年产 5 000 吨医药中间体项目等一批重点工业项目,以及投资 21 亿元的万洋国际商贸物流城、投资 5 亿元的建业购物广场等一批重点商贸物流项目。全县新上 3 000 万元以上项目 82 个,总投资 180 亿元,合同引进外资 8 662 万美元,占年度任务的 225%,其中利用外资 5 800 万美元,占年度目标任务的 153%。郸城县在全省对外开放工作会议上做了典型发言。2015 年新上重点项目 46 个,总投资 328.6 亿元,其中金丹乳酸年产 5 万吨耐热级乳酸升级改造、陆鼎国际商贸城、久鸿农贸物流园、建业购物广场等一批项目基本完成,公驰塑胶二期工程、G220 郸城至宁洛高速沈丘出口段升级改造工程、河南现代农业科技示范园配套设施工程等项目快速推进,有力增强了发展后劲。

2016—2019 年,郸城招商引资和项目建设扎实推进、成就突出。2016 年新上 1 000 万元以上项目 86 个,总投资 220 亿元。金丹乳酸年产 8 万吨高精纯乳酸及热电联产建设项目、圣光医药医疗器械生产项目等 3 个省重点项目完成投资 25.5 亿元,占年度计划投资的108.5%;巨鑫科技医药中间体二期工程项目、公驰塑胶大口径管材生产二期工程、中医院新区建设项目等 20 个市重点项目完成投资71.2 亿元,占年度计划投资的 124.7%;卫生综合服务中心建设项目、第二实验小学建设项目、数码天网技防工程等 21 个县重点项目建成或接近完成,在全市重点项目集中观摩点评中,郸城县荣获一等奖。

2017 年,全年新上 1 000 万元以上项目 106 个,总投资 280 亿元。其中,列入省重点项目 6 个,年度计划投资 23.8 亿元,1～11 月份完成投资 28.8 亿元,占年度计划投资的 121%;市重点项目和市"双十五工程"34 个,年度计划投资 101.4 亿元,1～11 月份完成投资 111.7亿元,占年度计划投资的 110.2%,万洋国际商贸城二期、润商购物公园、陆鼎国际商贸城二期等项目投入使用,巨鑫生物医药中间体二期、天豫薯业休闲食品生产线、王子大跃城一期等项目已建成,金丹科技环保新材料项目已完成年度投资计划,洺河综合治理工程、文昌大道东延工程、新视界数字影城、老年养护院等项目正按照时间节点扎实推进。郸城县连续三年荣获全市重点项目建设一等奖,在 2017年前三季度全市重点工作考评中获得第一名。

2018 年,全县新上 1 000 万元以上项目 108 个,总投资 360 亿元。其中,列入省重点项目 8 个,年度计划投资 42.5 亿元,1～11 月份完成投资 47.6 亿元,占年度投资计划的 112%;市重点项目 28 个,年度计划投资 152.2 亿元,1～11 月份已完成投资 169.7 亿元,占年度计划投资的 111.5%。金丹生物新材料和 L-乳酸升级改造等一批工业项目建成投产,旺洋彩虹城、远洋智慧城等一批商业项目加快推进,洺河生态水系建设、文昌大道东延至郸城工程等一批基础设施项目正按照时间节点加快推进,经济发展后劲持续增强。

2019年,郸城县委县政府切实加强党对经济工作的领导,聚焦年度目标任务,狠抓招商引资和项目建设,落实重点项目观摩讲评制度,推动重点项目顺利实施。全县新上1 000万元以上项目93个,总投资461亿元;截至11月底,省重点项目6个,完成投资24.9亿元,占年度投资计划的93.6%;市重点项目23个,已完成投资112.3亿元,占年度计划投资的106.2%。金丹科技年产3万吨聚乳酸生物降解新材料建设项目、九川电子商务平台即将投入使用;巨鑫生物医药中间体和原料药生产项目、万洋国际商贸城三期工程、水之蓝·国润商贸城项目等一批商贸物流项目已经建成或主体接近完工。招商引资加快推进,先后组织开展了中国伞业发展郸城座谈会,绍兴、厦门招商推介会等活动,累计新签约项目7个、新开工亿元以上项目15个。截至10月底,郸城县实际利用外资5 900万美元、完成全年目标任务的101.2%,实际利用省外资金52.5亿元、占年度目标任务的84.1%。

2020年,郸城县着力推进招商引资和项目建设,截至10月底,5个省重点项目完成投资31.3亿元,占年度目标的118.1%;26个市重点项目完成投资125.28亿元,占年度目标的118.35%,在全市第二、第三季度重点项目综合考评中,分别获得第三名和第二名。深入开展"招商引资突破年"行动,成功举办"情系家乡·郸城行"等系列活动,建成温州·郸城商会,多渠道、多形式推介县情,招项目、引资金,助力县域经济发展。截至9月底,新开工招商项目19个、总投资68.2亿元,新落地亿元以上项目31个、总投资141.7亿元,分别创近年同期新高;我县实际利用外资6 103万美元,省外资金40.1亿元。

四、产业集聚区的建设

几年来郸城县委县政府一直重视产业集聚区的建设,经谋划、考察、论证、设计,几经艰辛,于2011年投资4 000多万元,修建道路总长7 000米。投资5 000多万元,开工建设占地60亩、建筑面积70 667平方米的轻工业园区服务中心。新上项目18个,建成投产10个,在建项目8个,引进合同资金29亿元,实际到位资金20亿元。已入驻产业集聚区企业88家,其中规模企业50家。入驻企业全部建成达产后,工业年产值可突破 120 亿元,利润 8.5 亿元。2012 年先后投入 65 亿元,建成完善了"三纵八横"路网、中小企业综合服务中心、污水处理厂等服务设施。产业集聚区建成面积 10 平方千米,入驻企业 101 家,开工建设了巨鑫生物医药科技园、武汉人福年产 6.4 亿支抗病毒口服液、迪冉药业工程、修正药业与神农药业公司合作年产 4 亿支水针剂等项目,初步形成食品、医药两大主导产业,以及制衣、制伞等辅助产业。2013 年县委县政府决定扩展建设产业集聚区,以工业大道为主线,向南北扩展 5 平方千米,总面积达到 15 平方千米。坚持以城促产、以产带城,推动产城互动,完善路网、电力、供水、通讯等基础设施,进一步增强产业综合承载能力,努力把产业集聚区打造成集生物医药、生物化工、制衣制伞等为一体的综合产业园区。全县食品、医药两大主导产业年产值完成 265 亿元,占规模以上工业总产值的 68%。规模以上工业总产值完成 265.9 亿元,利润 12.7 亿元,从业人员 4.8 万人,被评为河南省新型工业化产业示范基地、承接产业转移示范区、最具产业竞争力集聚区,促进了产业集群集聚发展。2014 年进一步完善产业集聚区功能,新的行政服务中心正式投入使用,综合服务水平持续提升。入驻企业 101 家,规模工业总产值完成 286 亿元,占全县规模以上工业总产值的 76%,产业聚集能力不断增强,被评为河南省对外开放先进产业集聚区。

2015 年,县产业集聚区新增省级高新技术企业 4 家,省级高新技术企业总数达到 8 家,被评为省一星级产业集聚区、省级先进产业集聚区、省招商引资工作先进单位。2016 年郸城大力实施工业强县战略,围绕打造食品、医药两大百亿级产业集群目标,加强产业集聚区建设,产业集聚区固定资产投资累计完成 69.4 亿元,规模以上主营业务收入 378.0 亿元,同比增长 13.2%,产业集聚区升级为河南省二星级产业集聚区和高新技术产业开发区。

五、商务中心区建设

2013 年,县委县政府决定启动建设商务中心区,商务中心区规划面积 1.75 平方千米,以南环路为中轴线,东起府东路、西至西三环。坚持高标准规划、多层次招商、分年度实施,重点建设商贸交易中心、

商贸服务平台和文化休闲示范区,促进商贸物流等第三产业集聚发展,形成新的经济增长极。

2014—2015 年,县委县政府扎实推进商务中心区建设,成立了领导组织,健全了项目论证等工作机制,完成了空间规划和控制性详规。"三横六纵"路网已启动拆迁,万洋国际博览城、陆鼎建材二期工程加快推进,拉动了全县现代服务业发展。

2016 年,郸城县以加快商务中心区建设为带动,努力补齐服务业发展短板,建成展示大厅和供排水、供电、通讯管网25 千米,"三横六纵"路网、绿地和人防工程建设加速推进,万洋商贸城一期、久鸿农贸物流园、陆鼎建材城二期已入驻商户 1 500 多家,万洋商贸城二期、润商购物公园等项目主体建成。商务中心区固定资产投资完成32.6 亿元、同比增长125.8%,实现主营业务收入13.0 亿元、增长 29.7%。商务中心区被评为河南省先进服务业"两区"和一星级服务业"两区"。18 家企业被认定为省级电商企业,3 家企业被认定为市级电商企业。全县三产实现增加值48.2 亿元、增长 10.1%。

2017 年,郸城县着力发展现代服务业。围绕商务中心区建设,构建"一中心四拓展"发展格局,加快基础设施建设,"三横六纵"路网、绿化、亮化等基础配套进一步完善,高标准建成城市展馆,加快推动科技服务拓展区、汽车交易服务拓展区、农贸交易物流服务拓展区、教育综合服务拓展区建设,推动全县现代服务业集群发展。万洋商贸城一期二期、润商购物公园等项目投入使用,王子大悦城,水之蓝国润城等项目正加快推进,带动能力进一步增强。商务中心区被评为河南省"十快""十先"商务中心区,成功晋升为"二星级商务中心区",周口最强商务中心区。

2018 年,郸城县下大力气狠抓现代服务业。加快推进商务中心区建设,着力打造集金融中心、商贸中心、物流中心、服务平台、餐饮酒店等为一体的多功能综合商务中心区,持续完善"四横六纵"路网管网、绿化亮化等基础设施,加快推进远洋智慧城、智圣温泉小镇、建业城、方远湖畔洺城等一大批商贸物流项目建设,健康养老、技术服务等生产性服务业健康发展,阿里巴巴、京东、美团等知名电商先后入驻郸城并不断壮大。商务中心区完成固定资产投资 70.6 亿元,入

驻规模以上企业26家、个体工商户1 400户,吸纳就业9 816人,主营业务收入43.4亿元,服务业增加值完成69.5亿元,税收收入1.64亿元。商务中心区被评为河南省"十快""十先进"服务业两区和"二星级商务中心区"、周口最强商务中心区。第一、第二、第三产业比重调整为20.4∶46.1∶33.5,产业结构不断优化。

2019年,郸城县持续壮大现代服务业。更进一步地完善商务中心区路网、管网、绿地等基础设施,持续提升综合承载能力,红星美凯龙商业综合体、建业城商业综合体、台湾和合苑暨文创产品交流中心、远洋智慧城等项目加快推进,电子商务、健康养老、休闲娱乐等新业态、新模式、新产业持续发展壮大,商务中心区成功晋升为全市唯一的省三星级"服务业两区"。

2020年,郸城县全力加快推进商务中心区建设,县电子商务产业园建成投用,红星美凯龙等项目即将竣工,电子商务、健康养老、休闲娱乐等新业态、新模式、新产业更进一步发展壮大,形成了浙江万洋、河南建业、江苏方远等九大商业组团,商务中心区晋升为全市唯一的河南省三星级服务业"两区"名副其实。

第三节　农业农村经济建设

一、农田水利基本建设

2012年投资2.9亿元,实施基本农田整治、小型农田水利建设和高标准良田创建等一批农业基础设施工程,新打机井5 714眼,新建、维修桥涵2 774座,新增有效灌溉面积27.8万亩,进一步改善了农业生产条件。是年郸城县粮食总产16.86亿斤,实现"九连增",再次被评为全国粮食生产先进县。2013年,投资2.3亿元进一步实施基本农田整治、小型农田水利建设和高标准良田创建等一批农业基础设施工程,新建万亩方5个、千亩方22个,新增有效灌溉面积10多万亩,进一步改善了农业生产条件。2013年,夏粮单产达1 001.3斤,连续六年超千斤,全年粮食总产突破20亿斤,全国粮食生产先进县地位进一步巩固。

二、农村经济

2013 年全县拥有农民专业合作社、新型农场、专业大户等新型农业经营主体 1 000 多家,流转土地 30 万亩,建成高蛋白小麦、高淀粉玉米、脱毒红薯等特色农业生产基地 110 多万亩,承包土地 1 000 亩以上的种植大户达到 50 多个。全国甘薯产业化高层论坛在郸城举办,郸城农业科技园区被命名为省级农业科技园区。累计投入 900 万元,建成小麦、大豆、玉米万亩高产示范方 9 个,示范带动作用进一步显现。2015 年郸城大力实施现代农业产业化集群培育工程和都市生态农业发展工程,农村经济合作组织发展到 2 019 家,省级以上农业产业化龙头企业 25 家,农业综合开发工作位居全市第一。加快现代农业科技示范园区建设,完成园区整体规划,流转土地 5 000 亩,建成油用牡丹、小麦良种繁育、红薯花木套种等基地,现代农业示范区初具规模。

2016—2018 年,郸城县委县政府大力发展现代农业,农村经济稳健快速发展。2016 年,建成高标准粮田 15 万亩,新增有效灌溉面积 2 100 亩,全年粮食预计总产达 21.2 亿斤。大力实施农业产业化培育工程,促进土地规模经营,新增流转土地 5.8 万亩,新增农民专业合作社 220 家,培育了以金丹乳酸、天豫薯业为龙头的 2 个省级农业产业化集群,以迪冉药业、人福药业为龙头的 2 个市级中药材产业集群。建成甘薯花木套种、油用牡丹种植等基地,农业科技园区晋升为国家农业科技园区。2017 年,全年粮食总产 26.4 亿斤,进一步巩固了全国产粮大县地位。全面开展农村土地承包经营权确权登记颁证工作,推动多种形式适度规模经营,新增流转土地 5.8 万亩、总量达到 30.2 万亩,新增农民专业合作社 220 家、总量达到 2 869 家,发展成为国家级示范社 5 家、省级示范社 12 家,新发展家庭农场 489 家、总量达到 889 家,成功晋升省级示范家庭农场 1 家、市级示范家庭农场 12 家,辐射带动群众 3.5 万户。大力推进国家农业科技园区、路井桥、甘薯文化产业园、中医药文化产业园、甘薯变性淀粉加工、废水循环再利用、力诺集团光伏农业、万邦集团绿色果蔬基地、南通中药材种植基地等项目实施,示范带动全县现代农业健康发展。

2018 年,郸城县注重整合涉农资金,持续改善农业生产条件,全年粮食总产 24.5 亿斤,全国产粮大县地位更加凸显。加快推进农业种植结构调整,成立农业产业发展办公室,组建黑皮冬瓜协会、甘薯协会、辣椒协会、花生协会、中药材协会,推行"合作社(协会)+基地"模式,培育黑皮冬瓜、辣椒、花生、果蔬和中药材种植基地,发展特色高效产业,全县黑皮冬瓜种植面积达 4 万亩、辣椒种植面积 4 万亩、花生种植面积 7 万亩、中药材种植面积 8 万亩、红薯种植面积 12 万亩、果蔬种植面积 15 万亩,规模效益初步显现,抵御市场风险能力进一步增强。发挥国家农业科技园区示范带动作用,积极推进土地流转,大力培育产业基地、农民专业合作社,培育国家级农民专业合作示范社 5 家、省级示范社 12 家,培育省级示范家庭农场 2 家、市级 22 家,推动了全县现代农业健康发展。

2019 年,郸城县扛稳粮食安全政治责任,持续发展现代农业,全年粮食总产 144.42 万吨,进一步巩固了全国产粮大县地位。加快农业种植结构调整,推动特色农业发展,形成了南部黑皮冬瓜、北部三樱椒、东部中药材、西部花生四大种植格局。积极培育和发展新型农业经营主体,推动多种形式适度规模经营,全县流转土地 30.2 万亩,拥有种植、养殖农民专业合作社 3 369 家,家庭农场 1314 家。郸城县成功申报河南省甘薯现代农业产业园和汲冢镇现代农业产业强镇。

2020 年,郸城县坚持以黄淮平原高质高效农业为建设主题,以打造"中原粮仓"、建成全国传统农区具有代表性的小麦全产业创新发展示范区为目标,依托高新区、农业科技园区、商务中心区"三大平台",全力争创国家农业高新技术产业示范区,积极探索传统农区高质量发展路径。扛稳粮食安全政治责任,新建高标准农田 21.5 万亩,建设高效节水灌溉示范区 2 万亩,农业生产条件持续改善,全年粮食总产达 27.4 亿斤,在全市粮食安全责任制考核中连续三年位居第一,全国、全省高标准农田建设现场会与会人员先后到我县实地观摩。

三、生态文明乡村建设

2012—2018 年,县委县政府全面实施"蓝天、碧水、乡村清洁"三大工程,生态环境持续改善,社会主义新农村建设再上新台阶。2012

年乡村面貌得到改观,硬化乡村道路200多千米,完成扶贫整村推进村15个,改造农村电网350千米、配电台区105个,网络信息基本实现全覆盖。完成农村危房改造2 200户,解决9.4万人的安全饮水问题。农业综合生产能力持续提升,完成小农水治理、农业综合开发、千亿斤粮食工程、土地综合整治18万亩,实施"百千万"工程16万亩。植树造林160万株,造林面积1.1万亩。新增流转土地4.8万亩、农民专业合作社163家,市级以上农业产业化龙头企业发展到23家。黑皮冬瓜、无公害蔬菜、中药材等高效作物种植面积达到30多万亩。粮食生产再创新高,总产突破20亿斤,连续9年丰产增收,被评为全国粮食生产先进县。农民人均纯收入6 915元,分别增长10%和11%。金融机构各项存款余额127亿元,较年初增加23.6亿元;各项贷款余额60.9亿元,较年初增加7.8亿元。主要经济指标增幅保持全市前列。

2014—2015年,全县建成86个农作物秸秆收储网点,秸秆综合利用率40%以上,秸秆禁烧成效明显,我县被省政府确定为秸秆综合利用试点县。着力改善农村人居环境,100个"乡村清洁工程"试点村基本达标,1个省级生态村、11个市级生态村通过验收。汲冢、钱店、吴台"美丽乡村"建设全面开工,汲冢、宁平被确定为"国家级重点镇"。完成农村危房改造1 800户,新建保障性住房1 780套,解决了部分困难群众住房问题。建成儿童社会福利中心和流浪乞讨人员救助站,孤儿和流浪乞讨人员有了安身之所。农村安全饮水工程全面完成,新增15.8万人吃上了干净水、放心水。完成23个贫困村整村推进,2.8万人实现稳定脱贫,获得全市"小康杯"荣誉。新建改建县乡公路和通村公路370千米,群众出行条件不断改善。

2016年,郸城县建立完善农村垃圾村收集、乡清运、县处理的长效机制,完成汲冢、钱店、吴台等乡镇示范村建设任务,完成植树造林1.8万亩,植树186万株,农田林网控制率达96%,建成示范村19个、完成达标村141个,成功创建5个市级生态村、2个省级生态村。

2017年,郸城县以"四城联创、三级同创"为抓手,按照"扫干净、摆整齐、坑塘清"要求,实行路长、河长、场长、村长"四长制",全面推进农村面源污染治理,投资2 544万元,在全县19个乡镇建设垃圾中转站,投资 3 600 万把农村生活垃圾保洁服务推向市场,分包给 4 家保洁公司;投入造林资金 6 500 万元,新增造林面积 14 000 亩,完成森林通道建设 1 500 亩,完成义务植树 98 万株,生态廊道建设成效显著。深入开展大气污染防治和环境突出问题集中整治,排查出"小散乱污"企业 260 家,拆除取缔 240 家,整治完成 20 家,全面完成"小散乱污"企业整治取缔工作任务,城区道路、施工工地扬尘管控治理较好,空气质量优良天数超额完成市定目标。成功创建市级生态村 11 个,完成 13 个农村环境综合整治任务目标。2018 年,郸城县深入实施"六村共建",按照"环境整洁、设施配套、县乡统筹、标本兼治"原则,坚持"扫干净、摆整齐、坑塘清"九字标准,投资 6 000 多万元,为每个乡镇建设垃圾中转站,开展社会化保洁服务,清理陈年垃圾,引导群众参与人居环境改善,构建了"政府监管、社会保洁、群众参与"长效机制,村容村貌、户容户貌明显改善。投资 2 500 万元,完成危房改造 1 785 户,投资 2 321 万元,对 4 463 户贫困户实施"六改一增"工程,极大改善了困难群众生产生活条件,群众的幸福感和获得感明显提升。加大路肩培护和生态廊道建设力度,投入造林资金 8 000 万元,新增造林面积 12 800 亩,完成森林通道建设 3 600 亩,义务植树 112 万株。

2019 年,郸城县委县政府把"六村共建"作为实施乡村振兴战略的"主抓手",结合实际、认真谋划,按照"因村而异、因地制宜、顺应民意、突出特色"的原则,坚持规划先行、示范带动,选取 54 个行政村作为试点,然后全面铺开,"六村共建"取得扎实成效。持续推进农村人居环境综合整治,按照"扫干净、摆整齐、坑塘清"9 字标准,扎实抓好垃圾革命、污水革命、厕所革命"三大革命",充分发挥党建引领、群众主体作用,加快推进农村生活垃圾治理、户厕改造、管网铺设、坑塘治理等工作,农村面貌焕然一新。7 月 19 日,全市"六村共建"暨人居改善现场会在郸城县召开。

第四节　社会事业的发展

一、教育品牌唱响中国

2012 年郸城教育工作跨入全省领先行列。教育园区第二实验中学投入使用,城区"大班额"问题初步缓解。高招一本上线率 13.2%,居全市第一位,23 名考生被清华、北大录取;中央电视台《朝闻天下》栏目予以专题报道,省内外 100 多个教育团队来县考察学习;市政府通令嘉奖,专题召开郸城经验总结推广大会;郸城县被评为全省教育工作先进县。2013 年郸城高招再创佳绩,在去年 23 名考生被北大、清华录取的基础上,又有 26 名考生被北大、清华录取,是全省通过高招录取"两校"人数最多的县,全县一本上线 1 422 人,上线率 13.3%,继续保持全市第一;中招综合成绩连续第 5 年居全市之首。2014年投资 5.5 亿元的教育社区建设稳步推进,投资 4.5 亿元的第二实验中学和一高新校区正式投入使用,优质教育资源不断扩大,教育教学质量不断提升。高招成绩再创辉煌,25 名考生被清华、北大和香港中文大学录取,高招本科上线率和上线人数继续保持全市第一,中招综合成绩连续 6 年全市第一,郸城县以全省第一名的成绩顺利通过全省义务教育均衡发展县验收。2015 年全县一本上线 1 787 人,本科上线率和上线人数均居全市第一,34 名学生被清华、北大录取,近四年被"两校"录取学生达 108 名;郸城县在县级政府教育工作督导评估中连续七年居全市第一位,被评为河南省义务教育均衡发展先进县。

2016—2019 年,郸城教育品牌效应更加凸显。2016 年本科上线率和上线人数均居全市第一,实现"十连增"、周口"五连冠",44 名学生被清华、北大录取,近五年被"两校"录取学生达 152 名,中招连续 8 年居全市第一,郸城教育经验被写进市四次党代会报告,创造了全省有名气、全国有影响的郸城教育经验和郸城一高名校。

2017 年,郸城教育再谱新篇。高中招成绩领跑全市,高考一本上线 2 597 人、比上年增加 466 人,本科上线 7 649 人、比上年增加 896 人,郸城考生分别荣获周口市文理科第一名,30 名考生被清华大学、

北京大学和香港中文大学录取,中招成绩连续九年全市第一,郸城县被授予"河南教育名片创建示范区"荣誉称号,并顺利通过国家义务教育发展基本均衡县验收。

2018年,郸城县教育品牌更响更亮。高考一本上线3 261人,二本以上上线7 892人,河南省理科状元花落郸城一高,37名考生被清华大学、北京大学录取,7年来共有217名学子迈入"两校",各批次上线人数实现"十二连增"、周口七连冠,中招考试取得历史最好成绩,实现周口十连冠。加快推进全民体育运动中心、郸城一中建设,招聘230名特岗教师全部分配到农村缺编乡校任教,教育发展更加均衡。在全省率先把生源地助学贷款业务"搬"进普通高中,全年共资助贫困家庭学生95 418人次,发放资助金6 180.82万元,不让一名学生因家庭贫困而辍学。

2019年,郸城县委认真落实全国和省市教育大会精神,大力实施"科教兴县"战略,以办好人民满意的教育为目标,坚持多元化、多层次、优先发展教育,持续加大投入,新建改建郸城二高、第二实验幼儿园、高新区学校,改造提升农村薄弱学校,全县办学条件持续改善,各级各类教育更加均衡。高中招再创佳绩,中招实现周口十一连冠,高考一本上线3 708人,43名考生被清华、北大录取,位居全国县级高中第一,8年来共有260名学子迈入"两校",各批次上线人数实现"十三连增"、周口八连冠。

2020年,郸城县坚持"培养一个大学生、挖掉一个穷根子",优先发展教育事业,全县办学条件持续改善,各级各类教育更加均衡。今年高考本科上线突破万人大关,一本上线人数和本科上线人数均位居全省县级第一,32名考生被清华、北大录取,2012年以来共有292名考生被"两校"录取,郸城教育品牌更响更亮。

二、文化郸城影响力增强

2012—2015年,郸城县文化事业开创新局面。2012年,郸城县新建乡镇文化站12个、农家书屋131个,举办大型文化活动90多场次,惠及群众30多万人次。郸城大鼓、坠剧、张振福泥塑被列入河南省非物质文化遗产保护名录。2013年建立了郸城书画艺术交流中心,成

立了文化产业公司,文化产业初具规模,书法、绘画、影视等文化产业年产值突破1亿元。豫剧《天职》荣获全国戏剧文化奖,县文化馆和图书馆被评为全国县级一级馆。2014年,开展"舞台艺术送农民"、公益电影放映等活动220多场。郸城坠剧列入河南省非物质文化遗产,郸城大鼓通过国家级非物质文化遗产评审。2015年,以"德行郸城、美丽郸城"主题实践活动为载体,深入开展郸城县道德模范等系列评选活动,培育了全国道德模范提名奖获得者谢宇慧、中国红十字会全国代表王雪涛、全国自强模范王洪生、全国最美乡村教师张伟等一大批先进典型,好妯娌于秀琴、赵美荣荣登中国好人榜。广泛开展文明村镇、文明单位、文明岗位创建活动,全县现有省级文明单位19家、市级文明单位43家。全县有中国书协会员26人,占全市近三分之一,中国书法之乡地位不断巩固,郸城大鼓通过国家级非物质文化遗产评审,被评为传统戏剧之乡。

2016—2019年,群众文化生活丰富多彩,郸城县文化影响力增强。2016年,郸城逐步加大文化广场、乡村文化大院、有线电视、宽带等文化设施建设力度,深入开展文化下乡等活动,开展"舞台艺术送农民"活动19场,农村公益电影放映5 856场次,群众文化生活更加丰富。2017年,郸城县注重加强公共文化设施建设,加快推进130个贫困村文化服务中心建设,建成19个示范性村级文化服务中心,县文化馆、图书馆、博物馆、乡镇综合文化站、村文化室等文化场馆均实现免费开放。开展各类文化活动360多场次,送文化下乡演出500场次,受益群众30余万人次,进一步丰富了群众精神文化生活。继续弘扬书法、戏剧、诗词等文化,增强郸城文化影响力。2019年,郸城文化软实力显著提升。一方面深入推进公共文化平台建设,推动媒体融合发展,形成"一次采集、多元生成、多端发布、新媒体首发、融媒体跟进"工作格局,实现新闻传播的全方位覆盖、全天候延伸、多领域拓展,提高了党媒的传播力、服务力、公信力、影响力,郸城县被评为全省县域融媒体建设试点县。依托丰厚文化资源,实施特色文化培育工程,深入挖掘王禅养生文化、汲黯廉政文化、中原民俗文化,郸城道情筒荣获河南省非物质文化遗产项目,郸城坠剧正在积极申报国家级非物质文化遗产保护项目。一方面积极践行社会主义核心价值观,持续开展"两建三扶四评",召开第二届"十行百佳"表彰大会,精心打造传统美德墙、廉政文化墙、孝道文化墙、文明新风墙等 12 000多处,向群众宣传中国优秀传统文化、文明新风,群众文化素养持续提升。以县乡村三级新时代文明实践中心(所、站)和村级文化广场为载体,深入开展"全民阅读、经典诵读大赛""欢乐进万家舞动新郸城"广场舞展演等各类文明实践活动,用新思想占领农村宣传文化阵地,丰富了群众精神文化生活,文明新风蔚然成风。

2020 年,郸城县深入推进公共文化平台建设,河南首家县级电影博物馆新视界电影博物馆全面建成并投入运营。持续打造郸城文化品牌,召开首届文艺工作座谈会,承办周口市"舞台艺术送基层""千戏送千村"活动启动仪式,开展"我们的中国梦——送文化下乡"、非物质文艺遗产展演等系列活动,《张振福泥塑群雕:抗击疫情,向英雄致敬》短视频被新华社采用,张振福陶瓷(泥塑)技能大师工作室建设项目获批河南省全民技能振兴工程建设项目,郸城文化影响力不断增强。

三、科教创新的引导和推动作用凸显

2012 年金丹公司耦合吸附法生产乳酸钠、文玉食品有限公司米面搭档方便米线技术研究及开发获省科技进步二等奖。财鑫集团"纤维素制备生物化工醇关键技术研究与开发"项目被列入河南省 18个重大科技专项,获得省政府专项资助,科技创新对企业发展的贡献率进一步提高。

2016 年,郸城县实施创新驱动战略,加快科研设施、人才队伍建设和科技成果转化,支持企业与高等院校、科研院所开展战略合作,全县新建 4 个国家级、7 个省级、17 个市级研发中心,承担国家和省市科研项目 50 多项,其中国家"863"计划 5 项,天豫惠民星创天地先后被批复为省级农业星创天地和国家级农业星创天地,金丹乳酸与南京大学、南京工业大学建立创新战略合作联盟,共同实施国际领先的聚乳酸项目,巨鑫生物与加拿大科学家瑞金娜、省科学院化学研究所有限公司签约,联合建立抗肿瘤系列产品技术转化与生产基地,天豫薯业与浙江大学合作建立创新型农业产业化集群,推动了产学研向

更高层次迈进。

2017—2019年,郸城县大力实施创新驱动战略,加快推进创新平台建设,推动科技成果转化。2017年,新增院士工作站1个,成功获批市级工程技术研究中心1个、市级重点实验室1个、市级众创空间1个;新认定国家高新技术企业7家,郸城高新技术产业开发区被认定为省专利导航产业发展实验区;承担中央引导地方专项资金项目2项、国际科技合作项目1项、省重大科技专项2项等中央省市项目18项,科技创新对经济发展的贡献率持续提升。2018年,郸城县依托院士工作站、博士后科研工作站和国家级重点监测实验室等研发平台,加快推进创新平台建设,新增省级工程技术研究中心1个、国家高新技术企业1家。全县共拥有省级以上研发平台18个、国家高新技术企业18家、国家级知识产权试点企业1家、河南省知识产权强企4家。2018年荣获省级专利二等奖1项、市科技进步一等奖1项、市科技进步二等奖4项。2019年,郸城县不断加强科技自主创新体系建设,加大科技投入,强力推进国家农业高新技术产业示范区创建工作,河南省农业科学院郸城分院在农高区挂牌成立,与大连化学物理研究所签订了战略合作协议,进一步增强了农高区科技研发能力,成功申报省科普基地1项,省科技创新引导计划项目3项,金丹乳酸连续结晶生产高纯度L-乳酸新技术被河南省人民政府评为科学技术进步二等奖,国家农业科技园区以综合评估全省第1名、全国第4名的成绩通过科技部验收。全县拥有2个院士工作站、2个博士后科研工作站、2个国家级重点监测实验室、18个省级以上研发平台、1个省级科技企业孵化器,培育国家高新技术企业18家,承担国家"863"计划6项,科技创新对经济发展的引导和推动作用日益显著。

2020年,郸城县积极推动高新区"二次创业",大力实施绿色改造、智能改造、技术改造"三大改造",突出抓好龙头企业培育、延链补链强链、技术升级改造"三大工程",规划建设食品加工园、生物医药园、伞业产业园、返乡创业园、静脉产业园、物流产业园"六大产业园",食品医药两大主导产业持续壮大,金丹科技于2020年成功上市。

四、县城卫生事业领跑全省

2012—2015 年,郸城县积极构建双向诊疗、分级诊疗新格局。2012 年新农合参合率达到 99.6%,参合农民实际住院补偿比例达到 62.3%,居全省第一位;全省新农合按病种付费现场会在郸城县召开;卫生监督工作跃居全国先进行列。2013 年新农合参合率达 99.3%,住院补偿比位居全省前列;城乡居民健康档案建档率达 99% 以上。2015 年郸城建立县域医疗联合体,构建了双向诊疗、分级诊疗就医新格局,全县住院报补 4.2 亿元,比例位居全省前列。

2016 年,郸城县扎实开展县域综合医改试点工作,建立了以县人民医院为龙头的医疗联合体,城乡居民家庭医生服务签约率达 94.8%,初步实现"大病不出县、小病不出乡"的目标。县中医院荣获全国基层名老中医传承工作室建设先进单位,县妇幼保健院被评为"全国百姓爱婴医院",郸城县县荣获"省级妇幼健康优质服务示范县"称号。全县参合 124 万人,参合率达 99.96%,补偿 630 万人次,补偿基金 5.75 亿元。

2017—2019 年,郸城县卫生事业领先全省。2017 年,郸城县持续推进县人民医院新区、卫生综合服务中心、中医院新区等医疗卫生基础设施建设,扎实推进县级公立医院综合改革,以县域医疗联合体建设为抓手,落实家庭医生签约服务,推动医疗资源合理配置、医疗卫生服务均等化,成功通过省级卫生县城创建验收、省卫计委省级免疫规范示范县考评验收、妇幼健康优质服务示范工程创建考评验收,县人民医院成功创建全国综合医院中医院工作示范单位,以县人民医院为龙头的医联体建设被国家卫计委、国家中医药管理局命名为"探路先锋",县计划生育服务站荣获"全国敬老文明号",县中医院院长付登宵荣获全国卫生计生系统先进个人。2018 年,郸城县扎实推进医疗健康服务共同体建设,中医院新区建成投入使用,人民医院新区、康源医院医养一体等项目建设加快推进,持续开展免费两筛、两癌民生实事项目,实行先诊疗后付费和"一站式"结算,全面落实家庭医生签约服务,进一步推动医疗资源合理配置、医疗卫生服务均等化,实施基层医疗卫生场所标准化、队伍建设专业化"双提升"工程,

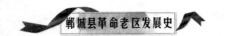

农村医疗条件和医疗水平得到很大提升,围绕群众看起病、看好病、少生病"目标,着力构建合理有序的就医新格局"。郸城县荣获全国妇幼健康优质服务示范县和河南省儿童口腔疾病综合干预项目先进县、规范化学校儿童口腔健康教育工作先进县、免疫规划示范县,被省卫计委确定为"基层妇幼健康服务体系建设试点县"。全市健康扶贫三年攻坚暨健康扶贫规范化标准化制度化建设工作现场会在郸城县召开。2019 年,郸城县始终坚持把人民健康放在优先发展战略地位,按照"县强乡活村稳"思路,组建 4 家紧密型医疗健康服务集团,打造全民一体化健康信息服务平台,改革医保支付方式,加大医保资金安全监管,实现了县乡村三级医疗机构得加强、医保资金得保障、群众得实惠的良好效果。7 月 30 日省政府新闻发布会推广了郸城县医共体建设经验,10 月 16 日郸城县在全省贫困人口基本医疗有保障突出问题清零行动会议上作了典型发言,省内外 40 多个县市先后到郸城县交流学习医共体建设经验。

2020 年,全面深化医疗卫生体制改革,扎实推动紧密型县域医共体建设,着力破解群众看病就医难题,取得了人民群众得实惠、县乡村三级医疗机构得加强、医保基金得监管的扎实成效,群众看起病、看好病、少生病更有保障。郸城县被国务院表彰为公立医院改革真抓实干成效明显单位,在全省卫生与健康大会上做了典型发言,先后 2 次在河南省新闻发布会上介绍郸城经验,全省健康扶贫现场会在郸城县召开。

第五节　民生事业建设

一、社会保障

2012 年建成保障性住房 2 052 套,完成农村危房改造 2 200 户,解决了 9.4 万人的安全饮水问题。2013 年完成投资 1.4 亿元,建设保障房 3 052 套,超额完成市下达任务。2014 年全县用于改善民生的支出达 33.6 亿元,占公共财政预算支出的 82%。加强保障性安居工程建设,完成投资 2.3 亿元,建设保障性住房 3 168 套,解决了近 1.5

万名困难群众住房问题。城乡社会保障覆盖率99%以上,低保五保补助标准进一步提高,8万多群众受益。2015年郸城财政用于民生支出27.5亿元,占财政总支出的81.5%,人民群众得到更多实惠。加强保障性安居工程建设,建设保障性住房1 280套,解决4 480名困难群众住房问题。2016年全县用于保障民生的支出达41亿元,占公共财政预算支出的87%。改造农村危房1 390户,建设保障房400套,解决了17.5万农村人口饮水不安全问题。

2019年,郸城县着力提升社会保障能力,加快教育、医疗、养老、住房等保障体系建设,大力开展拖欠农民工工资问题专项整治行动,强化敬老院建管水平,城乡居民低保、五保供养、优抚对象等困难群体救助水平持续提高,群众获得感、幸福感持续增强。

二、就业创业

2012—2015年,郸城县以"公司+站点"用工模式,加快推进企业乡村车间建设工作,扩大就业创业。2012年,鼎祥制衣、好兄妹服饰、宝丽姿伞业、兄和家居等企业在乡村设立站点58个,从业人员8 000多人,成功探索出破解农村劳动力就地就业、企业用工"两难"问题的有效途径,原河南省委书记卢展工、原周口市委书记徐光分别做出批示,要求在全省、全市予以推广。2013年,新增城镇就业1.3万人;推广鼎祥制衣用工模式,实现农民就近转移就业2万人。城镇居民基本医疗保险参保人数完成年度目标任务的95.4%,城乡居民养老保险参保率达94.2%,均居全市领先。2014年,全县新增农村劳动力转移就业1.3万人,实现城镇新增就业9 283人,城乡社会保障覆盖率99%以上,低保五保补助标准进一步提高,8万多群众受益。2015年,郸城加大就业培训力度,实现城镇新增就业9 568人,新增农村劳动力转移就业16 600人。

2016—2019年,郸城县积极推动大众创业、万众创新,就业人数逐年增加。2016年,城镇新增就业9115人、农村劳动力转移就业1.7万人。2017年,截至11月底,新增城镇就业8 527人,完成年度目标任务的127.3%,失业人员再就业3 032人,完成年度目标任务的121.3%,困难人员再就业1 173人,完成年度目标任务的120.9%,城

镇失业登记率 3.63%,完成市定目标任务。2018 年,新增城镇就业 9 628 人,完成年度目标任务的 148.12%,失业人员再就业 1 986 人,完成年度目标任务的 113.48%,就业困难人员再就业 781 人,完成年度目标任务的 134.65%,城镇失业登记率 3.44%。认真开展退役士兵和其他优抚对象的信息采集工作,妥善解决退役士兵安置及遗留问题。2019 年,郸城县先后开展"郸城县春风行动暨脱贫攻坚就业招聘会""高校毕业生就业服务月"等活动,截至 11 月底,新增城镇就业 8 882 人,完成年度目标任务的 125.09%,失业人员再就业 2 366 人,完成年度目标任务的 132.92%,就业困难人员再就业 832 人,完成年度目标任务的 138.66%,郸城县被省政府评为"河南省农民工返乡创业工作先进单位"。扎实开展退役军人信息采集扫尾和全要素数据统计工作,着力做好档案接收、就业培训、优抚金发放等安置工作,全县退役军人保障得到进一步加强。

2020 年,郸城县坚持就业优先战略,积极推动大众创业、万众创新,全县城镇新增就业 8 225 人,完成年度目标任务的 112.67%。在全省率先开通"返岗务工专车"行动,通过"点对点"联系和"一站式"服务,累计向浙江、江苏等地输送 6 万多名务工人员。开展拖欠农民工工资问题专项整治行动,做好退役军人工作,强化敬老院建管水平,城乡居民低保、五保供养、优抚对象等困难群体救助水平持续提高,群众获得感、幸福感、安全感不断增强。

三、老有所养

2012 年,新建乡镇敬老院 3 所,城乡低保、农村五保供养标准进一步提高。城乡居民社会养老保险实现全覆盖,15.4 万名 60 周岁以上老人喜领养老保险金。2015 年,继续加强城乡保障工作,参保率达 99%,被评为河南省城乡居民社会养老保险管理服务示范县;城乡低保五保补助标准不断提高,8 万多群众受益。2018 年,着力提升社会保障能力,加快教育、医疗、养老、住房等保障体系建设,新建提升 24 所敬老院,保障房建设、农村危房改造和安全饮水工程等工作取得新进展,城乡居民低保、五保供养、优抚对象等困难群体救助水平持续提高。

第六节　城市创建和改善人居环境

一、四区联动

2012 年，郸城县大力实施产业集聚区、商务中心区、文化教育园区、老城区"四区联动"战略，完成县城总体规划、新城区控制性详细规划和城市道路等 7 个专项规划编制，县城规划区面积达到 48 平方千米。建成城市道路 5 条、小街小巷 8 条和天然气主管道铺设等一批市政工程。集中开展城市环境综合整治，城市管理水平有效提升。

二、四城联创

2013 年以省级卫生城、园林城、文明城、双拥模范城"四城联创"为抓手，集中开展城市综合整治，实施垃圾不落地工程，着力解决城市违章搭建、占道经营、车辆乱停等问题，城市管理水平明显提升，市容市貌明显改善，省级双拥模范城创建取得圆满成功，荣获全省创建文明城市工作先进县城和市级卫生先进县城、园林县城等称号。

三、改善人居环境

郸城县地处偏僻，底子薄，起步晚，不靠山水，没有湿地，没有公园，自然条件落后，生态环境差。在中国共产党的正确领导下，历经几代人的努力，郸城县的政治、经济、文化、教育各项社会事业都得到长足发展，生态环境也得到有效改善。特别是党的十八大以来，郸城的发展日新月异，令人瞩目。

2014 年，郸城县以省级文明城、卫生城、园林城创建工作为抓手，扎实推进蓝天、碧水和乡村清洁"三大工程"，先后建成污水处理厂 2 个，成功创建 11 个市级生态村。以创建全国绿化模范县为契机，持续推进林业生态建设，全县植树造林 2.2 万亩，植树 238 万株，人居生态环境进一步改善。

2015 年，郸城开展城市管理集中会战，综合治理"脏、乱、差"及交通拥堵问题，加快推进生态郸城建设，进一步实施蓝天、碧水和乡村

清洁"三大工程",加强洺河综合治理,加快推进林业生态建设,城乡面貌不断改善,郸城县先后荣获全省创建文明城市工作先进县城。强力推进文明城创建工作,深入开展"两违"综合治理,累计拆除"两违"建筑41.4万平方米。扎实推进城市环境综合整治,开通城市公交路线6条,新上新型节能公交100辆,有效治理了三轮车问题,启动了"小红帽"文明交通志愿者行动和千人签名活动,城市交通秩序明显好转。加强基础设施建设,开工建设人民路北段、育新路北段、世纪大道北段与郸淮一级路贯通工程,改造提升文化路、人民路、科技大道等18条城市主干道和长寿街、健康路等10条小街小巷;新增绿化面积1.8万平方米,疏通下水管网3.8万米,安装移动公厕6个,投放太阳能垃圾桶400个,建成停车位1 250个。强化城市精细化管理,严格落实门前"五包"和网格化管理,加大城区保洁力度,城市面貌焕然一新。

2016年,郸城实施生态立县发展战略,深入开展大气污染防治和环境突出问题集中整治,依法取缔整改非法加油站、商砼、砂石料厂、养殖场,秸秆禁烧实现"零着火点"目标,空气质量优良天数超额完成市定目标。加强洺河、调水渠等重点河流环境综合治理,全县地表水被监测的3个断面水质达标率为95.8%。

2017年,郸城县持续改善人居环境。着力提升城市建管水平,加快推进"四城联创"、周口文昌大道东延至郸城工程建设、阳新高速公路郸城段勘测定界及土地组卷工作;扎实做好育新路北段、金丹大道西段、支农路南段等市政道路和污水管网建设,加大"两违"治理力度,强制拆除违法建筑9.3万平方米,实行环卫保洁市场化,严格落实"门前五包"。全面启动洺河、五里河、劳武河、杨白沟、调水渠"三河一沟一渠"洺河生态水系建设,依法依规推进和谐征迁,共拆除房屋2 560户,黑臭水体治理和景观提升工作全面展开。建设美丽乡村。以"四城联创、三级同创"为抓手,按照"扫干净、摆整齐、坑塘清"要求,实行路长、河长、场长、村主任"四长制",全面推进农村面源污染治理,投资2 544万元,在全县19个乡镇建设垃圾中转站,投资3 600万把农村生活垃圾保洁服务推向市场,分包给4家保洁公司,投入造林资金6 500万元,新增造林面积14 000亩,完成森林通道建设1 500

亩,完成义务植树 98 万株,生态廊道建设成效显著。狠抓生态环境保护。深入开展大气污染防治和环境突出问题集中整治,排查出"小散乱污"企业 260 家,拆除取缔 240 家,整治完成 20 家,全面完成了"小散乱污"企业整治取缔工作任务,秸秆禁烧实现"零着火点"目标,城区道路、施工工地扬尘管控治理较好,空气质量优良天数超额完成市定目标。积极推进生态镇、生态村创建活动,成功创建市级生态村 11 个,完成 13 个农村环境综合整治任务目标。

2018 年,郸城深入实施"六村共建"方案,按照"环境整洁、设施配套、县乡统筹、标本兼治"原则,坚持"扫干净、摆整齐、坑塘清"九字标准,投资 6 000 多万元,为每个乡镇建设垃圾中转站,开展社会化保洁服务,清理陈年垃圾,引导群众参与人居环境改善,构建了"政府监管、社会保洁、群众参与"长效机制,村容村貌、户容户貌明显改善。投资 2 500 万元,完成危房改造 1 785 户,投资 2 321 万元,对 4 463 户贫困户实施"六改一增"工程,极大改善了困难群众生产生活条件,群众的幸福感和获得感明显提升。加大路肩培护和生态廊道建设力度,投入造林资金 8 000 万元,新增造林面积 12 800 亩,完成森林通道建设 3 600 亩,义务植树 112 万株。强化生态环境保护,扎实开展"散乱污"排查整治、扬尘污染防治暨黑臭水体治理等 6 大专项活动,依法整治、取缔"散乱污"企业、砖瓦窑厂、商砼站、加油站、砂石料场,秸秆禁烧实现"零着火点"目标,城区道路、施工工地扬尘管控治理较好,全县空气质量持续改善,7 月份空气质量全省县级排名第一,5 月份和 8 月份全省县级排名第二。

2019 年,郸城县委县政府把"六村共建"作为实施乡村振兴战略的"主抓手",结合实际、认真谋划,按照"因村而异、因地制宜、顺应民意、突出特色"的原则,坚持规划先行、示范带动,选取 54 个行政村作为试点,然后全面铺开,"六村共建"取得扎实成效。持续推进农村人居环境综合整治,严格按照"扫干净、摆整齐、坑塘清"9 字标准,扎实抓好垃圾革命、污水革命、厕所革命"三大革命",充分发挥党建引领、群众主体作用,加快推进农村生活垃圾治理、户厕改造、管网铺设、坑塘治理等工作,农村面貌焕然一新。7 月 19 日,全市"六村共建"暨人居改善现场会在郸城县召开。2019 年,郸城县委认真贯彻落实习近平生态文明思想,坚持问题和目标导向,深入开展"三散"综合整治、水污染防治和饮用水源地管理、土壤污染防治等专项行动,加大城区道路、施工工地扬尘管控力度,整改取缔"散乱污"企业309家,实现了"散乱污"企业清零、散煤销售点清零、秸秆禁烧"零着火点"目标,全县空气质量持续改善。加大"四水同治"、国土绿化工作力度,加快推进洺河生态水系建设,黑臭水体和景观提升工程即将完工,投入5000万元,加宽修复路肩1600多千米,植树造林4万亩,完成植树32.7万株,县城绿化覆盖率达38%,国土绿化生态理念逐渐深入人心。

2020年,郸城县深入践行习近平生态文明思想,坚定不移打好蓝天、碧水、净土保卫战。创建国家空气质量二级标准城市,持续抓好"六控",深入开展"三散"治理,全县空气质量持续改善。加强河道生态修复,全面消除城市黑臭水体,河畅水清岸绿景美的美好愿景变为现实。扎实推进国土绿化提速行动,完成植树造林4.15万亩,285万株,县城建成区绿化覆盖率达39.43%,人均公园绿地面积10.34平方米,超过国家园林县城标准。

第十一章　郸城脱贫攻坚取得的成就

2013 年 11 月，习近平总书记在湖南湘西考察时首次做出了"实事求是、因地制宜、分类指导、精准扶贫"的重要指示。2014 年 1 月中办详细规制了精准扶贫工作模式的顶层设计，推动了"精准扶贫"思想落地。2014 年 3 月习近平总书记参加两会代表团审议时强调，要实施精准扶贫，瞄准扶贫对象，进行重点施策。进一步阐释了精准扶贫理念。

第一节　扶贫富民工程

改革开放以来，特别是 20 世纪 80 年代后期，郸城的扶贫工作进入了攻坚阶段。为了加快贫困乡村的发展步伐，根据中央和省委、地委的统一安排部署，1986 年 3 月 3 日，郸城县委、县政府联合做出《关于认真做好扶贫工作的意见》，县委、县政府抽调县、乡两级机关中青年干部 300 人下乡扶贫。他们共承担 100 个行政村中 390 户农民的扶贫致富任务。12 月，经过县委、县政府组织 19 个考核验收组逐点考核验收，全县共有 3 800 户贫困户脱贫，有 800 户走上了致富道路。1987 年 1 月 13 日，郸城县委、县政府召开扶贫工作表彰大会，表彰了先进扶贫工作队 19 个，先进个人 61 名；会议还对全县的扶贫工作进行了重新部署。自此，郸城县委、县政府每年都要从县直机关、乡直机关中抽调 300 名干部到贫困乡村帮助工作。1994 年，根据《国家扶贫攻坚计划》和省、地扶贫工作计划、意见，郸城结合自己遭受特大旱灾造成贫困程度增加和贫困人口增多的实际情况，县委、县政府把扶贫工作作为农村小康村建设的重要内容，采取扎实有效的措施，加大

工作力度,加速贫困乡村的脱贫致富奔小康的步伐。

1995 年,为了尽快使全县的贫困人口脱贫致富,保证农民的"米袋子"和"菜篮子",以实现兴郸富民战略。郸城县委、县政府把扶贫工作和富民工程纳入了小康建设的总体规划之中,确定了这一时期党的工作重点就是全力推动富民工程建设。5 月 4 日召开了富民工程动员大会,郸城县委、县政府号召全县学习舞阳的经验,把扶贫和富民工程放到重要议事日程,大力实施"五动"战略(宣传发动、政策调动、典型带动、强力推动、部门连动),在全县农村全面落实富民工程计划。

5 月 10 日,郸城县委、县政府联合制定了《关于在全县实施富民工程的意见》。《意见》要求全县各乡镇党委、政府充分认识实施富民工程的重要经济意义和政治意义;对县、乡、村实行层层责任制:系统包乡,单位包村,领导负责;农村党员干部实行"以一带十"活动,充分发挥共产党员和乡村干部的模范带头作用;在实际工作中,坚持实事求是,一切从实际出发的原则,切实做好实施"富民工程"工作。鉴于郸城县"富民工程"落后情况,9 月 1 日,郸城县委制订了全县黄牛发展计划。10 月 25 日,县委制定全县小麦播种、农田水利基本建设、林业发展规划的具体举措和发展规划。

1995 年,郸城全县共组织 1 000 名工作队员深入 502 个行政村,全民实施富民工程。通过实施"五动"战略,到年底,全县共有 16.1 万户农民上致富项目 31 万个,上项率达 62%;各类专业村发展到 85 个;农民人均纯收入首次突破千元大关,达到 1 066 元,较上年增长了 90.4%;彻底扭转了农业生产下降的趋势,农业获得全面丰收,粮食总产量达到 56 万吨,比历史上最高的 1993 年的 51.663 万吨增长了 8.6%,其中夏粮生产创历史最高纪录。

第二节　扶贫攻坚

2015 年 1 月,习近平总书记强调坚决打好扶贫开发攻坚战,加快民族地区经济社会发展。2015 年始郸城县委县政府以习近平总书记"坚决打好扶贫开发攻坚战"和"精准扶贫"理念统领全局,认真做好、

扎实推进扶贫开发工作。

1. 扎实推进扶贫开发工作

2015 年郸城县委县政府大力实施精准扶贫,抽调 390 名干部组成 130 个工作队驻村帮扶,采取整乡推进、产业扶贫、金融扶贫、科技扶贫、雨露计划、到户增收等措施,投入财政资金 2 701 万元,完成了 23 个贫困村整村推进,扶持龙头企业 3 家,带动贫困村农户 1 414 家,2.8 万人实现稳定脱贫,郸城县荣获全市扶贫开发"小康杯"竞赛活动先进县、提高城乡居民收入攻坚工作先进县。

2. 扎实有效的进行脱贫攻坚

2016 年,郸城县委县政府坚持把脱贫攻坚作为第一民生工程和重要政治任务,以脱贫攻坚统揽发展全局,坚持政府推动、市场拉动、农户主动、科教带动、金融撬动"五轮驱动",创新推行"周二扶贫日"、县处级领导分包贫困村、联系贫困户、定期工作汇报、扶贫工作队驻村等制度,确保脱贫攻坚工作识别、施策精准到位。全年统筹整合各类涉农资金 2.3 亿元,实施整村推进项目 32 个,完成钱店、石槽、宁平、秋渠 4 个乡镇的整乡推进脱贫,建设农村公路 229 千米,危桥改造 420 千米,贫困村生产生活条件逐步改善。坚持以产业脱贫为核心,建立"政府+企业+项目+贫困户"的产业扶贫模式,发展秋渠秋香园、胡集万丰源和双龙健等特色种养殖加工产业扶贫项目 96 个,带动 11 360 贫困户、38 701 户贫困人口实现了稳定增收。坚持低保标准和贫困标准"两线合一",创新推行汲水"爱心超市"等政府兜底新形式,解决特困群众"吃穿两不愁"问题,实现扶贫济困工作"被动向主动、定时向随时、屈尊向自尊"三大转变,2016 年全县累计 25 160 人实现稳定脱贫。

3. 万众一心、全民参与、全面实施脱贫攻坚

2017 年,郸城县委县政府认真贯彻落实中央和省委、市委决策部署,坚持脱贫攻坚统揽经济社会发展全局,按照"六个一""三个零差错"和"三个明显提升"要求,突出问题导向,创新开展"两建三扶四评"工作(建强基层党组织、建设美丽乡村,扶志、扶能、扶业,评孝老爱亲户、评脱贫致富户、评诚信守法户、评清洁卫生户),探索出 1147 指挥部合力攻坚、"九位一体"责任体系、"八个一"要求、"爱心超

市"、"一会四评"工作法等一系列行之有效的方法措施,先后被新华社、光明日报等主流媒体多次报道,全县脱贫攻坚工作取得明显成效。大力实施产业扶贫,推动建设扶贫车间 142 个、特色种植基地 94 个、特色扶贫养殖小区 6 个,带动 9 100 多个贫困家庭稳定增收。着力加强金融扶贫,推进县乡村三级金融扶贫服务体系建设,创新实施"政府、银行、企业、贫困户、保险"五位一体农业合作贷款模式,县财政投入风险抵押金 5 660 万元,共发放金融扶贫小额贷款 2.5 亿元,带贫 8 156 户 13 730 人,全市金融扶贫现场会在郸城召开。加大基础设施建设力度,整合各类涉农资金 6.1 亿元,全面推进全县 130 个贫困村道路、安全饮水、综合文化服务中心、村室、危房改造等基础设施建设,贫困村生产生活条件大大改善。创办"爱心超市"兜底模式,在全市率先创办"爱心超市",注重可持续性和精细化管理,建立健全社会扶贫长效机制,成立郸城县社会扶贫协会,组织动员社会力量参与扶贫事业,监督管理全县"爱心超市"运营。是年全县 19 个乡镇全部建立了"爱心超市",先后接收社会各界捐款 488.5 万元、各种物资 6 983 余件,受益特困人口 3 581 人,基本实现了特困群众"吃穿两不愁"。

4. 坚实基础脱贫摘帽

2018 年,郸城县委县政府始终坚持把脱贫攻坚作为最大的政治责任、最大的民生工程、最大的发展机遇,以脱贫攻坚统揽经济社会发展全局,紧紧围绕脱贫摘帽目标任务,强力推进责任落实、政策落实、工作落实,创新开展"两建三扶四评",严格实施 1147 指挥部合力攻坚、"九位一体"责任体系、"八个一""爱心超市""一会四评"等一系列行之有效的方法措施,脱贫攻坚工作取得扎实成效。全省脱贫攻坚半年核查,郸城县在全省 33 个预脱贫摘帽县中获得第 7 名、周口市第 1 名的好成绩。大力实施产业扶贫,建成扶贫车间 146 个、特色扶贫基地 247 个、光伏电站 112 个,共带动近 4 万个贫困家庭稳定增收,并出台奖补政策,发放奖补资金 2 063 万元,引导 14 370 户困难群众发展特色高效农业。全力推进就业扶贫,累计为贫困群众开展技能培训 6 603 人次,引导帮助 17 301 名贫困劳动力实现转移就业,安置贫困劳动力公益性岗位 6 241 人。继续加大基础设施建设力度,全年整合各类涉农资金 5.33 亿元,全县 130 个贫困村道路、安全饮水、综合文化服务中心、村室、危房改造等基础设施建设均达到脱贫退出指标要求,贫困村生产生活条件大大改善。坚持问题和目标导向,深入开展"百日会战整村推进整体提升""五个清零五个深化""五个自查""百日冲刺"等工作,全面推动问题整改,持续深化脱贫成果,脱贫攻坚质量不断提高。

5. 脱贫摘帽顺利实现

2019 年,始终坚持以脱贫攻坚统揽经济社会发展全局,严格按照习近平总书记"四个不摘""攻坚精神不能放松"等重大要求,持续扛牢压实政治责任,严格落实"九位一体"责任体系和"小网格、大走访、全覆盖"网格化工作机制,认真落实"八个一"工作法,深入开展"摸底排查、入户提升"、"大排查、大整改、大提升"及"三个清零"行动,着力抓好问题排查整改,统筹推进产业扶贫、金融扶贫、行业扶贫、社会扶贫等工作,进一步巩固提升了脱贫攻坚成果。截至 2019 年年底,全县累计脱贫 33 126 户 122 752 人,未脱贫 2 938 户 8 654 人。

6. 强力推进脱贫攻坚

2020 年,郸城县认真贯彻落实习近平总书记在决战决胜脱贫攻坚座谈会、在中央政治局常务委员会听取脱贫攻坚总结评估汇报会上的重要讲话精神和"四个不摘"重大要求,进一步扛牢压实政治责任,持续严格落实"九位一体"责任体系和"小网格、大走访、全覆盖"网格化工作机制,全面落实"八个一"工作法,努力克服疫情影响,积极推动稳岗就业,优先帮助扶贫车间、扶贫基地复工达产,加快扶贫项目开工建设,深入推进消费扶贫,强化"两类人群"监测帮扶,深入开展"五查五确保"行动,着力抓好问题排查整改,进一步巩固脱贫攻坚成果,为打好打赢脱贫攻坚收官战奠定坚实基础。2020 年完成 2 942 户、8 690 人脱贫计划,目前全县所有建档立卡贫困人口全部脱贫。在全省 2019 年度脱贫攻坚成效考核中位居全市第一名。

第十二章　郸城的红色印记

第一节　著名英烈人物事迹

彭雪枫

　　彭雪枫(1907—1944),原名彭修道,1907 年 9 月 9 日生于镇平县七里村。1925 年在北京育德中学当选为学生会会长,带领同学参加"五四"反帝爱国主义运动。同年 6 月,加入中国共产主义青年团,1926 年转入共产党,任汇文中学中共党支部书记,积极开展学生运动。1927—1930 年除在开封训政学院学习半年时间外,其余大部分时间秘密到北京、天津、烟台、福山、镇江等地开展工运、兵运和农运。1930 年 5 月,中央军委派他到鄂东南红军第五军第五纵队工作,历任该纵队教导队第三大队大队长、大队政委,中国工农红军第三军团师副政委、政委,率部队首登长沙城,妥当处理"乐安事变"的郭炳生叛变投敌事件,1934 年 1 月在第二次全国苏维埃代表会荣获"红星"奖章。后任红军大学政治委员、江西军区代司令员,参加中央苏区三次反"围剿"战斗和举世闻名的万里长征。随红一方面军主力到达陕甘边区后,任中央革命军事委员会第一局局长、陕甘支队第二纵队司令员、红一军团第四师政治委员等职,参加直罗镇和东征战役。

　　抗日战争开始后,他和叶剑英肩负中央和毛泽东的重托,密赴西安、兰州,做张学良和时任甘肃省政府主席兼东北军第五十一军军长于学忠的统战工作。1936 年 10 月接到毛泽东亲自写给他的指示信后,以中共中央全权代表的身份赴太原阎锡山处做统战工作,为了保密,他平时与阎锡山的姨侄外甥、少校军政处长梁化之联系,在中共中央北方局和太原地下党的配合下进行工作,有事直接向党中央、毛泽东请示。他还与阎锡山多次会晤,为红军东渡入晋的渡河地点、船只准备、安全保障等进行了具体商谈。此时他还兼任中共中央北方局华北联络局书记一职,曾只身亲赴北平、天津、济南等地向仍处于秘密状态的北方局负责同志传达中共中央关于建立抗日统一战线等指示,调查华北地区日军、伪军和国民党驻军的政治、军事动态。8月30日八路军驻太原办事处成立,他任八路军总部参谋处处长兼八路军驻太原办事处主任,积极采取到山西大学公开演讲《游击队政治工作》、会见《大公报》著名记者范长江等方式、宣传毛泽东的抗日游击战争思想和党中央的各项方针政策。

"七七"事变后,他从延安带回《中共中央为日军进攻卢沟桥通电》在太原广为播发,并与山西当局协商保卫平津、保卫华北的具体办法,以便应付时局的重大变化。太原失守后,彭雪枫陪周恩来来到临汾,奉命负责晋南党政军的工作,广收流亡青年,创办八路军学兵队,讲授游击战术课,培养抗日军政干部。1938年1月下旬,彭雪枫出色完成了在晋的历史使命后,奉调抵达汉口,向中共中央长江局周恩来报到。

1938年2月,中共中央长江局向党中央提出拟调彭雪枫来豫组织与领导鲁、豫、皖、苏四省的军事工作,确定建立长江、黄河间我们自己的力量,发动群众参加抗日战争的要求。时任八路军总部参谋处处长的彭雪枫接令后先赴武汉长江局周恩来、叶剑英处领受任务,然后来到河南确山竹沟镇,任河南省委军事部长。在竹沟,彭雪枫以军事家的战略眼光进行了情报搜集和调查研究,向党中央和毛泽东提出了在豫西、陕南建立新的战略基地等建议,为党中央的战备决策提供了重要参考。与此同时,彭雪枫积极准备豫皖苏鲁边的敌后游击战争。他派肖望东率先遣大队、西华人民抗日自卫军渡黄,深入敌后,协同吴芝圃领导的豫东抗日游击第三支队开展豫东敌后游击战争,他创办《拂晓报》、积极为东进敌后创建豫皖苏抗日根据地做准备,他积极协助豫南特委扩大、整编新四军第四支队第八团队,保证

了军政素质都有明显提高的第八团队按时开拔,东进敌后。他坚决执行长江局和河南省委的决策,克服师资缺乏等困难,筹集资金,调兵遣将,按延安"抗大"的办学方式筹办多期军政干部教导大队,为中原抗日培养了大批骨干力量。他亲自担任教导大队军事课的教授工作,他给学生讲授了《游击战术的几个基本原则》和《游击队政治工作概论》,因为它联系实际,通俗易懂、喻理至深,深受学员的好评和欢迎。

在竹沟,彭雪枫时刻关注着全国战局的发展变化,抽时间深入钻研毛泽东军事著作,并联系中原抗战实际,相继研究、撰写了军事理论文章《游击战政治工作概论》《目前在河南应该做些什么》《论在敌人后方工作》等,有的在延安解放出版社、汉口读书出版社出版,有的在《新华日报》《解放》周刊等上发表,有的被收入范文澜的《游击战》一书中,在全国各敌后战场广为流传,对当时正在开展的敌后游击战争起到了重要的指导作用。

1938年9月30日,彭雪枫率新四军游击支队誓师东进敌后。首先夺取了窦楼战斗的胜利,在豫东粉碎了"日本不可战胜"的神话。接着再取得了西陵寺、陈寨、宋庄、芦家庙和回师睢杞太等战斗胜利。1938年12月下旬至1939年1月,新四军游击支队在彭雪枫率领下进驻鹿邑县白马驿(现属郸城县)进行整编。部队编为第一、第二两个团及西华东进支队和直属独立营、特务连、侦察连等共3 412人。另有随部队行动的地方武装500余人,这次整编为新四军第四师的建立和发展,为豫皖苏抗日根据地的开辟奠定了基础。在永城、涡阳一带发动与组织群众,积极打击日伪,扩大了党和我军的影响,初步打开了敌后抗战的局面,1939年6月,根据中央《关于发展华中武装力量的指示》,彭雪枫率部进军淮河,一路上边战斗,边宣传,直抵淮河北岸,截击日军汽船,四袭日伪军占据的怀远县城,奔袭上桥日军据点,建立统战关系,深受当地广大群众和社会各界人士的拥护和欢迎,开辟了宿县、蒙城、怀远、凤台新区;7月彭雪枫根据刘少奇开辟津浦路东的指示,派豫皖苏省委书记张爱萍等东进开辟皖东北,开展统战工作,组建支队第四总队。

1940年,彭雪枫积极进行了豫皖苏根据地的扩大和巩固工作,建立、充实了县级民主政权、群众抗日组织,成立边区最高行政机构"豫皖苏边区联防委员会"和参议会,将随营学校扩建为抗大四分校,夺取了李黑、"六一"等战斗的胜利,粉碎了日军"扫荡"。至同年7月,豫皖苏抗日民主根据地进入全盛时期,支队共有19 000余人,根据地,已有5个县政权,6个县级办事处和皖东北、睢杞太两个地区。与黄克诚部会师后,彭雪枫任八路军第四纵队司令员,黄克诚东进后,彭雪枫任第四纵队司令员兼政委,执行"向西防御"的战略任务。在国民党顽军频繁制造反共摩擦的过程中,他以军事打击与政治分化相结合的方法,巩固与扩大豫皖苏抗日根据地。

皖南事变后,国民党顽固派首先把矛头指向豫皖苏根据地,彭雪枫领导边区军民在政治上积极揭露国民党顽固消极抗战、积极反共、制造摩擦、破坏团结抗战的罪恶行径,在军事上做好积极反击的部署,此时日军突然发动了"豫南战役",汤恩伯集团等稍作抵抗,撤至新黄河以西,日军于是长驱直入抵达新黄河东岸,豫东、皖北大片国土沦入敌手。彭雪枫按照党中央、毛泽东"敌至何处新四军应到何处"的指示,收复了蒙城、涡阳等,追敌至新黄河东岸,扩大了新区,建立了政权。没能达到逼蒋投降目的的日军突然提前结束了"豫南战役",撤至新黄河以西的国民党顽军渡过新黄河便向彭雪枫部发起猛烈攻击,彭雪枫来不及调整部署便仓促应战,进行了3个月的艰苦英勇的反顽斗争,5月5日,为了顾全抗战大局,保存抗战的有生力量,在敌众我寡,腹背受敌,上级所许诺的援军由于种种原因无法到来的情况下,彭雪枫奉命率部分3批撤出豫皖苏抗日根据地,到津浦路东的皖东北抗日根据地执行新的任务。

来到皖东北,彭雪枫抓紧时机对部队进行了整训。他首先召开了师参谋会议,对3个月反顽斗争在军事上进行了认真而又充分的总结,找出了经验和教训,然后在仁和集召开了师军政委员会扩大会议,采取批评与自我批评的方式,亲自带头和团以上干部总结了路西3年敌后斗争的经验和教训,收到了很好的效果。在皖东北,彭雪枫抓紧作战空隙,读了大量的军事、文学著作和世界名人传记,提高了自己的军事、政治素质和道德修养,并连续撰写、发表了《论精兵主义》等多篇军事理论文章。与此同时,彭雪枫提出建议并亲手组建了

骑兵团,使之成为一支在平原地区抗战的铁骑,并在收复豫皖苏失地的过程中发挥了重要作用。

1941年10月彭雪枫积极主动协助军长陈毅指挥了陈道口战斗,战斗大获全胜,粉碎了顽军韩德勤西犯的企图,延缓了津路西顽军东犯的进程。1942年11月,日伪军集结重兵气势汹汹对苏皖边区进行"扫荡",在彭雪枫等的正确领导下边区军民夺取了"33天反扫荡的胜利",粉碎了敌人聚歼我军主力的阴谋。1943年3月蒋介石派反共军围攻新四军驻地洪泽湖一带,妄图制造第二个皖南事变。彭雪枫按照陈毅军长的命令,采取"有理、有利、有节"的斗争策略,成功地捉放韩德勤,既打击了反共军的嚣张气焰,又维护了抗日民族统一战线。1944年2月彭雪枫在淮北整风运动中,坚持实事求是的原则,按照中央精神正确清查了"淮中案件",纠正了淮中肃反扩大化的错误,解放了大批受冤枉的革命同志。

1944年4月中旬,日军发动豫湘桂战役,汤恩伯37天失城38座,河南大片国土沦入敌手。4月底彭雪枫便与邓子恢、张震向中央建议,西进收复路西失地的时机已经成熟。7月25日中央正式下达进军河南敌后的命令后,彭雪枫积极准备,8月15日在半城召开西征会师大会,他亲自进行了征前动员,之后他率5个主力团越过津浦路西进,首战小朱庄胜利,打开了西进的大门,迅速有效地控制了原豫皖苏根据地的萧宿永地区,收复了大片国土。新四军四师的成功西进受到了反共军的围攻,在指挥八里庄战斗的过程中彭雪枫不幸英勇牺牲,壮烈殉国。当进军河南敌后的战略行动取得决定性胜利之际,党中央和淮北党政军民分别在延安和半城召开了彭雪枫将军追悼大会,党中央、新四军、淮北党政军民主要领导向追悼会献了花圈、毛泽东、朱德、刘少奇、彭德怀、陈毅、贺龙等题了挽联,延安1000余人和淮北7000余各界人士出席了追悼会。为了纪念彭雪枫,发扬革命传统,淮北各机关团体捐资修建了以雪枫墓地为中心的雪枫陵园,现在这里已成为有名的爱国主义教育基地。彭雪枫是中国人民解放军著名的军事家之一,他的主要著作收录在《彭雪枫军事文选》《彭雪枫论抗日游击战争》和《彭雪枫文集》中。(资料来源选自《中共党史人物》)

李宗田

李宗田(1914—1948),男,汉族,郸城县胡集乡村人,1914年生,1929年投身革命,不久加入中国共产党。他先后在中国工农红军、八路军、中国人民解放军中任排长、连长、营长、抗日游击支队长、团长等职。宗田先后参加了红军长征、抗日战争、解放战争,历尽千辛万苦,20年如一日。他曾在鄂豫皖苏边区与国民党反动军警、日军、汉奸、伪军以及惯匪进行长期周旋和顽强战斗,取得了不少胜利。他先后9次负伤,臂膊、面颊等处留有弹痕,1948年9月14日,在夹沟车站战斗中,光荣牺牲,时年34岁。

李宗田幼年,家贫如洗,6岁时跟父母到外地逃荒要饭,饱尝人世艰辛,磨砺成倔强彪悍性格。1921年的一天,宗田讨饭半夜才摸回住处,一头扎进母亲怀里,失声大哭。母亲看着宗田赤脚露脊的身躯和空荡荡的要饭篮子,不由流下眼泪。姐姐边把半块干饼塞进弟弟手中,边劝慰妈妈和弟弟。娘儿仨的泪水浸透了干饼。宗田问母亲:"咱啥时才能不要饭呢?"母亲饱含眼泪半天才说:"等你长大了能干活就好啦!"1925年宗田随父亲回老家看10年前被送走当童养媳的大姐,受到姐夫王广汗(地主)大骂,宗田据理抗争被打。当晚宗田父子离开家乡,临走时,宗田愤怒地指着王广汗说:"咱走着看,我就不信财主一直能骑在人们头上,穷人永远没有出头的时候!"他刚满15周岁那年,就在豫皖边界的三河尖黄岗寺投奔了红军。

1942年宗田在陕西北参加过大生产运动。以后在雁北和翼中开辟敌后根据地,开展抗日游击战争。一次在雁北草地不幸受伤被俘,汉奸看宗田膀大腰圆,诱迫他留下当伪军。宗田机敏地指着腰部的伤口说:"我这里有子弹,成了残废,怎么跟你们干?"敌人替他做了手术,但伤口刚刚愈合,他就寻机逃跑,费尽千辛万苦,才又找到了八路军。

1945年冬,日军刚投降不久,国民党反动派猖狂向我革命根据地进攻,盘踞在河北省肥乡县一带的国民党反动武装陈国子部疯狂镇压革命人民,抢夺胜利果实。于是我军调集兵力在沘乡展开争城之战。8旅22团担任主政任务。身为副团长的李宗田亲率尖刀排,冒

221

着敌军强大火力,直逼城下。接着,便与战士们架起云梯,争先登城。警卫员谷凤五为了保护首长安全,在无可奈何的情况下,上去拉住宗田同志。宗田焦急地打了谷一记耳光,并说:"咱不能当怕死鬼,快,随我来。"当尖刀排的战士爬上城墙时,他已在城头上指挥战斗了。城攻破后,敌人龟缩在据点内垂死挣扎。正当宗田指挥火力摧毁十字路口一座据点时,一颗炮弹掠空而来,在他附近爆炸。我军借以掩护的小楼被炸塌,烟尘弥漫,宗田被震昏,脸被烧伤,棉衣几处燃起了火苗。就这样,他只经过简单包扎,又继续指挥战斗。这次激战10余天,宗田一直没离开过前沿阵地。

1946年5月,国民党反动军队在当地游杂土顽的配合下,企图打通平汉线安阳北段,我晋冀鲁豫军区决定,调派老5旅的3个团把敌人牵到安阳西北崔家桥一带,包围起来。这时,宗田在老5旅13团任副团长,负责进攻东南片。宗田冲锋在前,连克魏县的几个集镇后,直捣敌旅部,击毙旅长郭清,生擒匪首王自泉、程大豪等,取得辉煌成果。

1947年,宗田第二纵队辗转战斗于山西潞城、河北高邑、邢台、大名以及山东聊城等地。后又渡过黄河挺进中原。1948年,宗田调任中原豫皖苏军区独立团团长。不久又改任第34团团长,驰于中原豫皖苏一带,先后参加了皖西、皖东和开封等重要战役。9月中旬,为配合济南战役,破击津浦铁路,奉命进攻徐州南夹沟火车站。就在这次战斗中,宗田为革命献出了宝贵的生命。

宗田作战机智果断,英勇顽强,充满胜利信心。同志们称赞他:"打起仗来不要命,见了敌人眼就红,说话好像板钉钉,接受任务敢保证"。他对下级关心体贴,亲如兄弟,行军中常替战士扛枪、背弹药和米袋,把马匹让给伤病员骑;宿营时帮战士盖被子、劈柴煮饭;聊天时赤诚相见,无话不谈,连乳名也告诉给同志们。1948年春天,他得知警卫员谷凤五家中生活有困难,就把自己的津贴给谷凤五捎回家去。谷凤五听说后,激动地流下了眼泪。周口刚解放时,一次在街上他对着穷人说:"我小时候同你们一样,咱们穷人是一家呀!"宗田一有机会,就向群众宣传共产党救国救民、领导穷人翻身求解放的道理,常使许多人听得眉开眼笑。有些就因受了李团长的教育而踊跃参加了

斗争地主的行列。

宗田牺牲后,党和人民为了缅怀他的功绩,在他的家乡——赫寺村修建了陵园,又在郸城北大街路西、洺河大桥南侧,建立一座背西面东的纪念碑。(选自郸城内部资料《夕阳生辉》)

刘波涛

刘波涛(1915—1947),原名刘桂林,曾用名刘汝斌,男,汉族,河南省临汝县蟒川乡娘庙村人。自幼读书,1935 年 6 月毕业于河南省立第十中学。1938 年 5 月入延安抗日军政大学学习(同年 9 月入党)翌年底毕业(抗大第 6 期)。先后任保定第一专区抗敌联合会副主任,晋察冀边区政府农民协会干事,临汝县抗日民主政府副县长,沈鹿淮县县委书记等职。1947 年 3 月 3 日夜,在郸城城南罗楼村战斗中壮烈牺牲,时年 32 岁。

波涛自幼聪慧,好学上进,少年时就积极寻求革命真理。1931 年,日本帝国主义发动了"九一八"事变,激起了全国人民的抗日怒潮。当时,波涛正在本地宝泉寺小学读书。他经常阅读进步书刊,和师生们共议国家的命运和前途,忧国报国之心甚强。以后在省立第十中学读书时,结识了当时的教师、中共地下党员张友奇等,深受革命思想熏陶,进步很快。

他积极参加了我党领导的学潮。1936 年 6 月,波涛中学毕业,回乡务农。当时,内忧外患、天灾人祸接踵而至,目睹山河破碎生灵涂炭的惨状,他抗日救国之心愈加强烈。七七事变后,他和同学王力民、胡克慎等 6 位进步青年毅然离乡出走,先后到了开封、洛阳、西安等地寻找我党军队,终于在西安新华区七贤庄找到了八路军办事处。后经组织介绍,辗转到革命圣地延安。1938 年 5 月,进入洛川抗大 3 支队 2 队(军事队)学习。波涛学习勤奋、工作积极,多次被评为"学习标兵",被支队授予"劳动英雄"的称号,并加入了中国共产党。1939 年春,抗大校址从瓦窑堡迁至晋察边区根据地,在 1 000 多千米的行军途中,刘波涛担任收容队长兼伙食委员。在日程 60 ~ 90 千米的急行军中,他仍帮战士扛枪、背背包,并主动照看病号、伤员。宿营时为了搞好伙食,他不顾疲劳,跋山涉水,采买蔬菜、补养品,还亲自

动手烧饭,送到伤病员面前。在遇敌战斗中,他不顾个人安危掩护伤病员。1939年年底,波涛受到支队领导嘉奖,被支队党委授予"模范党员"称号。

抗大毕业后,波涛先后担任了保定一专区抗战联合会副主任、晋察冀边区政府农民协会干事等职。1944年年底,中央决定从晋察冀边区抽调一批河南籍的干部到豫西开辟抗日根据地。1945年2月刘波涛头带破草帽,身穿旧长衫,随皮定均司令员率领的抗日纵队回到了阔别七年的家乡——临汝。他主要做抗日统一战线工作,并负责筹建临汝抗日民主政府。当时的临汝敌匪如麻,形势险恶,波涛机智勇敢,忘我工作,终于出色地完成了党组织交给他的任务。他白天隐居,夜晚访贫问苦,发动群众,宣传党的抗日政策,在群众的支持和掩护下,对敌情、群情、地情了如指掌。他为皮司令员绘制了焦谷山,腾店一带的山川地形、村庄集镇、土匪武装及日伪盘踞的据点等详细地图,为我军顺利地解放北子街、鸽崖、岗窑、腾店等地开辟新的抗日根据地提供了有利的条件。为了扩大抗日统一战线,波涛曾三次冒着生命危险深入匪穴做统战工作。先后到了拥有800多条枪支的焦村保安团团长焦道生和腾店地主武装头目郭选卿家里,讲明我党政策,动员他们枪口对外,一致抗日。通过宣传教育,焦、郭二人虽没有公开打起抗日旗帜,但表示不骚扰我抗日根据地,并答应给我军抗日工作提供方便。是年6月,我军多次从大峡谷上土西陕口经过蟒川、焦村,他们均未发一枪,皮定均、王树声等领导人多次在焦道生、郭选卿家留宿、开会组织抗日力量,部署抗日工作,他们都给予安全保护。不久,我军即解放了伊阳、宝丰等地,消灭了观上镇驻扎的日本保安团近千人。7月豫西第一个县级抗日民主政府在蟒川娘庙村诞生。政府办公地点就在刘波涛家,孔祥贞任县长,刘波涛任副县长。

1945年8月,刘波涛随皮定均部南下到浙江,遭国民党部队阻击,同部队失了联系,经历千辛万苦,才找到了部队。

1947年初,豫皖苏军区两地委决定开辟沈鹿淮地区战线,以鹿邑县的郸城区为依托,组建边区民主政权,刘波涛奉命任县委书记,其爱人丁琪任郸城区政委。当时的豫东土匪、地主武装猖獗,敌我处于拉锯状态。为了迅速打开局面,刘波涛不顾个人安危,经常深入到基

层,了解情况,发动群众。

3月3日夜,刘波涛率县大队3个班30余人在郸城南罗楼村发动群众时,当地地主武装鹿邑县自卫总队副队长谢登江得知后,隧率众300余人,星夜包围了罗楼村。面对10倍于我的敌人,刘波涛镇定自若,迅速处理好文件,便积极组织突围。他主动把火力引向自己,让战士脱险,在与敌人展开英勇搏斗中,终因寡不敌众壮烈牺牲。

在此次战斗中,县大队有10多名队员遇难。丁琪在突围中受重伤,几经周折被送到郸城北赵老家养伤。她在养伤期间,还不断向当地群众宣传革命道理,深受群众的关怀和爱戴。10多天后,伤势有所好转,郸城区区长王良带一班人前去接她回来。由于叛徒告密,敌中队长谷全银带领百余人围住了村庄,在激战中丁琪壮烈牺牲。

刘波涛、丁琪两位同志光荣献身后,当地人们冒着生命危险掩埋了他们的尸体。新中国成立后,为了缅怀表彰烈士功绩,中共郸城县委、县人民政府将他们的遗骨移葬在新建的烈士陵园,并树碑以示永久纪念。(选自郸城内部资料《夕阳生辉》)

刘晓初

刘晓初(1924—1948),原名刘永彩,字久光,1924年出生在河南省鹿邑县张集三刘庄(今属郸城县宁平乡)一个贫农家里。父亲刘明栋,常年在外当佃户打长工,受尽压迫,衣食无着,生活十分困难。所生4男2女,长子被反动军队抓壮丁拉走,一去没有下落;次子为养家糊口被卖当了壮丁,远走他乡,直到新中国成立后才逃回故土;三子永彩,3岁时即被其堂伯刘明远抱走。刘明远略有田产,双目失明,无儿无女,平日遭人歧视,倍受欺凌,他想竭尽全力养育永彩长大成人,支撑门户。刘晓初当年饱尝人间疾苦,对世态炎凉自有痛切感受。

1931年,刘晓初7岁入宁平小学读书,进校后尊敬师长,友爱同学,学习自觉刻苦,门门功课都取得良好成绩,年年被推举为模范学生。他性格开朗,热心助人,好说好唱,爱好广泛,经常团结着许多热情活泼、好学上进的小伙伴。此时,日军入侵,国土沦丧,抗日救亡热潮席卷全国,宁平小学的校园里也经常响起抗日歌声。刘晓初和他的同学们听进步教师宣传抗战必胜的道理,学唱《流亡三部曲》《到敌

人后方去》等抗日救亡歌曲,并积极学习拉二胡,以备宣传演出时伴奏。许多人都说他聪明过人,无论学啥一学就会,其实,他除有一定的天赋之外,主要还是学习刻苦认真并有毅力。他有一种不达目的誓不罢休的干劲。为使学习功课、参加宣传两不误,他经常白天坚持上课、夜晚背台词,练动作,任务到手,一般不使其过夜。为学拉弦子,他手指磨出血泡而后又磨成老茧。四五年后,他居然成了一个能使用多种乐器、吹拉弹唱无一不通的多面手。

刘晓初由于帮助双目失明的养父干活几度停学,至1938年11月尚在宁平小学读书。此时,共产党人李子木以鹿邑县县长魏凤楼派往三区(张集区)任民运指导委员的身份(党内职务是县工委委员,张集区工委书记),来到宁平小学借房举办抗日干部训练班,老校长张存诚全力支持,除借给足够的用房外,还动员该校年龄较大的学生入干训班学习。刘晓初在和李委员接触后,对办干训班热情很高,他积极协助李子木收铺草、整理寝教室,组织安排学员,很快便成了得力助手。12月初,干训班开学,刘晓初对所开课程诸如社会发展史、辩证唯物主义、抗战国策、统一战线、游击战术等都很感兴趣,学习认真,进步很快,成绩优异,对我党一切抗日主张积极拥护,对国民党反动派消极抗日、节节败退的行径深恶痛绝。不久,他和10多名表现优秀的学员参加党课学习,通过共产党章程的教育,迅速提高共产主义觉悟,刚满16岁就经李子木介绍加入了中国共产党。

刘晓初入党后,从李子木处得到许多革命书籍,他如饥似渴地学习并在宁平城一带做发动群众抗日的宣传工作。他与张国才、田文灿等同志深入各村宣传革命道理,动员群众组织"抗日自卫团""妇女救国会",教唱抗日救亡歌曲,工作很有起色。1939年春,晓初被调到鹿邑县城做宣传工作。不久,因形势突然恶化,党的领导机构暂时撤离鹿邑,李子木同志去延安学习,他与党失去了联系,5月初返回老家三刘庄。其后,他一面在家劳动,一面寻找机会上学,他牢记党的教导"中国不会亡,救中国要靠共产党的领导,靠劳苦大众的觉悟,而要唤起民众,拯救中国,非得有文化知识、有工作本领不行。",先后在秋渠、宁平坚持读完小学,并于1942年8月考取了设在太和县城的鲁苏豫皖四省边区战时中学。入校不久,学校更名为"国立"21中,并增设师范部。出于对教育工作的喜爱,一年后,他转入师范部学习。"国立"21 中由国民党大军阀汤恩伯、王仲廉先后任校长,管理学生实行军事编制,搞法西斯统治,许多学生压而不服,不断进行反抗,也有的人背地赌博,扰乱他人学习,学校秩序很坏。晓初此时虽与党组织失去联系,但牢记自己是共产党员,要以刻苦勤奋学习的实际行动影响左右并团结同学,鼓励大家好学上进,还不失时机地揭露反动派欺骗学生的阴谋,默默地做着一个共产党员应做的工作。入校之初,鹿邑籍的许多学生因受不了军训管制的虐待(上操、吃饭、稍有不慎即遭教官拳打脚踢),纷纷准备逃跑。晓初劝阻大家不能逃跑,指出家乡已被日军侵占,求学机会难寻,要忍辱负重,咬牙坚持。在他周围团结着约 60 名青少年同学同乡,终于渡过难关,坚持下来。1943 年秋的一天,学校召开学生大会宣传:"中美合作特种技术训练班"在这里招生,到新疆去学习,有美国人的支援,待遇优厚,毕业后前途无量等等,一时骗得许多沦陷区的学生纷纷报名,仅鹿邑县学生就有 20 多名。晓初冷静分析这次招考中的问题:为什么特种技术不能明讲?为什么要到荒无人烟的地方去学? 如果真是前途无量,当官的孩子早就挤满了,还要开会动员我们这些穷学生报名吗? 他暗暗找老乡、同学交谈,分析揭露其中的问题,终于使鹿邑同乡中没有人上当。事后知道,这个特训班是个地道的训练特务的机构。

1944 年,21 中西迁,刘晓初被迫停学,回到宁平小学任教,由于他工作负责,备课认真,讲课生动,课余能和学生、青年教师打成一片,一起歌唱、演剧、谈心,深受师生欢迎,很快便成了青年中的中坚人物。

1946 年 6 月,国民党反动派挑起全面内战,兵匪横行,苛捐杂税有增无减,官吏豪绅贪赃枉法,鱼肉百姓,日甚一日,惨遭日军长期蹂躏的中原人民又陷入水深火热之中。晓初身在课堂,心忧天下,他急切盼望能得到党的指引,投身到救国家民族危亡的火热斗争中去。

1946 年 10 月,李子木随豫东纵队重返郸城,宁平一带开展工作。一天,在张集约见刘晓初,他接信后立即前往,见到自己的老领导,真如失散的孤儿见到慈母一样。他向李子木倾诉自己与组织失掉联系后的困惑痛苦,详细汇报自己六七年来的经历和所做的工作,最后恳

求组织审查他这些年来的所作所为,给恢复党籍。李子木经过认真考察,确认刘晓初多年来一直表现很好,报请上级批准,很快为他恢复了组织关系,并以豫东纵队交际处长的名义,任命他为交际联络员,三刘庄也成了交际处的联络据点。

1947年初,鹿邑县民主政府县长张笑南委派刘晓初任宁平小学校长。其后不久,纵队交际处根据斗争需要改为情报处,并在三刘庄设立情报站,李子木处长任命刘晓初为站长兼情报员。刘晓初在小学校长公开身份掩护下,为党做了大量工作。

他利用校长身份和往日的影响,团结稳定住宁平周围数十里的知识分子70余人不往外逃并逐步转向为人民工作,在贯彻落实党对知识分子的政策上发挥了重要作用。1946—1948年初,豫东地区处于军事拉锯、民主政权尚不稳定阶段,众多的知识分子举棋不定,许多人受反动宣传影响,还准备南逃。刘晓初根据党的指示,通过老同学、老同乡、老同事的关系邀请许多人来校任教。他和这些人谈心,宣传党的政策,揭露敌人诬蔑共产党"杀人放火,共产共妻"等无耻谣言,谈古论今,讲"得民者昌,失民者亡"的历史规律,指出反动派违背民心,发动内战,必然彻底失败的发展趋势,帮助许多人认清形势。民主政府当时经济困难,无力给教员发薪饷,每月只能发给校长一点津贴和少量的办公费。刘晓初以身作则,把津贴全部捐献,和大家一起从家拿东西吃饭,尽义务教学。学校教师多,课程少,他尽量照顾,使每个来校者每天都有些事做。稍后又恢复了张集小学,千方百计安置知识分子近80人。后来,这些人相继正式参加革命工作,有许多还成了知名教师,学校领导以及其他部门的骨干力量。

他以校长身份做掩护,秘密为我党做联络工作。1946年下半年,我冀鲁豫军区(12月以后是豫皖苏军区)在豫东纵队配合下,对敌伪张岚峰部加强政治工作,负责交际联络的李子木工作经常处于流动状态,三刘庄联络站建立后,敌伪中的一些关系便常来这里,通过刘晓初接、传信息。此外我区和纵队领导也常常通过刘晓初和交际处保持联系。刘晓初同志除亲自传递信息,还动员本村贫农刘明增、刘永庆参加,每次都能及时稳妥地完成任务。

1947年上半年,为有力打击敌人并保护刘邓大军8月顺利通过黄泛区,李子木带领情报处,夜以继日加紧工作,广泛收集情报,掌握敌情变化,及时准确地为我军政领导提供各种重要情报,三刘庄情报站成了他们的活动据点。刘晓初利用各种关系积极配合情报处工作,得到有用材料即交李子木等领导整理后及时传出去。当时他与屈庄的屈学德、郸城集的展廷信、牛庄的牛心占(后叛变)、吴台西梁庄的梁金海等10多名情报员、联络员都有频繁的接触。刘晓初责任心极强,他胆大心细热情高,不怕吃苦,传送情报及时准确,没出过闪失。为掩人耳目,他常常化装深夜行动,为确保安全稳妥,他又常常整天整夜地奔波或隐蔽,不吃饭不喝水,完成任务后总是乐呵呵的,二胡在手边,还要拉上一曲,以消除紧张和疲劳。此外,刘晓初还动员年迈的父亲、小脚的妻子和年幼的弟弟在必要时冒着生命危险为我们接递情报信息,真可谓是全家齐动员,一同干革命。

掌握敌人动向及时向我军提供本地土顽活动的情报,以便准确有力地打击他们,是一项十分危险而艰巨的任务。在"拉锯"时期,宁平方圆二三十里内就有谢澄江、张子英、崔淑亭、程学言、王侠民等大小土顽10多个。他们有的自称司令,有的称团长、大队长,联访队里的政客、地主、兵痞、军棍、土匪、流氓相互勾结,心狠手毒,破坏我基层革命政权,杀我干部,奸污妇女,抢掠财物,无恶不作。特别是有几个头子都是距三刘庄不远的人,对刘晓初的威胁最为直接。而刘晓初出于对革命的忠诚,临危不惧,与他们展开了殊死的斗争。一次,三刘庄东6里小崔庄的崔淑亭带联防队来宁平骚扰,刘晓初连夜向李子木送出情报。李及时和驻在郸城附近的县独立团取得联系,张笑南团长派一个营连夜奔袭,黎明时包围了崔部,乘敌人措手不及,一举歼灭。崔淑亭虽狡猾漏网,而这支土顽却从此一蹶不振了。当刘晓初在宁平小学上学时,王侠民曾在该校教过学,后来王发迹当了区长,吸食大烟,变得贪婪残暴。1946年拉起联防队,对地方危害极大。有一天,他带着几个护兵骑马到宁平赶集兜风,见到刘晓初,并知道他当了共产党的校长。王当天喝多了酒,回去晚了,在路上遭到李子木便衣队的伏击,护兵被打死两个,自己也险些送了老命。当时他虽不知道是什么人打他的埋伏,又是怎样摸了他的活动规律,便出于对共产党的仇恨,他对昔日的学生刘晓初是怀恨在心的。

刘邓大军过境后,1947年年底,国民党新五军在土顽配合下对沈鹿淮太边境地带清剿尚在持续,郸城地方土顽蜂起,豪绅地主反攻倒算,一时为白色恐怖所笼罩。宁平小学被迫停办,刘晓初先带妻子住在魏庄岳父家里,不久形势进一步恶化,农历腊月初一(公历1948年1月11日)上午与妻子、内兄、内弟化装推棉花车南行,准备到界首、阜阳一带暂避。走到五岔路南边,遇到他在秋渠集上小学时教他的老师韩湘亭北去。韩湘亭是秋渠集南街地主,原来教过小学,后染上大烟瘾,堕落成街上的无赖。这次北去不远,在徐老家附近见到联防头子王侠民,为向其讨好,马上报告说,方才遇见刘晓初等八路推车南去。王侠民立即派马队追赶,于杨桥南边追上了刘晓初等人。

当晚刘晓初在徐元凤家(徐是刘晓初同学,赵广德的舅父,在太和上学时,他随广德曾多次在这里留宿),先遭王侠民爪牙的酷刑审问,被皮鞭棍棒打得皮开肉绽。他咬紧牙关,只字不露党的机密。狡猾的王侠民见刑具不能使这个硬汉屈服,便装出笑脸,以老师自居,连说"误会,误会",给刘晓初解绑,让他和妻子相见,妄图以儿女之情使其软化。刘晓初知妻子已有身孕,利用见面机会,抓紧安排她,日后要尽力抚养孩子长大成人,使他继承父志,并让她迅速告诉徐元凤,把王侠民抓他们的事连夜转告三刘庄家里,争取得到营救。此后,任凭王侠民软硬兼施,始终紧闭双唇,一言不发。王侠民亲拿烙铁烙他的胸背,让他坐老虎凳,酷刑用遍,整整折磨一夜,却未从刘晓初的嘴里问出一句话。王侠民眼见天快亮了,最后剁掉他的十指,挑断他双脚的脚筋,于腊月初二黎明时分,偷偷将其在徐老家东门杀害,时年25岁。

人民政权巩固以后,血债累累,罪大恶极的王侠民被党抓获。1949年5月,在五岔路集召开有数万人参加的群众大会、公审王犯,后依法将其枪决。1952年郸城建县后,中共郸城县委、县人民政府追认刘晓初为革命烈士,并对其妻子及遗孤刘养生给予妥善照顾。刘晓初等革命先烈用鲜血和生命换来了亿万劳苦大众的翻身解放,他的伟大精神、光辉业绩将永留青史,与世长存。(选自郸城内部资料《夕阳生辉》)

第二节　民主革命时期主要人物

林　源

林源(1909—　　)，男，1909 年生，河北省临漳县人，1931 年参加革命，1934 年加入中国共产党。1936—1937 年夏，在家乡从事党的地下工作。七七事变后，赴延安抗大学习，1938 年冬，从延安辗转来到鹿邑，经彭雪枫安排，留地方工作。曾任鹿邑县委组织部长，竹凯店（今属郸城县汲水乡）区区委书记（公开身份是区助理员）。1939 年 4 月，日军攻占鹿邑县城，形势急剧恶化，林在竹凯店一带坚持一段时间工作，于 8 月撤离鹿邑。林源同志离休前任北京石油化工总公司党委副书记。

魏凤楼

魏凤楼(1895—1978)，号运亭，男，河南省西华县魏营人，贫农成份，行伍出身。幼年习武，年长入西北军后，历任班长、排长、连长、营长、团长、师长、第三军军长等职。1924 年，曾随冯玉祥将军赴苏联考察。"九一八"事变后，和吉鸿昌等组织抗日武装与中共豫东特委取得联系。1938 年 3 月，经彭雪枫、沈东平介绍加入中国共产党，为中共特别党员。此后，魏凤楼在豫东组织发展抗日武装，从事兵运工作，先后任扶沟县县长、鹿邑县长兼归德保安第四纵队副司令。

1938 年 9 月至 1939 年 5 月，魏凤楼任鹿邑县县长期间与党组织密切配合，坚持抗战，反对卖国投降，扩大抗日力量。在张爱萍将军具体协助下举办两期抗日军政干部训练班，培养抗日骨干 200 余名，所领导的抗日队伍也扩大到 3 500 人。他生活俭朴，平易近人，经常深入农村访贫问苦，惩治邪恶，先后多次到吴台庙、汲水集、虎头岗、丁村集、孤柳村（南丰）、白马驿、宁平城、郸城集等（以上均属今郸城县）一带活动。魏县长关心贫苦百姓，强令富豪开仓济贫的轶事，至今在郸城县境广为流传。

1945 年 8 月,魏凤楼率部 300 余人在豫东淮太西地区柳林武装起义,对瓦解争取敌军起了重要作用。其后他又任八路军豫东纵队副司令员、北京军管会军事接管部副部长等职。

新中国成立后,他先后在农业部、林业部任职,并担任过卢台农场场长、华南垦殖局机务处处长,为社会主义农业建设做出了积极贡献。

魏凤楼同志于 1978 年 2 月 3 日病逝于郑州,享年 83 岁。

李子木

李子木(1917—　),又名李同堂,男,1917 年 2 月生,河南省扶沟县城北郊郑庄人,中农成分。1937 年 9 月在扶沟县简易师范读书时,加入中国共产党。同年 12 月,加入中共豫东特委在西华举办的抗日军政干部学习班学习,并参加革命工作。1938 年 9 月至 1939 年 4 月,先后任魏凤楼部手枪连指导员、鹿邑抗日军政干部训练班大队长、政治部民运科长、鹿邑县宁平抗日军政干部训练班负责人,党内任鹿邑县委委员,3 区(张集区)工委书记等职。

1939 年 4 月被选送去延安抗大学习,毕业后到部队工作,至 1946 年 5 月返回豫东开辟新区。先后任冀鲁豫军区豫东纵队政治宣传科科长,豫皖苏军区二分区交际处处长、情报处处长等职。李子木同志率情报员紧密联系群众,在宁平三刘庄、吴台西梁庄、郸城集北关以及张集、秋渠、丁村等地广设联络情报据点,积极收集敌方情报,及时准确地送交我党军政领导。李子木同志机智勇敢,出色地完成了各种侦察联络任务。1948 年秋,调任豫皖苏军区第一办事处主任,驻永城参加淮海战役。大战胜利结束后,及时转向武装剿匪,巩固地方政权,李子木同志因剿匪有功,被河南省军区授予二等模范称号。

李子木同志离休前任广东省军区副司令员。

林士笑

林士笑(1917—　)男,1917 年生,陕西汉中人。1932 年加入共产主义青年团,同年 4 月加入中国共产党。1938 年秋到鹿邑工作,1939 年初任中共鹿邑县委委员,具体负责设在汲水集(今属郸城县汲

水乡)的新四军后方医院的领导工作(任院党支部书记)。在后方医院,他领导开办了医训班,收学员 20 余人,多是当地具有一定文化知识的青年,使不少人从此走上了革命道路。1939 年夏,由于形势变化,离开鹿邑。

林士笑同志离休前任卫生部中医医学科学院党委书记。

王振洪

王振洪(1918—1985),又名王克一、王修身。男,1918 年 5 月生,河北省束鹿县人。1929 年在保定加入中国共产党。1938 年秋,受上级党组织派遣,来河南省第二行政区专员兼保安司令宗克宾(原西北军将领)部从事抗日救亡宣传工作(曾在郸城集、纸店、白马驿一带活动)。至 1939 年秋,转入地下斗争,在太北地区开展工作,经常活动在竹凯店、白马驿、双庙集、李兴集一带,曾任鹿邑县委副书记、太北地区工作委员会书记。1941 年初,皖南事变后,与党组织失去联系。晚年执教于南京师范学院。

王振洪同志 1985 年 8 月病逝于南京宁海路寓所。

张笑南

张笑南(1921—1973),原为张明义,又名张治,化名丁永昌。男,1921 年 1 月出生在鹿邑县郸城集西南寨后张庄一个贫农家里。父亲张永福行医(祖传骨科)兼务农。张笑南 14 岁考入淮阳成达中学,学习刻苦,成绩优。"一二·九"学生爱国运动波及淮阳,张笑南同志积极参与领导学生罢课游行,抨击国民党政府的反对统治,一度被捕入狱,经其父多方营救,出狱后被开除学籍。

1938 年,日军大举侵略我华中地区,鹿邑危在旦夕。10 月,爱国将领魏凤楼率部进驻鹿邑并出任县长,在新四军领导干部张爱萍协助下,开办"鹿邑抗日军政干部训练班",张笑南以优异成绩考入该班学习。经过马列主义和抗日爱国的宣传教育,张笑南政治觉悟迅速提高,年底加入中国共产党,并被选派去延安抗大学习深造。

1941 年 7 月,张笑南离开延安被分配到晋冀鲁豫军区部队工作,先后担任连指导员,太行地区武工队长和政委,团政治部主任。

　　1946 年夏,张笑南带警卫员贾付齐奉命回原籍鹿邑开辟新区,他巧妙利用各种关系秘密串联发展地方武装,机智勇敢打击敌人。经过艰苦奋战,迅速打开局面,至 10 月建立起鹿邑、淮阳、太康县县委、县民主政权和县大队。经上级批准,张笑南任县委书记兼县长和县大队政委。

　　1947 年 1 月,鹿淮太县撤销,分别建立鹿邑、淮阳、太康三县民主政权,张笑南任鹿邑县长兼县大队长。8 月鹿邑县大队扩建为独立团,张笑南任团长,直到 1949 年初,2 年多的时间里,他领导鹿邑革命武装在广大人民群众的积极支持下,作战 100 余次,歼敌 1 万余名,创建 10 余个区级民主政权,解放鹿邑 73 万人民,立下了不可磨灭的功绩。这一时期,张笑南一家为革命牺牲了 6 位亲人。

　　1949 年 2 月,张笑南随大军南下,曾任中国人民解放军 18 军后勤部运输科长、16 军 124 团政委以及九江军管会主任等职。

　　张笑南同志于 1973 年 12 月在鹿邑县林场病逝,终年 52 岁。

李中一

　　李中一(1915—　　),男,四川人,红军干部。1947—1949 年初,任豫皖苏边区二地委书记兼军分区政委。有较长时间住吴台庙、郸城集、王寨等地(今属郸城县)领导地委工作。李中一同志离休前任四川省人大常务委员会副主任。

薛朴若

　　薛朴若(1909—　　)原名薛丕淳,化名崔廷。男,淮阳县安岭乡薛孟庄人。1909 年 10 月 12 日生,自幼在私塾读书,后来上了师范和农林等专科学校。第一次国内革命战争期间,淮阳是我党在豫东活动的中心,进步思想传播较为广泛,薛朴若深受影响。1926 年夏,曾积极参加过迎接北伐军的活动。在淮阳简易师范读书时,从进步同学和教师那里接受共产主义思想的宣传教育。1934 年春,热心参加我地下党员韩纪文创办的"豫东书报杂志社",经销大量进步书刊。1937 年秋,中共豫东特委书记沈东平来淮阳,约见地下党员张文彬及薛朴若、孟凡喜、贾兼善等进步青年,揭露反动派的卖国投降,布置开

展抗日救亡工作。薛朴若以实际行动积极响应,回家乡薛孟庄一带创办农民夜校,大力开展"抗日救亡"的宣传发动工作。在四乡普遍建立起"农救会""妇救会""青抗先""儿童团"等抗日群众组织,1937年秋加入中国共产党。

1938年10月,淮阳第一支抗日游击队成立,薛朴若任司令,1942年调任水东独立团政治部主任兼水东联防办事处主任。1946年12月,豫皖苏边区二地委第二专署成立,薛朴若任专员,常住吴台庙、郸城集一带直至1949年3月。1951年调任河南省政府副秘书长;1952年以后,任武昌第一纱厂党委书记兼经理、武汉市工业办公室主任、武汉市工业部长等职;1962年以后任武汉市副市长兼计委主任。

薛朴若同志1983年离休,居住淮阳县城。

邹 屏

邹屏(1917—),原名周泉森。男,1917年8月生,河南省舞阳县枣林乡(现属平顶山市舞钢市)人,贫农成分,大学毕业,少年时代即参加进步学生运动,1932年9月加入中国共产党,历任舞阳共青团委书记、县委书记,豫东特委书记,河南省委巡视员,豫西南地委常委兼组织部长。1948年7月至1949年4月,任豫皖苏中央分局二地委常委兼组织部长。住郸城集东南角王寨(今属郸城县)。在此期间,邹屏同志经常带地委工作队到郸城集周围一些地方蹲点搞调查研究,先后写成《1948年豫皖苏二分区的情况与特点》《豫皖苏二地委发动群众实验组对王寨乡的调查报告》等材料呈送上级。1949年4月底,随大军南下,先后任广州市教育局长、海南铁矿矿长、冶金工业部冶金矿山设计院院长等职。

邹屏同志1984年7月离休后,居住长沙市。

邵维邦

邵维邦(1916—),男,1916年12月生,安徽省砀山县关帝庙区人。1938年入伍,1939年6月在永城加入中国共产党,1946年1月,由淮北八分区来到鹿淮太边区县,协助张笑南开展工作。历任县公安局长独立团政治处主任副县长等职。经常随部队在吴台庙、胡岗

店、郸城集一带活动。1948年7月,离开鹿邑调专署公安局工作,此后分别在六分区公安局蚌埠市民政局任职。

杨元璋

杨元璋(1919—　　),男,1919年10月生,安徽省萧县王胡寨人,1938年12月参加革命,1939年4月加入中国共产党。1947年元月,新建鹿邑县时任县委书记兼县大队政委。对开辟鹿邑南部各区(吴台、汲水、虎岗、丁村、宁平、秋渠、郸城等)做出过巨大的贡献。1948年3月,调离鹿邑后,曾任淮阳地委办公室主任、安平县委书记。新中国成立后,曾任河南省计委主任、平顶山市政府秘书长、市政协副主席、市建委主任等职。

杨元璋离休后,居住平顶山市。

赵墨林

赵墨林(1913—1974),又名赵永翰。男,1913年10月生,安徽省濉溪县人。少年时代在家乡就读小学和私塾,后务农兼营小商业。七七事变后,日军大举入侵,濉溪沦陷,赵墨林于1938年6月参加我党领导的宿东抗日游击队,次年加入中国共产党,先后担任炭古区委书记、宿东县委秘书、宿东许坡区区长等职。1946年11月,墨林同志随杨元璋等来到鹿淮太边区县(后建鹿邑县)工作,先后担任胡岗店区区长、区委书记、鹿邑县政府秘书、科长、县长等职。1951年7月,赵墨林同志离开鹿邑,先后任淮阳专署民政科长、河南省农业厅计财处处长。

赵墨林同志于1974年10月病逝,终年61岁。

宋　斌

宋斌(生卒年不详),男,江苏淮阴地区泗洪县人。1947年先后任鹿亳太边区县白马区区委书记、英武(今张完乡)区区委书记兼区长。至5月边区县撤销时调离。

宋斌同志离休前任中国人民解放军成都军区重庆242部队副部长。

黄风伦

黄风伦(1920—),男,1920 年 10 月生,安徽省宿县卢岭子乡人。1942 年 3 月参加革命,同年加入中国共产党,1947 年 1 月奉调来鹿邑开辟新区,先后任吴台区委书记,郸城区委书记。后来调任县民运部长、组织部长、县委副书记兼县长、县委第二书记、书记等职。1962 年 5 月离开鹿邑。

黄风伦同志离休前任信阳地区农委副主任。

阎兴礼

阎兴礼(1920—1977),男,1920 年 12 月生,河南省唐河县大营村人。1938 年在本县读中学时加入中国共产党,1939 年秋,入安徽板桥抗大四分校学习,同时参加革命工作。1946 年 10 月调任鹿淮太边区县吴台区区委书记兼区长,1947 年 5 月,调任豫皖苏军区军政干校校长。

阎兴礼同志于 1977 年病逝。

何 良

何良(1920—1949),又名何玉箫。女,1920 年 3 月生,江苏省溧水县官庄村人。1938 年 10 月,在本地入伍,1939 年 10 月在泗县加入中国共产党。1946 年冬任鹿淮太县吴台区委副书记,1948 年 4 月调离。何良同志于 1949 年 9 月病逝。

谭 萍

谭萍(1925—),化名闫翠萍。女,1925 年 2 月生,河南省西华县都岗村人。1938 年 5 月参加革命,1941 年 12 月加入中国共产党。1946 年 12 月调任鹿淮太边区县胡岗店区(今属郸城县)副书记。1948 年初离开鹿邑县。

谭萍同志离休前任河南省人大常委会信访处处长。

练 岚

练岚(1922—),又名练魁选。男,1922年9月生,河南省永城县(现为永城市)练楼人。1939年3月参加革命,1940年1月加入中国共产党。1947年春先后任鹿邑县郸城区、宁平区区委书记。春末调豫皖苏二地委工作。

练岚同志离休前任河南省外事办公室副主任。

王 良

王良(1938—),男,安徽省来安县人,1938年8月参军入伍,1939年10月加入中国共产党。1947年先后任鹿邑郸城区、杏店区(今属郸城县)区长。

王良同志离休前任武汉市江汉区工会主席、政协副主席。

赵 辉

赵辉(1922—),男,1922年生,江苏省睢宁县人。1939年在家乡参加革命,同年加入中国共产党。1946年12月,随军来到豫皖苏二分区,1947年元月,被分配到鹿邑县宁平区任副区长,6月,调任丁村区区长。赵辉同志精明强干,对敌斗争坚决勇敢,对开辟新区做出了突出贡献。1947年9月调任鹿邑县工商局局长。

赵辉同志1983年离休前任交通部第一公路工程局保卫处处长。

张子光

张子光(生卒年不详),男,河南省偃师县人。1932年入偃师中学学习,接受革命教育,参加"反帝大同盟""民族解放大同盟"等进步组织,1934年加入中国共产党。1935年"一二·九"学生运动中,任偃师中学学生会主席。1936年参加革命工作,曾任偃师县二区区委组织委员、武装委员、区委书记。1940年8月,入延安中央党校学习,1942年调河南省委工作。1946年调豫皖苏边区二分区工作,后任鹿邑县汲家区委书记、淮阳县委宣传部长,1949年任淮阳县委副书记。1950年8月,调河南省总工会工作。1971—1977年任黄河"五七"干

校革委会主任,1977 年后任河南省直人防办公室主任,省总工会副主席。

张子光同志于 1983 年离休。

邱冠华

邱冠华(1921—),又名邱长栋,男,1921 年生,安徽宿县人。1942 年 5 月,在豫皖苏边区抗日民主政府参加革命,同年加入中国共产党。1947 年 5 月,任鹿邑县丁村区委副书记,后任区长、区委书记,对丁村区的开辟巩固和发展做出了应有的贡献。

邱冠华同志离休前任中共商丘地委副秘书长地直机关党委书记。

石 健

石健(—1949),男,陕西省人,1947 年初,曾任淮阳县汲家区(今属郸城县)区长。石健同志 1949 年在西安病逝。

魏 健

魏健(1926—),男,1926 年 12 月生,安徽省泗县人。1940 年 8 月参加革命工作,1941 年 2 月加入中国共产党。1947 年初任鹿亳太县战勤部秘书,旋任白马区区委书记。魏健同志离休前任安徽省农垦厅副厅长。

丁如超

丁如超(—1947),男,河南省永城县丁陈保楼人。1939 年 2 月参加革命,同年 3 月加入中国共产党。1947 年 1 月任鹿亳太边区县英武区(今郸城县张完乡)区长。丁如超同志 1947 年夏被反动地主武装杀害。

郎勤襄

郎勤襄(生卒年不详),男,山东省临清县人。1947 年初任鹿亳太边区县白马区区委书记、县民运部长。郎勤襄同志离休前在河南省

总工会工作。

许　明

许明(生卒年不详),男,安徽省人。1947 年初任鹿亳太边区县白马区副区长,后任安徽省六安造船厂党委书记。许明同志离休后住舒城县城。

刘德才

刘德才(生卒年不详),男,1916 年 2 月生,河南省永城县(现为永城市,下同)人。1939 年 8 月参加革命,同年 9 月加入中国共产党。1947 年初,先后任鹿亳太边区县白马区、郑桥区副区长。刘德才同志离休前任亳县县委政法部副部长。

康　炜

康炜(—1988),男,安徽省人。1947 年初任鹿亳太边区县英武区区委书记。离休前在中国人民银行广州市分行任职。康炜同志于 1988 年在广州病逝。

夏国光

夏国光(生卒年不详),男,江苏淮阳人。1947 年初至 1948 年秋任淮阳三区(砖寺,今属郸城县)区委书记。在开辟、巩固和发展新区的艰苦岁月里,夏国光同志做出了突出的贡献。后因工作的需要离开河南。夏国光同志离休前任上海市服装进出口公司党委书记。

袁溪峰

袁溪峰(生卒年不详),男,河南省偃师县人。1938 年加入中国共产党,1945 年入伍,1947 年初任淮阳县三区(砖寺)区长。后调武汉市任武汉电力公司经理。袁溪峰同志离休前任武汉市第一商业局副局长。

单淑民

单淑民(生卒年不详),男,河南省新蔡县人。1947 年初任淮阳县三区区委副书记。单淑民同志离休前在上海市长宁区纪检会任职。

朱步峰

朱步峰(生卒年不详),男,安徽省萧县人。1947 年 4 月任沈鹿淮县秋渠区委书记,后任县民政科长。朱步峰同志离休前任周口地区文化局局长。

丁 岐

丁岐(　—1947),女,刘波涛同志的爱人,1947 年初,任沈鹿淮县郸城区区委书记。是年 3 月在与顽敌斗争中壮烈牺牲。

吴忠培

吴忠培(1920—　),又名吴雅波。男,1920 年 11 月生,安徽省萧县人。1938 年 6 月入伍,1939 年 8 月加入中国共产党。1947 年初奉调来豫皖苏二分区沈鹿淮县任县长。3 月 4 日罗楼事件中,刘波涛书记壮烈牺牲后,吴忠培兼任县委书记。吴忠培同志离休前任河南省社会科学院党委副书记。

罗 克

罗克(生卒年不详),男,山东禹城县(现禹城市)人。1947 年任沈鹿淮县巴集区区委书记兼区长,1948 年调任界首县政府秘书。

郭 仪

郭仪(生卒年不详),男,1947 年春,任沈鹿淮县秋渠区区委书记,3 月初由于区长李化岳叛变,勾结当地大恶霸地主韩恒卿,密谋策划将郭仪同志绑架,并按到秋渠附近黄泛淤泥里溺死。郭仪同志的尸骨一直没有下落。

杨明月

杨明月(1922—　　)，又名杨丙月。男，1922年生，安徽省宿县人。1940年10月参加革命，同年11月加入中国共产党。1948年初，奉调来鹿邑县工作，先后任汲水区委书记、县委宣传部长、县长等职。1953年6月，调离鹿邑。杨明月同志离休前在商丘地委任职。

刘景新

刘景新(　　—1979)，男，河南省西华县人。1937年加入中国共产党，1946年曾在张完集一带(今属郸城县)做党的地下工作。1947年任鹿亳太边区县白马区委书记。新中国成立后，历任界首县委书记、阜阳地委农工部长、地区科委副主任等职。1979年病逝。

彭福山

彭福山(生卒年不详)，男，安徽省萧县人。1939年参加革命，同年加入中国共产党。1947年初，任沈鹿淮边区县秋渠区委书记。彭福山同志离休前任江西省南昌政法学院党委书记。

吴一力

吴一力(生卒年不详)，男，河南省偃师县人。1947年春随冀鲁豫三纵队来豫东，留地方工作，任沈鹿淮边区县秋渠区长，1948年又先后任鹿邑县石槽区长、区委书记。离休前任河南省焦作市第四中学校长。

姬长敏

姬长敏(生卒年不详)，男，河南夏邑县人。1947年初至1948年先后任吴台区财粮区员，汲水区副区长。1949年夏，任石槽区副区长，1951年郸城建县任县民政科长。离休前任河南省水利厅第二施工总队党委书记。

闵　超

闵超(生卒年不详),男,安徽省宿县人。1947 年春任鹿亳太边区县白马区委书记,后任郑桥区委副书记。离休前任安徽省宿县地区饮食服务公司党委书记兼总经理。

白彦岭

白彦岭(生卒年不详),男,安徽省宿县人。1947 年任汲水区副区长,后任郸城区长。1951 年郸城建县后任司法科长。1953 年 5 月至 1954 年 11 月任法院院长。1954 年年底任县委宣传部副部长。

梅绍运

梅绍运(生卒年不详),女,河南省上蔡县人。1947 年 5 月沈鹿淮边区县决定建立杏店区,任命梅绍运为区委书记(对外称政委)。梅为人机敏,工作干练,领导区委区政府迅速打开局面,为开辟发展新区做出了应有的贡献。新中国成立后调郑州铁路局工作。

杜庆同

杜庆同(1925—　　),又名杜晓冰。男,1925 年 12 月生,安徽省萧县人。1939 年 10 月在本县参加革命,1944 年 8 月加入中国共产党。1946 年 12 月至 1949 年 4 月在鹿邑先后任虎岗区、丁村区、宁平区长、区委书记、县联络科长等职。为开辟鹿邑南部新区做出贡献。离休前任河南省总工会干部学校校长。

陈化南

陈化南(1908—　　),又名陈启周。男,1908 年 12 月生,河南省永城县人。1939 年 1 月在本县参加革命,同年加入中国共产党。1947 年秋至 1952 年春,在鹿邑县历任三区区长、县教育科长兼县师范学校校长等职。陈化南同志离休前在北京中国计量科学研究院工作。

张巨川

张巨川（ —1960），男，河南省永城县人。1947年3月至1948年3月先后任虎头岗区、秋渠区、郸城区长。新中国成立后任鹿邑县教育科长，1960年病逝。

董正言

董正言（生卒年不详），安徽省萧县人。1947年10月任鹿邑县汲水区长。离休前任周口地区工商局副局长。

杨 霖

杨霖（1924—1989），原名杨绪孟。男，1924年2月生，河南省夏邑县人。1945年2月在本县入伍，同年3月加入中国共产党。1946年10月来鹿淮太边区县工作，后留在鹿邑县，历任吴台区区小队副队长、副区长、虎头岗区长、秋渠区副区长、石槽区长。新中国成立后任县临时法庭庭长、建设科长、农业局长、卫生局长。离休前任鹿邑县文委副主任。1989年1月病逝。

王素行

王素行（1914—1947），原名王永仁，字素行。男，1914年生，安徽省砀山县城东南王明集人。1931年入江苏运河乡村师范学习，毕业后在村小学教书。1938年加入中国共产党。抗战期间，先后在永城县立中学建设中学以教书为掩护做党的地下工作。1947年夏天随军南下到鹿邑县开辟新区，任丁村区委书记（对外称政委）。这年冬季，反动派新五军常来鹿邑清剿，地主武装活动猖獗，丁村北朱楼的恶霸地主伪乡长朱传绳（又名朱贻谋）的联防队常在该地区活动，由于叛徒出卖，12月30日王政委带区队在小朱庄被围，突围未成被俘。朱传绳开大会用酷刑审讯，诋毁共产党并企图使王屈服，王素行同志坚贞不屈，在群众大会上列举朱犯罪行，严正指出朱的末日即将来临，最后高呼"中国共产党万岁"后壮烈牺牲。

李丙全

李丙全（　—1947），男，江苏省铜山县人。1947 年任鹿邑县丁村区副区长。12 月，由于叛徒出卖，与王素行政委在丁村北小朱庄突围未成被捕。当日被地主联防队头子朱传绳杀害于丁村集东门外。

李欣如

李欣如（生卒年不详），男，河南省偃师县人。1943 年参军，1947 年加入中国共产党。同年 6 月至次年 4 月，任淮阳县砖寺区长。1948 年 4 月调任淮阳县交通局长。离休前任商丘地区新华书店经理。

苏玉珩

苏玉珩（1925—　），男，1925 年 10 月生，河南省永城县人。1944 年参加革命，1945 年加入中国共产党，1947 年曾任鹿邑县郸城区副区长。离休前任洛阳市委组织部长。

李隆兴

李隆兴（　—1947），男，河南省偃师县人，1945 年参军，同年加入中国共产党，1947 年 9 月任鹿邑县郸城区委书记，同年 11 月在与谢澄江匪部遭遇激战中，壮烈牺牲。

武承思

武承思（1920—　），男，1920 年 6 月生，安徽省萧县高庄乡人。1938 年 12 月加入中国共产党，历任村委会主任、乡民兵大队长。1946 年 7 月入西北军政大学学习，结业后，分配到鹿邑工作，先后任宁平区委组织部长、副政委。1948 年 3 月至 1953 年 10 月，先后在宁平、李楼等区乡任书记，1962 年 2 月至 1971 年 11 月任郸城县拖拉机站站长，1971 年 11 月至离休前任县交通局局长。

陈龙飞

陈龙飞（1925—　），男，1925 年 2 月生，安徽省濉溪县人。1944

年5月参加革命,1945年5月加入中国共产党。1947—1951年先后任鹿邑县宁平区副区长、丁村区长、宜路区委书记。1951年郸城建县后,历任县委副书记、第二书记、县长。离休前任商丘县县长。

朱泽新

朱泽新(1922—1947),男,1922年生,安徽省五河县人。1942年加入中国共产党,1946年随解放军南下,留鹿亳太边区县任交通科长。1947年8月任鹿邑县宁平区长。同年11月率区队在宁平附近于墙堆与国民党新五军清剿部队战斗中负伤被俘,敌人对其严刑拷打,百般折磨,朱泽新同志坚贞不屈,大义凛然,就义前痛骂国民党反动派,并高呼"中国共产党万岁"。

潭春龙

潭春龙(1917—　),男,1917年6月生,安徽省宿县大店区人。1940年6月加入中国共产党,1941年11月参加革命工作。1948年4月任鹿亳太边区县英武区长,1949年3月任鹿邑县郸城区长,同年6月任郸城区委书记。1955年5月任郸城县委组织部长。1956年6月至1960年11月任郸城县委副书记、书记处书记。离休前任商丘市委副书记。

高　华

高华(生卒年不详),又名高国华。男,河南省新蔡县人。1931年参加革命,同年加入中国共产党。1948年春至夏末任英武区委书记。高华同志离休前任鹤壁市供销社主任。

晁秀士

晁秀士(1925—　),男,1925年7月生,河南省清丰县六塔乡人。1940年3月在本县入伍,同时加入中国共产党。1948年初来鹿邑县丁村区任区委书记。1953年4月任郸城县委第一副书记。离休前任商丘县委书记。

高　明

　　高明（1925—　　），男，山东省阳谷县人。1938 年参加革命,1942 年加入中国共产党。1948 年 6 月任鹿邑县胡岗店区委书记,后任吴台区委书记。1951 年建郸城县时任县委委员。离休前任商丘地区文委副主任。

秦化先

　　秦化先（1925—　　），男,1925 年生,河南省永城县人。1945 年 7 月在雪涡县参加革命,次年加入中国共产党。1946 年 11 月任鹿淮太边区县政府管理员。1947 年 7 月任鹿邑县委秘书。1948 年 4 月任丁村区副区长,1950 年 3 月任鹿邑县银行副行长。离休前任商丘地区物资局局长。

张毅之

　　张毅之（生卒年不详）,男,山东省肥城县人。1939 年参加革命,同年加入中国共产党。1948 年 3 月至 1949 年初任鹿邑县杏店区委书记,离休前任河南省化工厂党委书记。

纵精伦

　　纵精伦（1904—1975）,男,1904 年 2 月生,安徽省宿县杨普村人。1943 年 8 月加入中国共产党,同年参加革命工作。1948 年 2 月至 1951 年 6 月在鹿邑十一区任区委副书记。郸城建县后,先后任建设科长、人事科长、县委福利部长、经委主任等职。1975 年 12 月病逝,终年 71 岁。

费传玺

　　费传玺（1911—　　），男,1911 年 1 月生,安徽省濉溪县马桥乡费砦人。1944 年 3 月在本地参加革命,1946 年 10 月加入中国共产党。1949 年 9 月先后任鹿邑县玄武区长、石槽区长、宜路区委书记。郸城建县后曾任县民政科长、县人民银行行长、县电业局副局长。1981 年

8月离休。

隋宗光

隋宗光(1922—   ),男,1922年4月生,河南省夏邑县人。1945年10月加入中国共产党,1947年2月参加革命工作,1947年初任鹿邑县丁村区公安区员、副区长。离休前任武汉市青山园林场工会主席。

邱长金

邱长金(1906—   ),男,1906年2月生,安徽省宿县任桥区邱庄人。1942年8月加入中国共产党,1943年12月参加革命工作。曾任任桥区副区长、区长。1946年11月来鹿邑工作,曾任五区、八区、十一区区长。1951年6月任郸城武装部副部长、县农场场长。1958年3月被错划为右派,1978年2月郸城县委决定予以平反。

巫忠仪

巫忠仪(1922—   ),男,1922年生,江苏省泰兴县(现为泰兴市)人。1941年2月参军入伍,1946年加入中国共产党。1948年3月至1949年3月任界首县杏店区(今属郸城县石槽乡)区长,1949年3月随军南下,离休前任武汉市汉阳区委顾问。

徐守正

徐守正(生卒年不详),男,江苏省宿迁县(现为宿迁市)人。1943年参军入伍,同年加入中国共产党。1948年初,任界首县杏店区副区长。离休前任武汉市外贸局局长。

常志远

常志远(生卒年不详),男,河南省清丰县人,1948年初至1949年初任鹿邑县宁平区副区长。离休前在宁陵县工作。

董庆发

董庆发（1922—1982），男，1922 年 7 月生，河北省涉县人。幼年在家乡读私塾，1940 年参加当地抗日救亡运动，次年 4 月加入中国共产党，1947 年任涉县四区副区长，领导扩军支前成绩卓著，11 月奉命带新兵南下，任人民解放军十一纵队五团连指导员。1948 年转地方工作，先后任沈丘县留福区、四区区长和宜路区委书记。1951—1954 年任郸城办事处副主任、主任、郸城县县长。1954 年 6 月任郑州国棉三厂工会主席、厂党委副书记。1963 年 3 月调回郸城任县委第二书记。董庆发同志艰苦朴素，奉公廉洁，关心群众，坚持原则，从不以权谋私，被誉为人民的"好县长""好书记"。

1968 年 9 月调任国营黄泛区农场革委会副主任。1982 年 3 月因病逝世，终年 60 岁。

李存英

李存英（1924—   ），男，1924 年 8 月生，安徽省泗县人，1943 年 3 月参加革命，同年 6 月加入中国共产党。1946 年 10 月任鹿淮太边区县试量区委书记，1947 年 1 月以后任鹿邑县城关区、虎头岗区、汲水区委书记。1950 年调任淮阳师范主任。离休前在郑州铝厂任职。

寿新荣

寿新荣（1913—1965），男，1913 年 11 月生，安徽省灵璧县寿庄人。1943 年 4 月在县加入中国共产党，1944 年 5 月参加革命工作。1946 年 9 月来鹿邑县工作，先后任玄武区、石槽区、秋渠区委副书记、书记，1954 年任郸城县人民法院院长，1955 年 7 月任郸城县县长。1956 年 12 月改任副县长。1965 年 1 月 4 日不幸去世。

赵心广

赵心广（1929—   ），又名赵芳春。男，1929 年 10 月生，河南省郸城县均赵庄人。1947 年 3 月参加革命，同年 6 月加入中国共产党，曾任鹿邑县六区财粮区员、虎头岗区副区长，离休前任商丘地区医药管

理局副局长。

郑复举

郑复举(—1987),男,安徽省宿县人。1948 年前后任鹿邑县汲水区区长。新中国成立后任鹿邑县委宣传部长、农工部长、虞城县委书记等职。1987 年在虞城病逝。

娄春和

娄春和(1920—),男,1920 年 7 月生,河南省夏邑县会亭乡人。1945 年 3 月在夏邑参加革命,同年 11 月 6 日入党。1946 年年底来鹿邑工作,先后在吴台区、胡岗店区任职。1949 年 3 月至 1952 年 3 月,先后在郸城区任区委副书记、宁平区委书记,其后又分别在郸城治淮总队、县委办公室和县农村工作部任职。1958 年 2 月至 1960 年 3 月任郸城县商业局副局长,1960 年 3 月至 1978 年年底先后任张完公社社长、张完卫生院长、县中药试验厂长,1979 年 1 月至 1983 年 6 月任县卫生局副局长。1983 年 6 月病休。

宣善国

宣善国(1921—),男,1921 年 9 月生,郸城县白马镇宣楼人。1947 年 7 月在家乡参加革命工作,1949 年 9 月加入中国共产党。1947 年 9 月任郑桥区副区长,1948 年 11 月任徐砦区副区长。1949 年 9 月任汲水区区长,以后分别在郸城县张完、丁村、白马等乡社工作。(选自中国档案局出版的《中共郸城县历史大事记》)

第三节　革命旧址

新四军游击支队白马驿整训旧址

(位于周口市郸城县白马镇)

1938 年 12 月,彭雪枫率领新四军游击支队东进豫皖苏途中,在郸城县白马驿一带驻扎整训,为新四军第四师的建立和发展、为豫皖苏抗日根据地的开辟奠定了基础。白马驿距鹿邑县城南 30 千米,地处豫皖两省三县交界,砖砌寨墙整齐牢固,俨如小城。由于尚未遭日军入侵,环境相对安定。加上新四军游击支队与国民党鹿邑县县长魏凤楼部,以及亳县一带国民党余亚农部都保持着良好的统战关系,他们热情欢迎新四军游击支队进入豫东敌后抗战,援助了新四军不少军装、粮食和其他物资,为游击支队在白马驿驻扎整训提供了有利条件。同时,延安派来的近百名干部也于 1938 年 12 月底分批到达白马驿,增加了游击支队的骨干力量,保证了整训的顺利通行。支队领导机关从各大队抽调军政骨干到支队李寿山部任职或协助工作,对该部进行整顿,以加强组织纪律性,提高指战员的思想觉悟。随后,游击支队普遍开展军政训练。白马驿整训主要包括政治教育,军事素质和统战工作等内容。

整训中,游击支队组织指战员学习《论持久战》,进行形势教育;宣传抗日救国的道理,学习和发扬中国共产党以及革命军队的光荣传统、优良作风,树立抗战必胜的信心;宣传贯彻三大纪律八项注意,加强军队内部以及军民之间的团结。支队还开办了随营学校,专门增设了有关群众的课程。支部还组织战士学习文化,提高政治素质,增强开展平原游击战争的勇气。部队进行政治素质教育的教材,是《佛晓报》和东征出发时发放的指战员手册。白马驿整训时,游击支队还加强了基层党组织的建设。连队普遍建立健全了党支部,一批优秀指战员加入了中国共产党,对巩固和发展游击支队发挥了重要作用。1939 年 1 月,新四军游击支队离开白马驿,分批向永(城)亳(县)一带进发。

第四节 革命文物

李宗田烈士纪念碑

李宗田烈士纪念碑,位于县城南北大街路西,洺河大桥南侧,坐西向东。碑系青石刻成,高 1.9 米,宽 58 厘米,外履以砖结构碑楼。

碑楼全高6.5米,分上下两层,下为矩形,上呈八角,拱檐挑角。在八角的东、西、南、北四个壁面,依次书刻"万古流芳""精神不死""卫国捐躯""永垂不朽"16个楷体大字。碑楼下部前后两面均为单拱双卷。碑石的正面四周无边饰,首部由一颗禾穗束烘托的五角星,居中竖题阴刻隶书:"中国人民解放军中原豫皖苏军区三十四团团长李宗田同志纪念碑"。两侧配以对联:"为国牺牲精神不死,舍生取义浩气长存"。碑石背面首部刻有寿星麒麟图案;左右边饰为线条简略的云纹图案。中间竖行阴刻楷书碑文,全文是:

"李团长宗田同志,河南鹿邑县西南六十里赫寺村人,年三十四岁,赤贫成分一九二九年加入中国工农红军,系中国共产党正式党员。宗田同志为中国人民解放军事业,经由红军长征、抗日战争和人民革命战争,历受千辛万苦,南征北战二十年如一日。一九四八年九月十四日,于配合济南战役破击津浦铁路夹沟战斗中光荣殉国。为纪念烈士之光荣和伟大,立碑以慰英灵。

中国人民解放军中原豫皖苏军区全体指战员敬立

妻　　杨桂亭　　泣拜

西历　一九八四年十二月四日　立"

为缅怀李宗田烈士,豫皖苏军区第二军分区全体指战员在他的家乡郸城县胡集乡赫寺村修建了陵园,又根据其妻建议在郸城大街路西、大桥西南端竖起了纪念牌(郸城当时尚未建县)。原碑塔为砖底瓦顶,塔身为砖沙灰结构,碑高约9米,占地面积27.8平方米,有1米高的青石底座,红色琉璃瓦装饰碑顶。

1994年9月,郸城大桥拓宽改建,将纪念碑拆迁。1996年8月1日,在郸城大桥南端西侧重建了李宗田烈士纪念碑,尊名为"红军英雄李宗田纪念碑"。红军英雄李宗田纪念碑于1990年11月被郸城县人民政府公布为郸城县文物保护单位。

第五节　红色资源

郸城县爱国主义教育基地

为了宣传老区、缅怀革命先烈、弘扬革命精神、发扬光荣传统，2007 年，县委、县政府、县人武装决定筹办"彭雪枫新四军游击支队白马整训纪念馆"，组织力量在全县范围内动员赞助款 126 万元，并把人民公园一号楼一楼计 2 000 平方米做建馆之用。2014 年"彭雪枫新四军游击支队白马整训纪念馆"落成揭牌。纪念馆共一馆七厅：彭雪枫新四军游击支队百马整训纪念馆、李宗田烈士展厅、刘波涛烈士展厅、全县 667 名烈士展厅、张笑南展厅、张又铭展厅、募捐展厅和老促会展厅。郸城县委宣传部批准并挂牌"郸城县爱国主义教育基地"；周口市党史研究室亦挂牌"周口市党史教育基地"。

各展厅内容充实，开馆后影响很大，吸引了周口市、项城市、沈丘县、鹿邑县、商丘市等外地党员干部前来参观学习。县直、乡直机关、企事业单位的党员干部和学校师生前来缅怀革命先烈，回顾历史。

大事记

1929 年

1929 年宁平小学党支部成立。

1938 年

11 月,林士笑在汲水新四军后方医院培训班发展党员,组织发动群众,宣传抗日。

12 月,李子木带领张国才、田文灿、张良臣等同志到鹿邑西南张集区宁平城开办抗日干部训练班。

1938 年 12 月下旬至 1939 年 1 月,新组建的新四军游击队在彭雪枫率领下,从确山竹沟出发向豫东挺进,途中在白马驿驻扎整训。

1939 年

1939 年竹凯店党小组建立。

1946 年

11 月,八分区部分干部西撤到白马驿一带,组建鹿亳太办事处。

12 月底,豫皖苏军区首长张国华、政委吴芝圃和王友平、魏凤楼等率部三四千人,辗转睢杞太、辛集、任集等地抵达吴台庙。

1947 年

元旦,在吴台庙,豫皖苏军区举行新年团拜大会。中共豫皖苏军区政委吴芝圃做《打回八分区、包围徐州》的长篇报告。

254

2月1日,地委委员、副专员董敬斋在生铁冢与刘波涛、吴忠培谈了地委决定,由刘波涛任沈鹿淮县委书记,吴忠培任县长,以鹿邑县的郸城区为依托,以洺河为界,向东、南、西三个方向推进,暂组建3个区。

8月,刘邓大军南下,途经此地,连续攻克淮、柘、鹿、亳等县城镇。全县军民积极支援,欢送大军过境。

8月15日,胡岗店区委发展一批积极分子入党,并以鲁学道、鲁学庭、谢从知、郭昭中、张发修等为主要成员建立鲁里支部。

9月29日(农历八月十五),陈粟大军冲破敌人阻截,在徐州与开封间,横越陇海路,挥戈南下,经过郸城等大部地区。

1948 年

12月底,中共中央豫皖苏分局书记兼豫皖苏军区政治委员宋任穷、豫皖苏分局副书记兼组织部长吴芝圃,在吴台区大顾寨召见鹿邑县宁平区委书记杜庆同。

1949 年

3月,豫皖苏军区独立旅在吴台扩编成中国人民解放军第十八军。

1950 年

10月,中共鹿邑县委决定,在秋渠区刘楼设工委会,加强对秋渠、石槽、郸城、丁村区的领导。县委委员王兆光主持工委会工作。1951年5月搬迁至郸城集筹建中共郸城工作委员会。

1951 年

5月15日,成立河南省郸城办事处(相当于县人民政府),属淮阳专属领导。办事处设在郸城集。董庆发任办事处副主任。同时成立中共郸城工作委员会,王建水任工委书记,阎济文任工委副书记。6月1日正式办公。

8月15~12日,召开首届各界人民代表会议。

1952 年

7 月,工委在吴台西大顾寨建立党训班,1957 年 1 月正式迁回县城,改称中共郸城县委党校。

8 月 11 日,中央人民政府齐字第 99 号文件批复:郸城增设县制。工委改为县委,阎济文任县委副书记。办事处改为人民政府,董庆发代理副县长。

1953 年

6 月 7 日,董庆发任县人民政府县长。

1954 年

5 月 24～30 日,中共郸城县第一次党员代表会议召开。

7 月 9～15 日,郸城县第一届人民代表大会召开。

1955 年

4 月 9～13 日,中共郸城县第二次党员代表会议召开。

1956 年

6 月 3～9 日,中共郸城县第一次代表大会召开。

1957 年

1 月 26～28 日,郸城县第二届人民代表大会第一次会议召开。

1958 年

11 月 11 日,地委常委研究决定建立中共郸城县委书记处。第一书记张明铎,第二书记郝广平,书记处书记陈龙飞、谭春龙、宋养环、曹新林、李瑞。

1960 年

12 月,江泽民任县委第一书记,张明铎改任县委第二书记。

1962 年

1 月 11 日至 2 月 7 日,县委第一书记江泽民和副县长曹新林同志出席中共中央在北京召开的扩大工作会议。

1963 年

10 月 18 日,省、地委救灾工作组到钱店区的孙堂、王楼、大冯庄、巴集、齐庄帮助生产救灾。

1965 年

7 月 3～10 日,中共周口专区郸城县第二届代表大会第一次会议召开。

7 月 13～19 日,中共郸城县第二次代表大会召开,大会选举潘步高为县委第一书记,董庆发为县委第二书记,王彦林、马怀璞为副书记;大会选举吕哲民为县监委书记。

1966 年

5 月 31 日,成立"文化革命"领导小组,潘步高任组长。

1968 年

3 月 31 日,郸城县革命委员会宣告成立。潘步高任革命委员会主任。

1970 年

1 月,张九元任县革命委员会主任。1970 年 2 月,成立郸城县革命委员会党的核心小组,张九元任组长。

1971 年

1 月 19～22 日,中共郸城县第三次代表大会召开,出席代表 710 人,代表全县 12 100 多名党员。大会选举李作祥为县委书记,张九元为县委副书记。

1972 年

9 月,张九元任县委书记,白华增补为县委副书记。

1975 年

2 月 18 日,彭守申任县委第一书记、县革委会主任。

1976 年

12 月 10 ~ 27 日,县委第一书记、县革委主任彭守申出席在北京召开的全国第二次农业学大寨会议,并代表县委宣读了《真心实意学大寨,风吹浪打不动摇》的体会文章。

1979 年

7 月 29 日,城郊公社杨庄大队女青年王玉兰,为抢救人民群众生命财产,奋战烈火英勇献身。

1980 年

9 月 20 日,张本领任县委书记。

1981 年

7 月 10 ~ 13 日,中共郸城县第四次党员代表大会召开。

5 月 27 日,省委、省军区在郸城召开命名大会,授予王玉兰"雷锋式民兵"荣誉称号。

1983 年

1 月 2 ~ 5 日,《河南日报》《光明日报》以显著位置先后报道郸城县医院周礼荣进行断肢再植获得成功的消息。

1 月 31 日,经国家纪委、农牧渔业部报请国务院批准:郸城县被定为全国 50 个商品粮基地之一。5 月 21 日在郑州正式签订合同。

2 月 10 日,省委、省政府决定授予周礼荣"人民好医生"光荣称号。

2月20~25日,县委召开三级干部会议,到会1 200人。县委书记张本领做了题为《解放思想、大胆改革、全面开创郸城县现代化建设的新局面》的报告。

9月,县委副书记李文领主持县委工作。

9月23日,省人大常委会副主任张树德来郸城考察调研中共十一届三中全会以来的变化。

1985 年

5月9~11日,中共郸城县第五次代表大会在县城召开。

1988 年

10月19~21日,副省长宋照肃带领省农经委、省畜牧局等单位的负责人在郸城调研农村第二步改革问题。

1989 年

3月20日,省人大常委会副主任林晓在郸城调研农业生产、农村工作。

1990 年

4月8~9日,中共郸城县第六次代表大会召开。

1991 年

6月,白明宽任中共郸城县委书记。

10月26日,中共河南省委书记侯宗宾来郸城视察。

1993 年

11月2日,张天兴任中共郸城县委书记。

1月6日,省委书记李长春率领省人行、农行负责人一行7人,在地区领导陪同下,深入郸城县兴华制帽厂、东关棉花厂、陶瓷厂视察等工作。

3月3日,省人大常委会副主任侯志英在郸城礼帽厂、静电植绒

厂考察工业经济发展情况。

3月26~27日,中共郸城县第七次代表大会在县委小礼堂举行。

1994 年

11月4日,副省长李志斌来郸城视察灾情。

12月5日,中共中央政治局委员、书记处书记、国务院副总理姜春云、国务院副秘书长刘济民、开发办主任李艳玲、农业部长刘江、财政部、内贸部等负责同志在省委书记李长春、省长马忠臣、副省长李成玉、地委书记王延明等领导同志陪同下,来郸城视察灾情。重点视察了巴集乡魏冢行政村的灾情。

1995 年

2月27日,河南省委书记李长春来郸城视察工作。晚7点,在小所二楼会议室召开座谈会,听取了县委书记张天兴关于郸城灾情的汇报。

3月30日,省委书记李长春再来郸城视察。视察期间,听取了县委书记张天兴有关生产救灾、富民工程情况的汇报。

4月1日,由国家经贸委、民政部、内贸部、财政部、农业部、国际咨询公司组成的国务院生产救灾检查组来郸城检查生产救灾工作。检查期间,听取了县委书记张天兴和县长夏国政的汇报。

6月20日,省委书记李长春对郸城县实施富民工程做了重要批示。

10月10日,副省长李成玉来郸城检查指导井灌示范区建设工作。

1996 年

6月19日,郸城县人民政府决定:更建李宗田烈士纪念碑,新碑设计仍保持原样式。

1998 年

3月18~20日,中共郸城县第八次代表大会在县城召开。

2000 年

7 月 27 日,省委常委、宣传部长林炎志实地检查指导郸城企业政治思想工作和农民素质教育情况。

2002 年

4 月 23 日,郸城县人民广场举行开工典礼仪式。

2003 年

5 月 2 日,河南省委副书记、省长李成玉带领农业厅长张广智、省农办主任王照平,在市委领导的陪同下,到郸城视察部分企业、重点工程及农村"非典"防治工作。

6 月 19~21 日,中共郸城县第九次代表大会召开。

2005 年

9 月 17~20 日,国家财政部、国土资源部专家组对郸城县土地整理项目进行检查验收。

2006 年

5 月 31 日至 6 月 2 日,中共郸城县第十次代表大会召开。

6 月 20 日,全国政协常委致公党中央副主席杨邦杰到郸城调研国土资源工作。

2007 年

5 月 17 日,河南省委书记徐光春到郸城调研农业生产。

4 月 20 日,李东升任中共郸城县委副书记。

7 月 30 日,陈志伟任中共郸城县委副书记。

2010 年

2 月 6 日,罗文阁任中共郸城县委副书记。

3 月 25 日,省长郭庚茂来郸城调研。

2011 年

6 月 19～20 日,中共郸城县第十一次代表大会召开。

11 月,河南省委书记卢展工在郸城县郝寺村调研。

2012 年

11 月 2 日,刘广明任中共郸城县委书记。

7 月 11 日,崔卫国任中共郸城县委纪委书记。

2014 年

1 月 2 日,李全林任中共郸城县委副书记。

11 月 11 日,河南省委副书记、省长谢伏瞻来郸城调研指导教育工作。

2015 年

8 月 8 日,河南省军区司令员卢长健在县委副书记、县长罗文阁的陪同下,检查指导郸城征兵工作。

6 月 3 日,崔卫国任中共郸城县委副书记。

6 月 15 日,牛正田任中共郸城县纪委书记。

2016 年

6 月 26～28 日,中共郸城县第十二次代表大会召开。中共郸城县十二届一次会议选举罗文阁为县委书记,李全林、崔卫国为县委副书记;选举牛正田为县纪委书记。

2017 年

7 月 4 日,河南省委副书记王炯到郸城胡集乡调查指导脱贫攻坚工作。

9 月 1 日,河南省委常委、宣传部长赵素萍第六次莅临郸城并到钱店镇万亩黑皮冬瓜基地调研。

2018 年

2 月 11 日,河南省委常委、宣传部长赵素萍来到郸城调研,并到汲冢慰问新春送戏下乡演出人员。

4 月 11 日,河南省委常委、宣传部长赵素萍来郸城调研指导脱贫攻坚和学习贯彻习近平新时代中国特色社会主义思想等工作开展情况。

6 月 9 日,河南省委常委、组织部长孔昌生到郸城一高指导工作。

10 月 18 日,河南省委常委、宣传部长赵素萍一行到李楼乡大宋庄行政村调研指导脱贫攻坚工作并慰问驻村第一书记和乡村干部。

2019 年

3 月 15 日,河南省委常委、宣传部长江凌莅临郸城一高调研指导工作。

7 月 19 日,全市农村人居环境综合整治工作推进会在郸城县召开。

7 月 25 日,全市安全生产风险隐患双重预防体系建设现场推进会在郸城县召开。

10 月 10 日,河南省人大常委会党组书记、副主任赵素萍前往郸城一高视察调研。

2020 年

4 月 26 日下午,河南省副省长武国定带领省农业农村厅相关负责同志,深入郸城县调研指导夏粮生产、高标准农田建设和非洲猪瘟防控工作。

6 月 28 日,河南省人大常委会党组书记、副主任赵素萍到郸城县调研《中国共产党支部工作条例(试行)》规定贯彻落实情况,以普通党员身份参加巴集乡程楼行政村主题党日活动并看望慰问部分困难老党员。

9 月 7 日,全国农田建设工作现场会召开,现场观摩郸城县高标准农田建设情况,农业农村部副部长刘焕鑫、河南省副省长武国定、周口市长丁福浩、周口市人大常委会副主任、郸城县委书记罗文阁、郸城县县长李全林参加观摩活动。

12月1日,河南省委书记王国生到郸城县金丹乳酸科技股份有限公司查看企业生产经营、技术改造情况,与当地党员干部、企业负责人座谈,就"十四五"规划编制征求意见建议。

12月8日,河南省人大常委会党组书记、副主任赵素萍到郸城县调研脱贫攻坚工作。

编后记

《郸城县革命老区发展史》在国家、省、市老区促进会的领导和关心下,在郸城县委、县政府的重视和支持下,经过编纂工作者的积极努力和艰辛工作,历时年余完成。这是弘扬革命老区人民敢于牺牲、乐于奉献、艰苦奋斗、创新创业的精神,展示革命老区经济社会发展、扶贫攻坚、脱贫致富成就,为中国共产党记功、为革命老区人民颂德、为革命志士立传的大好事,也是为中国共产党成立 100 周年敬献的一份厚礼。

在本书编纂中,我们始终以郸城县革命老区发展历史的主体、主流和本质统揽全局,尊重历史,正视史实,客观全面准确地对革命老区的发展进行叙述。努力把《郸城县革命老区发展史》打造成具有郸城老区经济特色、教育品牌、脱贫亮点、人文风格,成为展示郸城县形象的名片;成为资政育人、宣传存史的工具书。

本书以中国共产党的发展壮大、社会文明进步、经济发展繁荣、人民生活富裕为核心,以马克思主义唯物史观为指导,坚持编年记事体的原则,新中国成立前后以党的活动和建设为主,新世纪特别是党的十八大以来详述经济社会的发展,突出郸城人民在中国共产党领导下的革命斗争和社会发展进程。本书分三个重要部分:一是自1927 年 8 月至 1949 年 9 月的新民主主义革命时期,突出建立新中国过程中党的建设和革命斗争史;二是自 1949 年 10 月至 1976 年 12 月的社会主义建设时期,突出艰苦创业史。三是自 1976 年 12 月至2020 年 12 月的社会主义建设新时期,重点突出党的十八大以来,郸城人民在县委、县政府的正确领导下所取得的主要社会发展成就。

在本书编纂中,我们重点参阅了《中国共产党郸城县组织史资

料》《中国共产党郸城县历史》《中国共产党郸城县历史大事记》《郸城党史》《郸城县志》《郸城史料》《郸城文史资料》《郸城大事记》《郸城年鉴》《郸城县统计年鉴》以及中共郸城县委 2008—2019 年工作总结、郸城县政府 2006—2019 年工作报告等有关书籍和资料。县委办公室、县政府办公室、县人大办公室、县政协办公室、县委党史研究室、县志办公室、财政局、发改委、教体局、统计局、交通局、农业农村局、文化广播和旅游局、民政局、洺河治理管理委员会、《郸城时讯》编辑室等单位对该书编纂都给予了极大的支持和帮助，在这里对提供书籍、资料和给予支持帮助的单位和工作人员致以真诚的感谢！

本书得到了上级老区建设促进会领导和专家的帮助，得到了县委、县政府的大力支持，在此一并表示衷心的敬意！

由于时间仓促、水平有限，疏漏和不妥之处在所难免，敬请领导、专家学者和读者朋友批评指正。

编者
2020 年 12 月